改訂新版

まるごと授業 国語 3年(上)

喜楽研の
QRコードつき授業シリーズ

板書と授業展開がよくわかる

著者：羽田 純一・田中 稔也・松森 靖行
寄稿文著者：菊池 省三・岡 篤
企画・編集：原田 善造

わかる喜び学ぶ楽しさを創造する教育研究所　略称 喜楽研

はじめに

書店の教育書コーナーを見渡すと，様々なタイトルの教育書が目に入ります。「自由進度学習」「個別最適化」「主体的で対話的な…」「教育 DX」「STEAM 教育」「教師が教えない授業」「指導と評価の一体化」「時短」など，多種多様なジャンルの教育書が発行されています。また，ネットで多くの先生方が，自分の実践や理論を配信されています。いろんな教育書やネット情報の中で，どれを選択すればよいのか迷ってしまうことでしょう。

また，忙しい教師の仕事内容が新聞やテレビなどで大きなニュースになっています。そして，それに対する「働き方改革」などが叫ばれています。しかし，教師が子どもたちのためにしなくてはいけないことは，日を追うごとに増えているのが現状です。

そんな多忙な中にあっても，「日々の授業」を大切に，より充実したものにしたいという先生方のご期待に応えて，本書を作り上げました。

執筆者の願いは，

本書１冊あれば，「豊かな授業ができる！」
「楽しい授業ができる！」
「子どもと先生の笑顔があふれる！」というものです。

今回の「喜楽研の QR コードつき授業シリーズ　改訂新版　板書と授業展開がよくわかる まるごと授業　国語」の特徴は以下の３つです。

① 板書がすごい！

見開き２ページで，明日の授業の流れやポイントがすぐにわかります。今回の改訂新版では，先生方にとって，より板書をわかりやすく，そして，自分が工夫をする余地があるようにしました。時間がないときは，そのまま活用してください。時間に余裕があるときは，自分なりに工夫を付け加えてもよいでしょう。

② QR コードの資料がすごい！

以前は，DVD で各単元の資料データを閲覧することができました。この改訂新版からは，QR コードで効率的に全ての資料を入手し，簡単に工夫を加えて使用することができます。

③ ICT がすごい！

各時間に，ICT の活用について紹介しています。今や ICT なしでは授業は成立しません。まずは，書いていることをやってみましょう。

日々の授業や，その他の教育活動に全力で取り組まれている先生方に敬意を表し，この本が，全ての先生と子どもたちの幸せにつながることを願っています。

本書の特色

全ての単元・全ての授業の指導の流れがわかる

学習する全単元・全授業の進め方を掲載しています。学級での日々の授業や参観日の授業，研究授業や指導計画作成等の参考にしてください。

本書の各単元の授業案の時数は，ほぼ教科書の配当時数にしてあります。

1 時間の授業展開例を，大きな板書例を使って見開き 2 ページで説明

実際の板書がイメージできるように，板書例を 2 色刷りで大きく掲載しています。また，細かい指導の流れについては，詳しい展開例で説明しています。

どのような発問や指示をすればよいかが具体的にわかります。先生方の発問や指示の参考にしてください。

QR コンテンツの 利用で，わかりやすく楽しい授業，きれいな板書づくりができる

各授業展開のページの QR コードに，それぞれの授業で活用できる画像やイラスト，ワークシートなどの QR コンテンツを収録しています。印刷して配布するか，タブレットなどのデジタル端末に配信することで，より楽しくわかりやすい授業づくりをサポートします。画像やイラストは大きく掲示すれば，きれいな板書づくりにも役立ちます。

ICT 活用のアイデアも掲載

それぞれの授業展開に応じて，ICT で表現したり発展させたりする場合のヒントを掲載しています。学校やクラスの実態にあう ICT 活用実践の参考にしてください。

菊池 省三・岡 篤の授業実践の特別映像を収録

菊池 省三の「対話・話し合いのある授業」についての解説付き授業映像と，岡 篤の各学年に応じた「指導のコツ」の講義映像を収録しています。映像による解説はわかりやすく，日々の授業実践のヒントにしていただけます。また，特別映像に寄せて，解説文を巻頭ページに掲載しています。

3 年上（目次）

QR コンテンツについて

　授業内容を充実させるコンテンツを多数ご用意しました。右の QR コードを読み取るか下記 URL よりご利用ください。

URL : https://d-kiraku.com/4613/4613index.html
ユーザー名 : kirakuken
パスワード : K8AGwy

※各解説や授業展開ページの QR コードからも，それぞれの時間で活用できる QR コンテンツを読み取ることができます。
※上記 URL は，学習指導要領の次回改訂が実施されるまで有効です。

3 年（上）の授業（指導計画／授業展開・板書例）

本書の使い方

◆板書例について

大きな「板書例」欄で，授業内容や授業の流れを視覚的に確認できるよう工夫しています。板書に示されている❶～❹のマークは，下段の授業展開の１～４の数字に対応しています。実際の板書に近づけるため，特に目立たせたいところは赤字で示したり，傍線を引いたりしています。QRコンテンツのイラストやカード等を利用すると，手軽に，きれいな板書ができあがります。

◆POINTについて

この授業の指導において，特に必要な視点や留意点について掲載しています。

◆授業の展開について

①１時間の授業の中身を４コマの場面に切り分け，およその授業内容を表示しています。

②本文中のＴ表示は，教師の発問です。

③本文中のＣ表示は，教師の発問に対する児童の反応等です。

④ＴやＣがない文は，教師への指示や留意点などが書かれています。

⑤その他，児童のイラスト，吹き出し，授業風景イラスト等を使って各展開の主な活動内容やポイントなどを表し，授業の進め方をイメージしやすいように工夫しています。

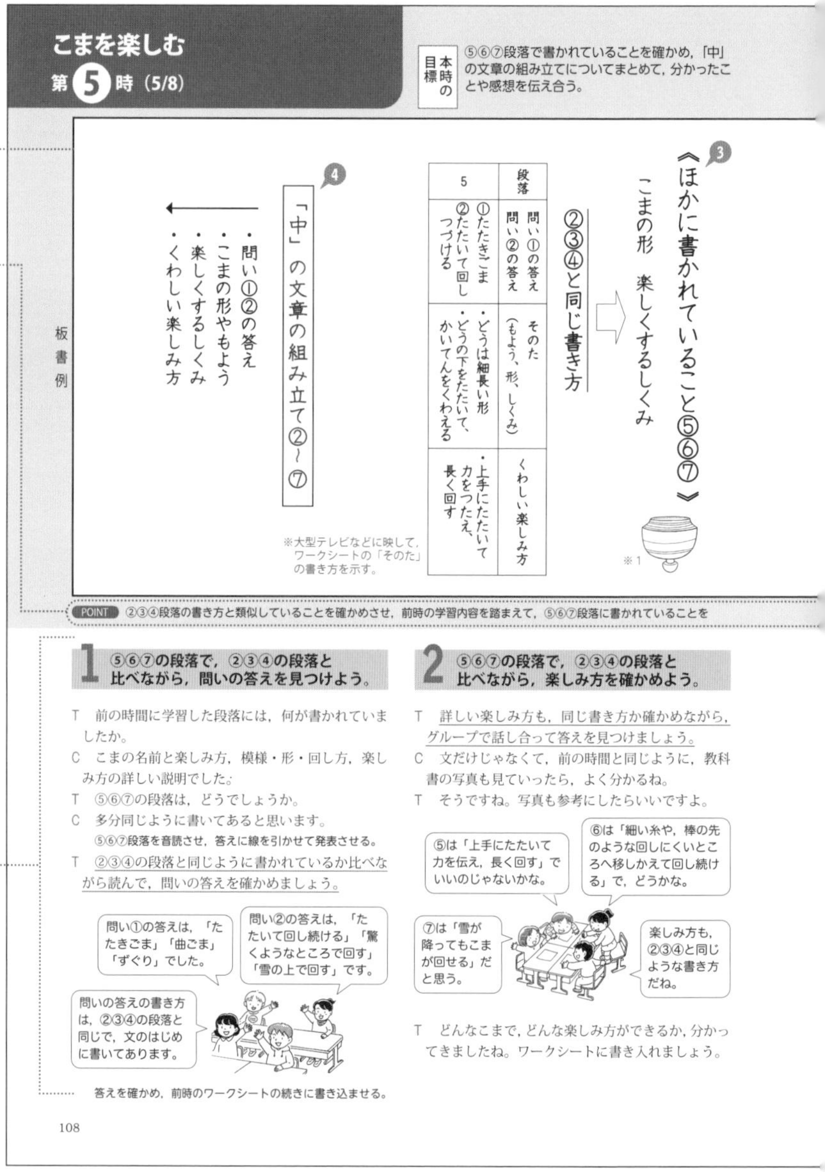

こまを楽しむ
第５時（5/8）

本時の目標：⑤⑥⑦段落で書かれていることを確かめ，「中」の文章の組み立てについてまとめて，分かったことや感想を伝え合う。

板書例

《ほかに書かれていること⑤⑥⑦》
こまの形　楽しくするしくみ
②③④と同じ書き方

段落	問い①の答え 問い②の答え	そのた（もよう、形、しくみ）	くわしい楽しみ方
5	①たたきごま ②たたいて回しつづける	・どうは細長い形 ・どうの下をたたいて、かいてんをくわえる	・上手にたたいて力をつたえ、長く回す

※1

※大型テレビなどに映して，ワークシートの「そのた」の書き方を示す。

「中」の文章の組み立て②～⑦
・問い①②の答え
・こまの形やもよう
・楽しくするしくみ
・くわしい楽しみ方

POINT　②③④段落の書き方と類似していることを確かめさせ，前時の学習内容を踏まえて，⑤⑥⑦段落に書かれていることを答えを確かめ，前時のワークシートの続きに書き込ませる。

1　⑤⑥⑦の段落で，②③④の段落と比べながら，問いの答えを見つけよう。

Ｔ　前の時間に学習した段落には，何が書かれていましたか。
Ｃ　こまの名前と楽しみ方，模様・形・回し方，楽しみ方の詳しい説明でした。
Ｔ　⑤⑥⑦の段落は，どうでしょうか。
Ｃ　多分同じように書いてあると思います。
⑤⑥⑦段落を音読させ，答えに線を引かせて発表させる。
Ｔ　②③④の段落と同じように書かれているか比べながら読んで，問いの答えを確かめましょう。

問い①の答えは，「たたきごま」「曲ごま」「ずぐり」でした。
問い②の答えは，「たたいて回し続ける」「驚くようなところで回す」「雪の上で回す」です。
問いの答えの書き方は，②③④の段落と同じで，文のはじめに書いてあります。

2　⑤⑥⑦の段落で，②③④の段落と比べながら，楽しみ方を確かめよう。

Ｔ　詳しい楽しみ方も，同じ書き方か確かめながら，グループで話し合って答えを見つけましょう。
Ｃ　文だけじゃなくて，前の時間と同じように，教科書の写真も見ていったら，よく分かるね。
Ｔ　そうですね。写真も参考にしたらいいですよ。

⑤は「上手にたたいて力を伝え，長く回す」でいいのじゃないかな。
⑥は「細い糸や，棒の先のような回しにくいところへ移しかえて回し続ける」で，どうかな。
⑦は「雪が降ってもこまが回せる」だと思う。
楽しみ方も，②③④と同じような書き方だね。

Ｔ　どんなこまで，どんな楽しみ方ができるか，分かってきましたね。ワークシートに書き入れましょう。

108

◆準備物について

1時間の授業で使用する準備物が書かれています。準備物の一部は，QR コンテンツ（QR マークが付いたもの）として収録されています。準備物の数や量は，児童の人数やグループ数などでも異なってきますので，確認して準備してください。

◆ ICT について

ICT 活用の参考となるように，この授業展開，または授業内容に応じて，ICT で表現したり発展させたりする場合のヒントを掲載しています。

◆ QR コード・QR コンテンツについて

QR コードからは，この授業展開に活用できる QR コンテンツを読み取ることができます。必要に応じて，ダウンロードしてください。

「準備物」欄の QR マークが付いている資料には，授業のための画像，ワークシート，黒板掲示用イラスト，板書作りに役立つカード等があります。実態にあわせて，印刷したり，タブレットに配信するなど活用してください。

（QR コンテンツの内容については，本書 P8，9 で詳しく紹介しています）

※ QR コンテンツがない時間には，QR コードは記載されていません。

※ QR コンテンツを読み取る際には，パスワードが必要です。パスワードは本書 P4 に記載されています。

◆赤のアンダーラインについて

本時の展開で特に大切な発問や留意点にアンダーラインを引いています。

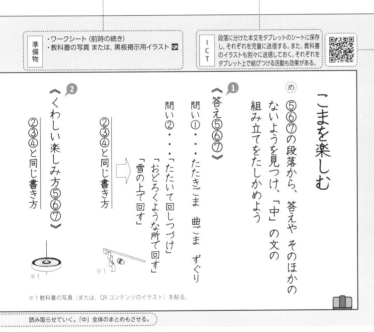

準備物
・ワークシート（前時の続き）
・教科書の写真 または，黒板掲示用イラスト QR

ICT
段落に分けた本文をタブレットのシートに保存し，それぞれを児童に送信する。また、教科書のイラストも別々に送信しておく。それぞれをタブレット上で結びつける活動も効果がある。

こまを楽しむ

㋱ ⑤⑥⑦の段落から、答えや そのほかのないようを見つけ、「中」の文の組み立てをたしかめよう

❶ 《答え⑤⑥⑦》
問い①・・・たたきごま　曲ごま　ずぐり
問い②・・・「たたいて回しつづけ」
「おどろくような所で回す」
「雪の上で回す」
②③④と同じ書き方

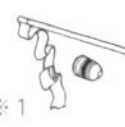
※1

❷ 《くわしい楽しみ方⑤⑥⑦》
②③④と同じ書き方

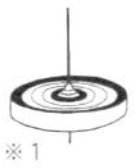
※1

※1 教科書の写真（または，QR コンテンツのイラスト）を貼る。

読み取らせていく。「中」全体のまとめもさせる。

3 ⑤⑥⑦の段落から，答えの他に書かれていることを見つけよう。

T　問いの答えや詳しい楽しみ方の他に書いてあることは，何でしょう。②③④と同じでしょうか。違うでしょうか。

「胴は細長い形」「心棒が鉄で，広く平らな胴」「心棒の先が太く，丸く」は，どれも形のことだね
「胴の下をたたいて回転を加える」や「他のこまと比べて安定したつくり」「雪に小さなくぼみを作り…」，どれも楽しくするしくみだね。
形と楽しくするしくみが書いてあるから，これも②③④と同じような書き方だね。

T　前の時間の内容と合わせて考えたら，ワークシートの「そのた」の隣の（　）の中にどんな言葉を入れたらいいですか。
C　模様や形と，楽しくするしくみです。
ワークシートに書き入れさせ，記入を完了させる。

4 「中」の構成を確かめ，文や写真から気がついたことや感想を伝え合おう。

T　「中」の文章の組み立てを，まとめてみましょう。

②〜⑦のどの段落も，問い①と問い②の答えから書き始めている。
その次は，こまの形や模様の説明をしている。

次は，その形や模様から，楽しい回り方ができるこまのしくみを説明している。
最後に，楽しみ方の詳しい説明があります。

T　文や教科書の写真から，気づいたことや感想を発表しましょう。
C　こまがどうして逆立ちになるのか不思議です。
C　鳴りごまの形がおもしろいです。こまじゃないみたいです。
C　曲ごまがすごいです。わたしにはできないけど。

文様／こまを楽しむ　109

ＱＲコンテンツの利用で，楽しい授業・わかる授業ができる

菊池 省三・岡 篤の教育実践の「特別映像」収録

上手読み
1cm動く
やがて行手にぽっ
一つ見え始めました。それを
きつねが見つけて、

菊池 省三の「対話・話し合いのある授業」についての解説付き映像と，岡 篤の各学年に応じた「指導のコツ」の講義映像を収録しています。動画による解説はわかりやすく，日々の授業実践のヒントにもなります。

参考になる「ワークシート見本」「資料」の収録

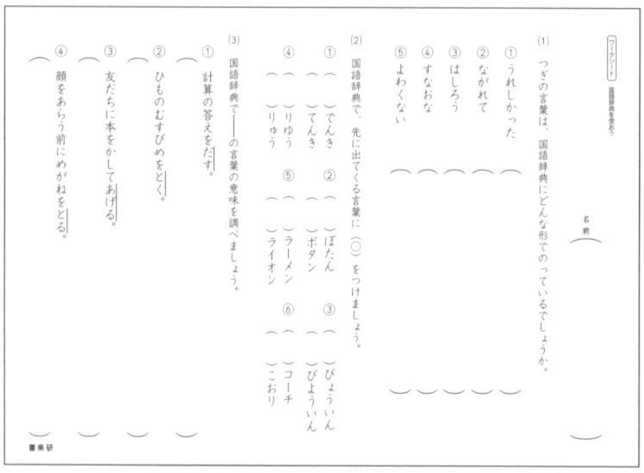
ワークシート　国語辞典を使おう
名前
(1) つぎの言葉は，国語辞典にどんな形でのっているでしょうか。
① うれしかった
② ながれて
③ はしろう
④ すなおな
⑤ よわくない
(2) 国語辞典で，先に出てくる言葉に〇をつけましょう。
① (　)でんき (　)てんき
② (　)ぼたん (　)ボタン
③ (　)びょういん (　)びよういん
④ (　)りゆう (　)りゅう
⑤ (　)ラーメン (　)ライオン
⑥ (　)コーチ (　)こおり
(3) 国語辞典で――の言葉の意味を調べましょう。
① 計算の答えをだす。
② ひものむすびめをとく。
③ 友だちに本をかしてあげる。
④ 顔をあらう前にめがねをとる。
喜楽研

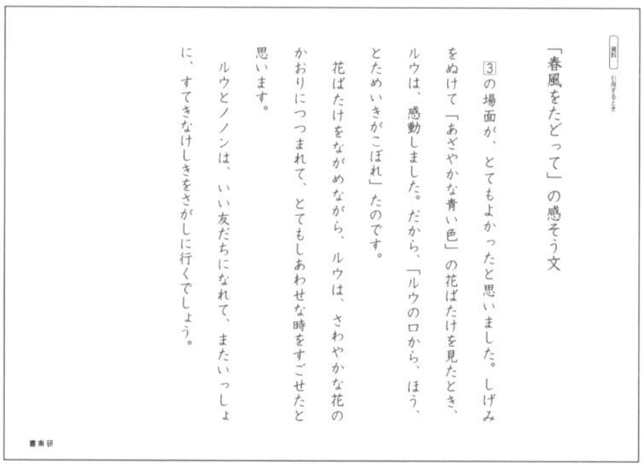
資料　引用するとき
「春風をたどって」の感そう文
3の場面が，とてもよかったと思いました。しげみをぬけて「あざやかな青い色」の花ばたけを見たとき，ルウは，感動しました。だから，「ルウの口から，ほう，とためいきがこぼれ」たのです。
花ばたけをながめながら，ルウは，さわやかな花のかおりにつつまれて，とてもしあわせな時をすごせたと思います。
ルウとノノンは，いい友だちになれて，またいっしょに，すてきなけしきをさがしに行くでしょう。
喜楽研

授業の展開で使えるワークシート見本を収録しています。（全ての時間には収録されていません）また，教材や授業展開の内容に沿った資料が収録されている単元もあります。クラスの実態や授業内容に応じて，印刷して配布するかタブレットなどのデジタル端末に配信するなどして，活用してください。

授業で使える「画像」「掲示用イラスト」「カード」収録

◇ 画像

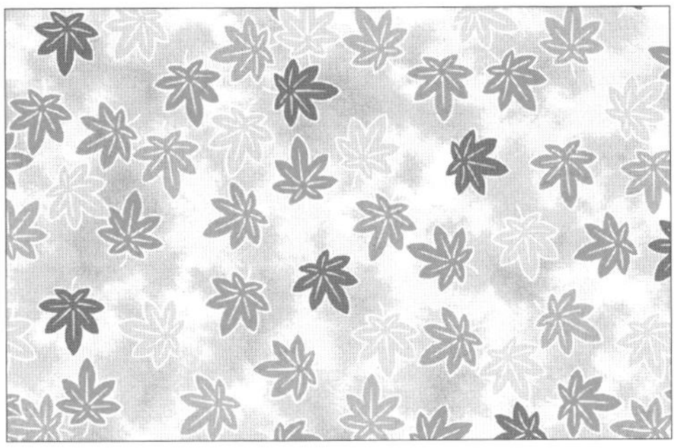

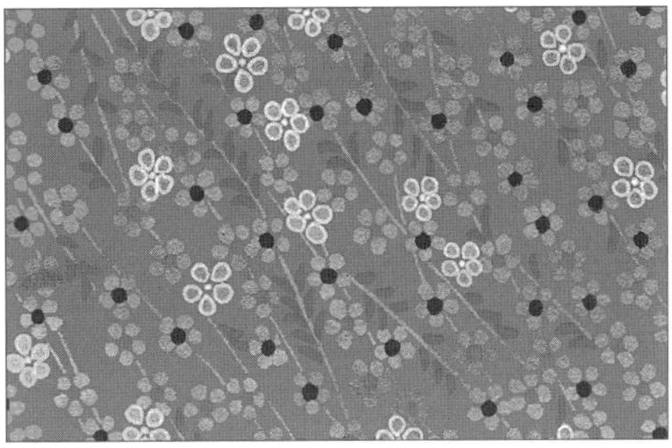

◇ 掲示用イラスト

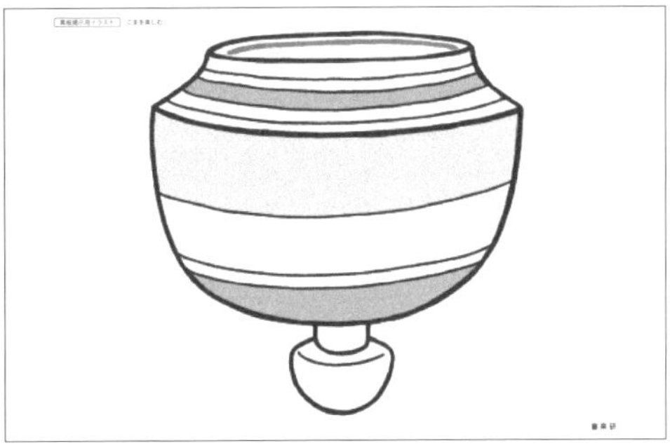

◇ 言葉（漢字）カード

高
弱
牛
強
鳴
同

語
詩

間
道

文章や口頭では説明の難しい内容は，画像やイラストで見せるとわかりやすく説明できます。視覚にうったえかけることで，授業の理解を深めます。

また，板書をするときにイラストやカードを使うと，見栄えがします。チョークでかいた文字だけの板書よりも，簡単に楽しくきれいな板書ができあがります。

※ QR コードから QR コンテンツを読み取る際には，パスワードが必要です。パスワードは本書 P4 に記載されています。

対話・話し合いのある授業に，一歩踏み出そう

菊池　省三

教育の世界は，「多忙」「ブラック」と言われています。不祥事も後を絶ちません。

しかし，多くの先生方は，子どもたちと毎日向き合い，その中で輝いています。やりがいや生きがいを感じながら，がんばっています。

このことは，全国の学校を訪問して，私が強く感じていることです。

先日，関西のある中学校に行きました。明るい笑顔あふれる素敵な学校でした。

3年生と授業をした後に，

「気持ちのいい中学生ですね。いい学校ですね」

と話した私に，校長先生は，

「私は，子どもたちに支えられています。子どもたちから元気をもらっているのです。
　我々教師は，子どもたちと支え合っている，そんな感じでしょうか」

と話されました。なるほどと思いました。

四国のある小学校で，授業参観後に，

「とてもいい学級でしたね。どうして，あんないい学級が育つのだろうか」

ということが，参観された先生方の話題になりました。担任の先生は，

「あの子たち，とてもかわいいんです。かわいくて仕方ないんです」

と，幸せそうな笑顔で何度も何度も話されていました。

教師は，子どもたちと一緒に生きているのです。担任した1年間は，少なくとも教室で一緒に生きているのです。

このことは，とても尊いことだと思います。「お互いに人として，共に生きている」……こう思えることが，教師としての生きがいであり，最高の喜びだと思います。

私自身の体験です。数年前の出来事です。30年以上前に担任した教え子から，素敵なプレゼントをもらいました。ライターになっている彼から，「恩師」である私の本を書いてもらったのです。たった1年間しか担任していない彼からの，思いがけないプレゼントでした。

教師という仕事は，仮にどんなに辛いことがあっても，最後には「幸せ」が待っているものだと実感しています。

私は，「対話・話し合い」の指導を重視し，大切にしてきました。

ここでは，悪しき一斉指導からの脱却を図るために，ポイントとなる6つの取り組みについて説明します。

特別映像

1. 価値語の指導

荒れた学校に勤務していた20数年前のことです。私の教室に参観者が増え始めたころです。ある先生が，

「菊池先生のよく使う言葉をまとめてみました。菊池語録です」

と，私が子どもたちによく話す言葉の一覧を見せてくれました。

子どもたちを言葉で正す，ということを意識せざるを得なかった私は，どちらかといえば父性的な言葉を使っていました。

学び合う＝寄り添う

・私，します。
・やる気のある人だけでします。
・心の芯をビシッとしなさい。
・何のために小学生をしているのですか。
・さぼる人の2倍働くのです。
・恥ずかしいと言って何もしない。
　それを恥ずかしいというんです。

といった言葉です。

このような言葉を，私だけではなく子どもたちも使うようになりました。

価値語の誕生です。

全国の学校，学級を訪れると，価値語に出合うことが多くなりました。その学校，学級独自の価値語も増えています。子どもたちの素敵な姿の写真とともに，価値語が書かれている「価値語モデルのシャワー」も一般的になりつつあります。

知的な言葉が生まれ育つ教室が，全国に広がっているのです。対話・話し合いが成立する教室では，知的な言葉が子どもたちの中に植林されています。だから，深い学びが展開されるのです。

教師になったころに出合った言葉があります。大村はま先生の「ことばが育つとこころが育つ　人が育つ　教育そのものである」というお言葉です。忘れてはいけない言葉です。

「言葉で人間を育てる」という菊池実践の根幹にあたる指導が，この価値語の指導です。

2. スピーチ指導

私は，スピーチ指導からコミュニケーション教育に入りました。自己紹介もできない6年生に出会ったことがきっかけです。

お師匠さんでもある桑田泰助先生から，

「スピーチができない子どもたちと出会ったんだから，1年かけてスピーチができる子どもに育てなさい。走って痛くなった足は，走ってでしか治せない。挑戦しなさい」

という言葉をいただいたことを，30年近くたった今でも思い出します。

私が，スピーチという言葉を平仮名と漢字で表すとしたら，

『人前で，ひとまとまりの話を，筋道を立てて話すこと』

とします。

そして，スピーチ力を次のような公式で表しています。

『スピーチ力＝（内容＋声＋表情・態度）×思いやり』

このように考えると，スピーチ力は，やり方を一度教えたからすぐに伸びるという単純なものではないと言えます。たくさんの要素が複雑に入っているのです。ですから，意図的計画的な指導が求められるのです。そもそも，コミュニケーションの力は，経験しないと伸びない力ですからなおさらです。

私が，スピーチ指導で大切にしていることは，「失敗感を与えない」ということです。学年が上がるにつれて，表現したがらない子どもが増えるのは，過去に「失敗」した経験があるからです。ですから，

「ちょうどよい声で聞きやすかったですよ。安心して聞ける声ですね」

「話すときの表情が柔らかくて素敵でした。聞き手に優しいですね」

「笑顔が聞き手を引きつけていました。あなたらしさが出ていました」

「身ぶり手ぶりで伝えようとしていました。思いが伝わりましたよ」

などと，内容面ばかりの評価ではなく，非言語の部分にも目を向け，プラスの評価を繰り返すことが重要です。適切な指導を継続すれば必ず伸びます。

3. コミュニケーションゲーム

私が教職に就いた昭和 50 年代は，コミュニケーションという言葉は，教育界の中ではほとんど聞くことがありませんでした。「話し言葉教育」とか「独話指導」といったものでした。

平成になり，「音声言語指導」と呼ばれるようになりましたが，その多くの実践は音読や朗読の指導でした。

そのような時代から，私はコミュニケーションの指導に力を入れようとしていました。しかし，そのための教材や先行実践はあまりありませんでした。私は，多くの書店を回り，「会議の仕方」「スピーチ事例集」といった一般ビジネス書を買いあさりました。指導のポイントを探すためです。

しかし，教室で実践しましたが，大人向けのそれらをストレートに指導しても，小学生には上手くいきませんでした。楽しい活動を行いながら，その中で子どもたち自らが気づき発見していくことが指導のポイントだと気がついていきました。子どもたちが喜ぶように，活動をゲーム化させる中で，コミュニケーションの力は育っていくことに気づいたのです。

例えば，対決型の音声言語コミュニケーションでは，

・問答ゲーム（根拠を整理して話す）

・友だち紹介質問ゲーム（質問への抵抗感をなくす）

・でもでもボクシング（反対意見のポイントを知る）

といった，対話の基本となるゲームです。朝の会や帰りの会，ちょっとした隙間時間に行いました。コミュニケーション量が，「圧倒的」に増えました。

ゆるやかな勝ち負けのあるコミュニケーションゲームを，子どもたちは大変喜びます。教室の雰囲気がガラリと変わり，笑顔があふれます。

コミュニケーション力は，学級のインフラです。自分らしさを発揮して友だちとつながる楽しさは，対話・話し合い活動の基盤です。継続した取り組みを通して育てたい力です。

4. ほめ言葉のシャワー

菊池実践の代名詞ともいわれている実践です。30年以上前から行っている実践です。

2012年にNHK「プロフェッショナル仕事の流儀」で取り上げていただいたことをきっかけに，全国の多くの教室で行われているようです。

「本年度は，全校で取り組んでいます」

「教室の雰囲気が温かいものに変わりました」

「子どもたちも大好きな取り組みです」

といった，うれしい言葉も多く耳にします。

また，実際に訪れた教室で，ほめ言葉のシャワーを見せていただく機会もたくさんあります。どの教室も笑顔があふれていて，参観させていただく私も幸せな気持ちになります。

最近では，「ほめ言葉のシャワーのレベルアップ」の授業をお願いされることが増えました。

下の写真がその授業の板書です。内容面，声の面，表情や態度面のポイントを子どもたちと考え出し合って，挑戦したい項目を自分で決め，子どもたち自らがレベルを上げていくという授業です。

どんな指導も同じですが，ほめ言葉のシャワーも子どもたちのいいところを取り上げ，なぜいいのかを価値づけて，子どもたちと一緒にそれらを喜び合うことが大切です。

どの子も主人公になれ，自信と安心感が広がり，絆の強い学級を生み出すほめ言葉のシャワーが，もっと多くの教室で行われることを願っています。

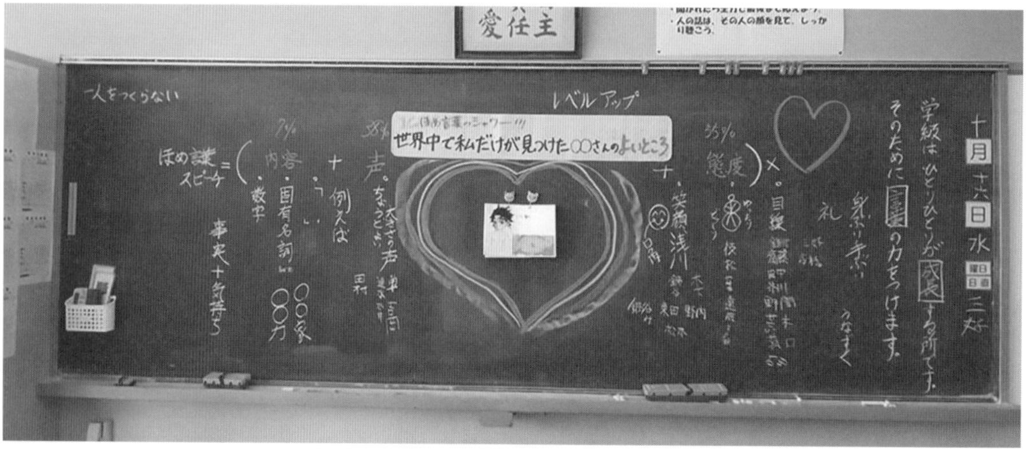
愛任主
一人をつくらない
レベルアップ
世界中で私だけが見つけた○○さんのよいところ
学級はひとりひとりが成長する所です。
そのために言葉の力をつけます。
十月十六日水

5. 対話のある授業

菊池実践の授業の主流は，対話のある授業です。具体的には，

・自由な立ち歩きのある少人数の話し合いが行われ

・黒板が子どもたちにも開放され

・教師が子どもたちの視界から消えていく

授業です。教師主導の一斉指導と対極にある，子ども主体の授業です。

私は，対話の態度目標を次の3つだと考えています。

① しゃべる

② 質問する

③ 説明する

それぞれの技術指導は当然ですが，私が重視しているのは，学級づくり的な視点です。以下のような価値語を示しながら指導します。例えば，

・自分から立ち歩く

・一人をつくらない

・男子女子関係なく

・質問は思いやり

・笑顔でキャッチボール

・人と論を区別する

などです。

対話のある授業は，学級づくりと同時進行で行うべきだと考えているからです。技術指導だけでは，豊かな対話は生まれません。形式的で冷たい活動で終わってしまうのです。

学級づくりの視点を取り入れることで，子どもたちの対話の質は飛躍的に高まります。話す言葉や声，表情，態度が，相手を思いやったものになっていきます。聞き手も温かい態度で受け止めることが「普通」になってきます。教室全体も学び合う雰囲気になってきます。学び合う教室になるのです。

正解だけを求める授業ではなく，一人ひとりが考えの違いを出し合い，新たな気づきや発見を大事にする対話のある授業は，学級づくりと連動して創り上げることが大切です。

6. ディベート指導

肯定側
否定側

私の学級の話し合いは，ディベート的でした。子どもたちの意見が分裂するような発問をもとに，その後の話し合いを組織していたのです。

私は，スピーチ指導から子どもたちの実態に合わせて，ディベート指導に軸を移してきました。その理由は，ディベートには安定したルールがあり，それを経験させることで，対話や話し合いに必要な態度や技術の指導がしやすいからです。

私は，在職中，年に2回ディベート指導を計画的に行っていました。

1回目は，ディベートを体験することに重きを置いていました。1つ1つのルールの価値を，学級づくりの視点とからめて指導しました。

例えば，「根拠のない発言は暴言であり，丁寧な根拠を作ることで主張にしなさい」「相手の意見を聞かなければ，確かな反論はできません。傾聴することが大事です」「ディベートは，意見をつぶし合うのではなく，質問や反論をし合うことで，お互いの意見を成長させ合うのです。思いやりのゲームです」といったことです。これらは，全て学級づくりでもあります。

2回目のディベートでは，対話の基礎である「話す」「質問する」「説明する（反論し合う）」ということの，技術的な指導を中心に行いました。

例えば，「根拠を丁寧に作ります。三角ロジックを意識します」「連続質問ができるように。論理はエンドレスです」「反論は，きちんと相手の意見を引用します。根拠を丁寧に述べます」といった指導を，具体的な議論をふまえて行います。

このような指導を行うことで，噛み合った議論の仕方や，その楽しさを子どもたちは知ります。そして，「意見はどこかにあるのではなく，自分（たち）で作るもの」「よりよい意見は，議論を通して生み出すことができる」ということも理解していきます。知識を覚えることが中心だった今までの学びとは，180度違うこれからの時代に必要な学びを体験することになります。個と集団が育ち，学びの「社会化」が促されます。

ディベートの持つ教育観は，これからの時代を生きる子どもたちにとって，とても重要だと考えています。

【1年生の授業】

1年生は，言葉遊びの授業です。1年生には，「言葉って面白いんだ」「言葉を知ることは楽しいことなんだ」といったことを，体験を通して実感させたいと思っています。

た→○○まった

この授業は，

① 「○まった」という言葉をみんなで集める（例：あまった，うまった，こまった　など）
② 「○○まった」という言葉を一人で考える（例：あやまった，かくまった，まとまった　など）
③ ②で集めた言葉をグループで出し合う
④ 教室の中から「○○まった」の言葉をグループで集める
⑤ グループ対抗のチョークリレーで出し合い全員で学び合う
⑥ 感想を書いて発表し合う

といった流れで行いました。動画には，②から④あたりの様子が収められています。

最初に学習の仕方を全員に理解させ，その後にレベルを上げた問題を，個人→グループ→全体という流れで取り組ませたのです。

活動的な1年生に，「黙って，静かに，座って話を聞かせる」ということに，あまりにも指導の力点が行き過ぎている教室もあります。そうではなくて，活動的な1年生の特性を生かしながら，変化のある授業の構成を考えたいものです。そのような指導を通して，友だちと学び合う楽しさやできる喜びを感じさせてあげたいものです。

また，1年生ですから，教師のパフォーマンス力も問われます。立ち位置や声の変化，体や手の動きの工夫が必要です。子どもたちを惹きつける，そんな魅力ある教師でいたいと思っています。

【2年生の授業】

おばあさん

2年生は，簡単な討論の授業です。対立する話し合いの基本型を教えた授業です。

授業は，次のような流れです。

① たくさん咲いている学校のチューリップを1本取った花子さんの行動について，○か×かの自分の立場を決める
② ①の理由を書いて話し合う
③ 花子さんには，病気で寝たきりのチューリップの好きなおばあさんがいることを知り，花子さんの行動について○か×かの立場を決める
④ ③の理由を書いて，同じ立場の友だちと話し合う
⑤ 理由を出し合って，全体で討論をする
⑥ 花子さんが取ったらいいと考えられる方法を出し合う
⑦ 感想を書いて発表し合う

私は，基本的な討論の流れを，

・自分の立場（賛成反対，AかBか，など）を決める
・各自，理由を考える
・同じ立場のチームで理由を考え合う
・それぞれのチームの理由を出し合う

と考えています。

2年生の授業動画では，③から④あたりが収められています。「自由な立ち歩き」をして，学び合うための対話，話し合いをしている様子が分かると思います。

このような動きのある授業を行うことで，友だちと学び合うことは楽しい，自分で意見を作ることは大切なんだ，ひとりひとり意見が違っていいんだ，といったことを子どもたちは学びます。

【3年生の授業】

3年生は，スピーチの授業です。「ほめ言葉のシャワー」につなげるという意図を持って行ったものです。

ほめ言葉のスピーチは，

『事実＋意見』

の構成が基本です。

授業では，

成長
声が大きい。
しせいがいい。

まず，その基本の構成を板書し，事実にあたる友だちのよいところをノートに書かせました。書かせるという指導は，全員参加を促します。

その後，ひとりひとりが書いたことを認め，黒板に書かせました。このように，黒板に書かせると教室に勢いが出てきます。みんなで学び合う雰囲気になってきます。

そして，実際に「ほめ言葉のシャワー」をさせました。

先にも述べましたが，私は，スピーチの公式を次のように考えています。

『スピーチ力＝（内容＋声＋表情・態度）×思いやり』

主人公の友だちに伝えるほめ言葉１つ１つに，私が「ほめ言葉」を言っています。プラスの評価をしているのです。例えば，

「（お辞儀をした子どもに）体を使ってほめ言葉を言っている（拍手）」

「（ノートから目を離した子どもに）書いたことを見ません（読むのではなく話す）（拍手）」

「（柔らかな表情で話した子どもに）口角が挙がっていますね（拍手）」

「（下半身がどっしりして，上半身がゆったりとしているこどもに）その姿勢が抜群にいい（拍手）」

といって，ほめています。スピーチの公式の非言語の部分を意識してほめています。内容よりも，声や表情・態度の部分です。スピーチ指導の初期の段階は，このような指導が効果的だと考えているからです。

特別映像は，『DVDで見て学ぶ 菊池省三・授業実践シリーズ』（有限会社オフィスハル製作）より授業映像を一部抜粋し，解説を追加・編集したものです。

3年「音読」～工夫の仕方を考えさせる

岡　篤

〈間を教える〉

音読の際に，句点（。），読点（、）を意識させる方法として，間の取り方をクラスでそろえるという方法があります。例えば，句点は２拍，読点は１拍，といった具合です。はじめは，教師が「いち，に」と声を出して間を取ります。次に，黒板や机を叩いてトントンと音を立てて同じように間を取ります。次は，子どもが句点で２回，読点で１回，軽くうなずきます。最後に，「心の中で数えましょう」とすれば，比較的短期間で，句読点を意識することができます。

もちろん，この読み方は絶対ではありません。句読点の使い方や文脈によっては，ふさわしくない場合も出てきます。そのときは，そこで指導をすればよいのです。あくまで，初歩の段階で，句読点を意識させる手立てとして，この方法があるということです。

音読
すらすら読み
、…一拍
。…二拍
上手読み

〈会話文（「　」）の前後も間をあける〉

「　」の間を指導すると，読み方が大きく変わります。私は，「　」も２拍あけるように言う場合が多いです。子どもには，「聞いている人には，かぎかっこがついているのか，どうか分かりません。それを，間をとって伝えます」と教えています。

さらに，いわゆる「地の文」と登場人物の話す言葉との区別がこの「　」でつけられているということも教えます。地の文はふつうの読み方で読み，「　」になると，登場人物の様子を頭にイメージしながら読むようにいいます。

実際に，読み方を大きく変えることは難しいので強要はしません。しかし，子どもなりに，登場人物をイメージして読もうとすることで，読解へつながる音読になることでしょう。

特別映像

〈工夫の仕方を考えさせる〉

読み方の工夫は，間だけではありません。速く読んだり遅くしたり，大きな声を出したり小さくしたり，様々な読み方ができます。

その工夫は，どれが正しいということはありません。同じ文章をプロが朗読しているのを聞き比べても，驚くほど違う場合もあります。

読み手の解釈によって，違いが出てくるのです。逆にいうと，子どもなりの解釈があれば，ときには正反対の読み方をしていてもかまわないのです。お互いの意見を聞くことで，自分とは違った考えと読み方があることに気づき，振り返ることにつながります。

読み方だけでなく，どのような解釈をしてその読み方をしたのか，ということを考えさせることで，深い読み取りにつながっていきます。

まさに主体的，対話的で深い音読といえるでしょう。

やがて、行手にぽっつりあかりが
一つ見え始めました。それを子供の
きつねが見つけて、
「母ちゃん、お星さまは、あんな

【出典】※動画の板書で使用されている作品
『手袋を買いに』新美南吉（青空文庫）

3年「漢字の字源」

岡　篤

〈漢字力は3年生が分かれ目〉

私は，勤務校で毎年漢字力調査に取り組んできました。独自の問題を使って，4月に2年生以上の学年にやってもらうのです。ポイントは，前学年の漢字だけではなく，1年漢字からやるということです。例えば，6年生には，1年漢字・2年漢字・3年漢字・4年漢字・5年漢字の問題をやってもらいます。

これは，子どもにも採点する側にも負担があるのですが，それだけの意義はあると思っています。例えば，6年生になると，5年漢字の平均点は50%くらいになります。漢字1字だけを書けばよい問題が学年ごとに20問（あるいは10問）であることを考えると深刻な課題ということが分かります。

それ以上に，1年漢字の問題から行うことで，様々なことが分かってきました。その一つが，漢字が苦手になる子は，3年生で決定的になる場合が多いということです。1年漢字80字，2年漢字160字，3年漢字200字と数だけでもかなり増えてくる上に，抽象的な熟語も加わってくることが理由と考えられます。

漢字の字源
三年生
陽
×陽

〈反復練習と字源を〉

では，どうすればよいのか。漢字といえば，宿題による百字帳，小テストというイメージがあるかもしれません。この宿題や小テストのやり方を工夫すれば，ある程度定着率は高まります。

単純に，回数を増やすだけでも，漢字が苦手な子にとっては一度に覚える範囲が少なくなった負担が減るといえるでしょう。もちろん，時間の確保，採点の仕方など継続するための工夫も求められます。

特別映像

私の場合，漢字係を作ってテスト用紙を子どもが配るようにしたり，朝の会や国語の初めに行うと時間を設定してしまったりということで，継続できるようにしています。

〈字源を教える意義〉

ただし，漢字への興味という意味では，小テストの点数だけでは限界があります。小テストがなければ，漢字に全く興味を示さないということになりがちだからです。

私は，字源を教えることをお勧めしています。字源を教えることで，漢字の本質的な面白さを味わうことができます。また，漢字にはつながりがあることが理解でき，初めて見る漢字でも意味が予想できたり，覚えやすくなったりします。字源の話題もときおり入れていきたいものです。

字源の話をすることで間違いが減った例の１つに,「陽」があります。右側のつくりは，「日」の下に「一」があります。これを忘れる子が何人もいてなかなか直りませんでした。

そこで,「『日』は，玉です。『一』は，それをおいている台です。大切な玉の下の台を忘れたらどうなりますか。玉は落ちて，バリーン，と割れてしまいますよ。『一』は大切ですね」

主
柱
注
陽
陽
陽

QR「３年漢字の覚え方のコツ」（資料）
QR「漢字の覚え方解説」（資料）

『新版まるごと授業国語１～６年（上）』(2020 年発行）への動画ご出演，及び寄稿文をお寄せいただいた岡 篤先生は，2022 年 11 月に永眠されました。この度，改訂新版発行にあたり，ご遺族のご厚意で内容はそのままで掲載させていただきました。ご厚情に深く感謝するとともに，謹んで哀悼の意を表します。

ことばのじゅんびうんどう

よく聞いて，じこしょうかい

全授業時間 1 時間

◎ 指導目標 ◎

・相手を見て話したり聞いたりするとともに，言葉の抑揚や強弱，間の取り方などに注意して話すことができる。
・話し手が伝えたいことの中心を捉えることができる。

◎ 指導にあたって ◎

① 教材について

「ことばのじゅんびうんどう」という，国語の学習に入る前の準備段階の教材です。扉の詩を読ませたり，目次や「国語の学びを見わたそう」を見て国語学習の見通しを立てさせたりします。順番に自己紹介をしながら，話し方・聞き方で気をつける点や大事な点に目を向けさせる 1 時間の学習になります。楽しく同じクラスの友達のことを知ることができる教材でもあります。

② 個別最適な学び・協働的な学びのために

初めての国語の授業の時間になります。『わかば』は，3 年生で最初に目にする詩です。これから 3 年生の学習を始めようとする新鮮な意欲と共鳴するように読ませたいものです。自己紹介は，話すこと，聞くことに関する 3 年の国語教材として初めての活動となります。話すことの楽しさや聞くことの大切さに気づかせるために，楽しみながら話したり聞いたりすることができるようにします。

◎ 評価規準 ◎

知識 及び 技能	相手を見て話したり聞いたりするとともに，言葉の抑揚や強弱，間の取り方などに注意して話している。
思考力，判断力，表現力等	「話すこと・聞くこと」において，話し手が伝えたいことの中心を捉えている。
主体的に学習に取り組む態度	積極的に相手を見て話したり聞いたりし，学習課題に沿って自己紹介をしようとしている。

◎ 学習指導計画　　全 1 時間 ◎

次	時	学習活動	指導上の留意点
1	1	・扉の詩をみんなで読み，思ったことを話し合う。 ・目次や巻頭ページを見て，国語学習の見通しをもつとともに，学習の進め方を確かめる。 ・自分の「すきな○○」を１つ考える。 ・前の人の「すきな○○」を繰り返しながら，順番に自己紹介をする。	・初めての国語の授業。期待感を大事にすることが第一となる。そのためにも扉の詩はみんなで読む楽しさに気づかせる。 ・聞く，話すといった学習習慣をつけていく第一歩でもある。あそびを通して，楽しく自己紹介をさせる。

よく聞いて，じこしょうかい
第1時（1/1）

本時の目標　相手に自分の好きなものを伝えたり，友達が何を伝えようとしているのかを聞いたりすることができる。

板書例

3 〈じこしょうかいで気をつけること〉

話すこと
- あいてを見る　・声の大きさ
- 話すスピード　・みじかく話す

聞くこと
- だいじなところをしっかり聞く
- しゅう中する　・あいてを見る

4 ☆よく聞いて、じこしょうかいをしよう
- すきなものを二つ言う

POINT　話すこと聞くことを学ぶ初めての単元となる。話すこと，聞くことの基本的な学習を楽しく学べるようにする。

1　扉の詩『わかば』を読んで，感想を出し合おう。

教科書の表紙を開き，『わかば』を範読する。

T　この詩の中で，繰り返し出てくる言葉は何ですか。
C　晴れ晴れ，わかば。
T　「晴れ晴れ」と「わかば」の２つの言葉から，どんなことを感じますか。

気持ちがいい，明るい感じがします。
何か新しい，新鮮な感じがします。
何か，希望がわいてくるような感じ。

T　この詩では，他にどんなことをいっていますか。
C　ぼくらは人間のわかば。天が見守っている。
T　みんなが感じた気持ちを込めて読みましょう。

一斉読みをして，その後数人に読ませる。
次に，目次や巻頭ページを見て，国語学習の見通しをもたせるとともに，学習の進め方を簡単に確かめさせる。

2　自己紹介をしてみよう。

T　新しいクラスの人と自己紹介をしましょう。自分の好きな○○を１つ紹介してもらいます。紹介するものを何にするのかを考えましょう。

椅子を円形に並べ，順番に自己紹介をさせていく。

T　ルールがあります。前の人が言ったことを繰り返してから，最後に自分の名前と好きな○○を話します。

ぼくは，ゲームが得意な梅田たいちくんの隣の，野球が好きな松本ゆうじです。
わたしは，野球が好きな松本ゆうじくんの隣の，ダンスが好きな竹山りさです。

順に自己紹介をさせていく。ゲーム感覚で，楽しい雰囲気でできるようにする。

準備物

ICT　ICTを使うことも大切だが，しっかりと人を見て，聞く体験をさせたい。オンラインで参加している児童がいる場合も，しっかりと画面を通して参加させたい。

よく聞いて、じこしょうかい

㋱ 三年生でどんな学習をするのか知ろう
よく聞いてじこしょうかいをしよう

1 〈とびらの詩〉

「わかば」「晴れ晴れ」

・気もちがいい、明るい感じ
・しんせんなかんじ

ぼくらは人間のわかば

天が見まもって……　←

※児童の発言を板書する。

2 じこしょうかいの すすめ方

① 前の人が話したことをくりかえす
② 自分の名前、すきなものを言う

3 自己紹介をするときに大切なことを考えよう。

T　自己紹介をしてみて，これまでの自分たちの話し方や聞き方を見つめ直しましょう。

T　わたしたちがうまくできていないことは何でしたか。どうすればよかったですか。

友達の好きなことを聞き逃して，うまく言えませんでした。

もう少しゆっくり話した方がよかったです。

T　これから自己紹介をするときに，話すこと・聞くことの大切なことを出し合いましょう。

C　話す人は，聞いてくれている人を見て，一人一人がどうしているかに気をつける。

C　話すときは，大きな声でゆっくりと，短く話す。

C　聞く人は，自己紹介をしている人の方を見て，大事なところを聞き逃さないよう，集中して聞く。

4 もっと自己紹介をしよう。自己紹介をしたことを振り返ろう。

T　「話すこと・聞くこと」のポイントを整理しました。では，この注意点に気をつけて自己紹介をしてみましょう。次は，好きな○○を２つ紹介します。紹介するものを何にするのかを考えましょう。

C　ぼくは，サッカーと野球が好きなことを紹介する。

C　水泳と，もう１つは，ケーキにしようかな。

好きなものを２個にして，同様に，自己紹介をさせる。

T　友達が好きなものを聞いて，どんなことを考えましたか。

もっともっと友達のことを知っていきたいです。

同じ物を好きな人がいたので，嬉しかったです。もっと仲良くなりたいです。

自己紹介を振り返り，感想を伝え合わせる。

詩を楽しもう

どきん

全授業時間 1 時間

◎ 指導目標 ◎

・文章全体の構成や内容の大体を意識しながら音読することができる。
・文章を読んで感じたことや考えたことを共有し，一人一人の感じ方などに違いがあることに気づくことができる。

◎ 指導にあたって ◎

① 教材について

すべてひらがな表記された 10 行の詩です。この詩は，「…かなあ」「…ねえ」と母音で音を伸ばす文のあとに擬音語・擬態語を続ける表現を繰り返しています。この表現から詩のリズムを感じ取り，様子を想像して，それを音読で表現するのがここの学習です。音読が主体の学習なので，時間をかけて深く読み取ることはできませんが，擬音語・擬態語で表される様子や主体の対象への関わりが変化していく（さわってみよう… → もいちどおそう）などは読み取らせたいものです。それが音読の質にも関わってきます。

音読の際には，声の大きさ，強さ，速さ，抑揚，間の取り方など，読み取った，あるいは，感じ取った内容に応じて工夫して読ませます。擬音語・擬態語からどのように様子が想像できるかがポイントにもなります。

3 年生最初の国語学習ですので，楽しく音読することを大事にします。音読の形態も，時間があれば，個人，グループ，男女交互，分担を決めてなど，いろいろ変えて取り組ませることもできます。

② 個別最適な学び・協働的な学びのために

音読の前提として，一人一人の児童がどのように作品理解をするかが大切です。1 時間という限られた時間での学習ですが，感想やおもしろいと感じたところなどをできる限り意識させていきます。その際，隣どうしで援助し合ったり，グループでの話し合いを取り入れたりすることで，自分が気づかなかったことにも触れさせ，作品理解を広げていきます。

音読の工夫の基本（声の大きさ，強弱，速さ，抑揚，間の取り方など）は，グループで確認させ，それを共通の土台として音読の工夫をさせていきます。音読の練習や発表のときも聞き合って，相互批評を大切にしていきます。最後に，自分の音読表現の変化に気づくなど，学習の成果を少しでも認識させたいものです。

◎ 評価規準 ◎

知識 及び 技能	文章全体の構成や内容の大体を意識しながら音読している。
思考力，判断力，表現力等	「読むこと」において，文章を読んで感じたことや考えたことを共有し，一人一人の感じ方などに違いがあることに気づいている。
主体的に学習に取り組む態度	積極的に文章全体の構成や内容の大体を意識し，学習課題に沿って楽しんで詩を音読しようとしている。

◎ 学習指導計画　全 1 時間 ◎

次	時	学習活動	指導上の留意点
1	1	・範読を聞き，自分でも音読をしてみて，詩に表現された様子を想像する。 ・「おもしろい」「いいな」と思うところを見つける。 ・読み取ったことを基に，工夫をして音読練習をする。 ・想像したことや，「おもしろい」「いいな」と感じたところを友達に分かるように工夫して音読する。	・「詩を楽しむ」「音読する」学習であることに気づかせる。 ・伸ばす言葉や擬音語・擬態語を使った繰り返しのおもしろさに気づかせる。 ・詩のリズムも味わわせたい。 ・2 年までの学習も振り返り，音読の際の注意点なども想起させる。 ・学習のはじめと終わりで自分の音読に変化があったかどうか振り返らせる。

どきん

第1時（1/1）

本時の目標　想像した様子や「おもしろい」「いいな」と思ったところがよく分かるように工夫し，楽しんで音読することができる。

板書例

「そよそよ」
「ひたひた」
小さく、弱く

「えへへ」
「どきん」
気もちが出ている

※
…三つの音

3
◇音読のくふう・ちゅうい

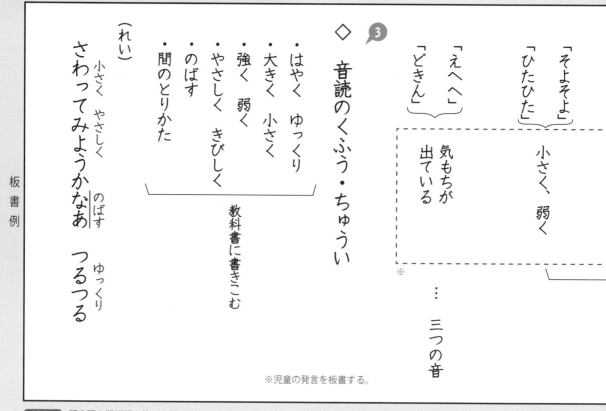

・はやく　ゆっくり
・大きく　小さく
・強く　弱く
・やさしく　きびしく
・のばす
・間のとりかた

教科書に書きこむ

（れい）
さわってみようかなあ　つるつる
（小さく　やさしく／のばす／ゆっくり）

※児童の発言を板書する。

POINT　擬音語や擬態語を使った繰り返しの表現のおもしろさに気づかせる。想像した様子や，「おもしろい」「いいな」と感じた

1　『どきん』の詩を読んで，様子を想像してみよう。

『どきん』の詩を範読する。

T　今度は自分で音読して隣の人に聞かせましょう。

どんな読み方をしたか，大体覚えておかせる。

T　この詩から，どんな様子が想像できますか。

はじめは，ちょっと触って，だんだん強く押して何かが倒れてしまいました。
後の方は，地球とか，風とかが出てきて，広くて大きな自然の感じがします。

T　様子について思ったことを言ってもいいですよ。

C　「えへへ」と「どきん」のところで，この人の気持ちが出ています。

C　「どきん」ってびっくりした感じ。どうしてかな？と思いました。

C　最後で，急に「どきん」としています。

2　「おもしろい」「いいな」と思ったところを話し合おう。

音読した感想，魅力的なところ，音読の工夫などをノートに書き込ませる。

T　「おもしろい」「いいな」と思ったところを話し合いましょう。なぜそう思ったのかも言いましょう。

４つの音で終わっていて，調子よく読めるのもいいね。
「えへへ」や「どきん」は３つの音だよ。
「つるつる」とか，「ゆらゆら」とかの繰り返しがおもしろいね。
「いんりょく」とか「ちきゅう」とか，スケールの大きい感じが好き。

C　「…かなあ」や「…るう」という表現がおもしろいです。何を触ったり押したりしているのか，いろいろ想像できるところもおもしろいと思いました。

C　のんびりした感じが続いて，最後に「どきん」で，急にびっくりした感じになるところがいいです。

準備物

ICT　音読を個人やペア，班で録音，録画し，音読発表会をしてもよい。録画や録音は，家庭で保護者にも視聴してもらうとよい。

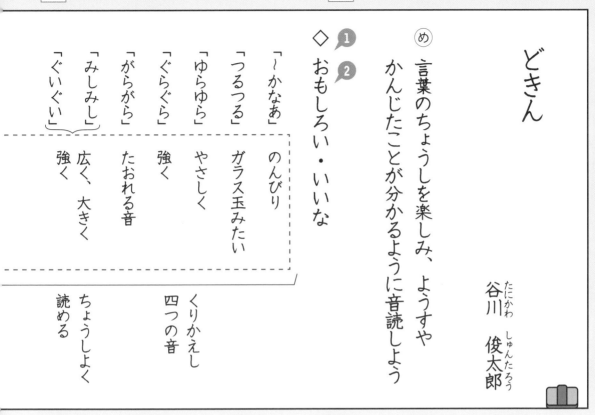

どきん

谷川(たにかわ)　俊太郎(しゅんたろう)

(め) 言葉のちょうしを楽しみ、ようすやかんじたことが分かるように音読しよう

1 2

◇おもしろい・いいな

「〜かなあ」	のんびり
「つるつる」	ガラス玉みたい
「ゆらゆら」	やさしく
「ぐらぐら」	強く
「がらがら」	たおれる音
「みしみし」	広く、大きく
「ぐいぐい」	強く

くりかえし
四つの音

ちょうしよく
読める

ところの表現を工夫させる。

3 どんなことに注意や工夫をすればよいか考え，音読練習をしよう。

T　音読するときの工夫や注意を話し合いましょう。

C　「なあ」や「るう」はゆっくり読むのがいいです。

C　「がらがら」は大きく,「ひたひた」は小さくかな。強く読んだり弱く読んだりするのも工夫です。

C　間の取り方も大事だと思います。

意見交流の中で読み方をイメージさせていく。

T　自分はどこでどんな読み方の工夫をするか，黒板の例のように教科書に書き込みましょう。

T　自分が想像した様子や，「おもしろい」「いいな」と感じたところがよく分かるように工夫して音読練習をしましょう。

ゆっくり読んで，最後の１行だけ 大きな声で読みます。
「たおれちゃったよなあ えへへ」は照れくさそうに読みます。

隣どうしで聞き合わせて，音読の練習をさせる。

4 自分の変化を確かめ，音読発表をしよう。

T　自分がはじめに音読したときと，今の練習と比べてどこか変わったところはありましたか。

C　「つるつる」「ぐらぐら」など，最後のところがどこも工夫して読めるようになりました。

C　間をあけて読めるようになったと思います。

T　班の中で音読発表をし合い，感想を言いましょう。

最後の行の読み方が急に速くなって，本当に急に振り向いたみたいでした。
「なあ」「かあ」のところが，声の調子を変えてだんだん強く押していく感じがよく出ています。

次に，各班から１人ずつ，全体の中で発表させる。

T　自分の音読か友達の音読か，どちらかの感想をノートに書きましょう。

わたしのさいこうの一日／つづけてみよう

全授業時間１時間

◎ 指導目標 ◎

・相手や目的を意識して，経験したことや想像したことなどから書くことを選び，伝えたいことを明確にすることができる。
・自分の考えとそれを支える理由や事例との関係を明確にして，書き表し方を工夫することができる。
・様子や行動，気持ちや性格を表す語句の量を増し，文章の中で使うことができる。

◎ 指導にあたって ◎

① 教材について

本単元は，「書く」活動に重点をあてた教材です。3年生になり，日記を書くということを年間を通して行っていくための導入の単元でもあります。ここでは，年間を通しての活動への導入のため，「できるだけ楽しく書く」ということに重点をおきます。

また，2年生で習った「様子をあらわす言葉」をできるだけ多く使うように意識させることも必要となります。この単元の学習のときだけでなく，日記を書く活動で，どのように書けば分かりやすいか，自分がどう思ったのか，を意識しながら書かせることが大切です。

② 個別最適な学び・協働的な学びのために

個別最適な学び・協働的な学びのために，「さいこうの一日」がどのような日なのか，クラス全員が詳しく書けるように，お互いのアイデアを交換する時間などを設けます。また，楽しく書くことに重点をおいて，互いの交流でよかった点を出し合わせ，また書きたいという気持ちをもたせます。一人ではなかなか書けない児童も，友達のアイデアや意見を聞くことで，書くことができるようになります。

◎ 評価規準 ◎

知識 及び 技能	様子や行動，気持ちや性格を表す語句の量を増し，文章の中で使っている。
思考力，判断力，表現力等	・「書くこと」において，相手や目的を意識して，経験したことや想像したことなどから書くことを選び，伝えたいことを明確にしている。 ・「書くこと」において，自分の考えとそれを支える理由や事例との関係を明確にして，書き表し方を工夫している。
主体的に学習に取り組む態度	経験したことや想像したことなどから書くことを進んで選び，学習課題に沿って日記を書こうとしている。

◎ 学習指導計画　　全 1 時間 ◎

次	時	学習活動	指導上の留意点
1	1	・「さいこうの一日」の日記を書くことを知り，したいことや起こってほしいことを書き出す。 ・「さいこうの一日」の日記を書く。 ・書いた日記を読み合い，感想を伝え合う。 ・P20 を見て，年間を通した継続的な活動に取り組む意欲をもつ。	・したいことや起こってほしいことをできるだけたくさんノートに箇条書きで書かせる。 ・日記の書き方については P19 を参考にさせる。また，2 年生で習った，様子を表す言葉を使ってみるように声かけする。 ・「つづけてみよう」の日記のテーマについては，P20 を皆で読み合い，具体的なイメージをもたせる。

わたしのさいこうの一日／つづけてみよう

第1時（1/1）

本時の目標 相手や目的を意識して，経験したことや想像したことなどから書くことを選び，伝えることができる。

板書例

○日にちをきめて書く
・さいこうのたんじょう日
・さいこうの正月

○ものやばしょについて書く
・さいこうのおもちゃ
・さいこうの公園

4

※教科書2年(上)P161を掲示する。

※教科書P20を掲示する。

POINT 展開1でできるだけたくさん書かせると，展開2で実際に書くときに役立つことになる。

1 学習課題を知ろう。したいことや起こってほしいことを書き出そう。

T　今日は「さいこうの一日」を書いて，お互いに感想を伝え合いたいと思います。

T　みんなは，「こんな日があったらいいなあ」と思うことはありますか。したいことや起こってほしいことを隣と出し合ってみましょう。

わたしはサッカーと水泳がしたいわ。
ぼくは野球選手に会いたいなあ。

T　では，発表しましょう。

ここで何名か発表させて，どんなことを書けばいいのかヒントを全員で共有しておくとよい。

T　それでは，ノートに書きましょう。

とにかくここでは質より量であることを伝える。
材料が多いほど書きやすくなる，ということをここで経験させておくと，これからも役立つ。

2 「さいこうの一日」の日記を書こう。

T　今から「さいこうの一日」の日記を書きます。教科書19ページのさいこうの一日の日記を読みましょう。

ここで教科書を読み，書き方を共有しておく。

T　書く前にポイントを確かめます。

P19の下の部分を読んで確認させる。できれば，教科書2年（上）P161「ことばのたからばこ」を拡大して見せる。ここで，無理に様子をあらわす言葉を使わせようとしない。あくまで楽しく書く，ということを念頭に進めていく。また，「さいこうの正月」など，日にちを決めて書くことや，「さいこうの公園」など，場所を決めて書く書き方も，「決めて書ける人はやってみよう」程度の声かけで行うようにする。

T　では，書きましょう。

書けた児童には見せにこさせる。様子をあらわす言葉を使っている児童の日記や，日記の体裁として「さいこうの一日」が書けている児童の日記を読んで紹介すると，書く手が止まっている児童の助けになるだろう。

準備物	・（できれば）教科書2年（上）P161「ことばのたからばこ」（黒板掲示用） ・教科書P20（黒板掲示用） ・教科書P20「ノートの書き方」（児童数）

ICT	日記の指導は，この時間のみの指導ではない。継続して1年間，この時間の内容に戻りながら指導したい。日記を，タブレットのシートに書き，保存しておくと効果的に読み返すことができる。

わたしのさいこうの一日

(め) さいこうの一日の日記を書こう

1 〈したいこと、おこってほしいこと〉

・帰り道でやきゅうせんしゅに会う
・えきでサッカーせんしゅに会う
・買いものについていくと、おかしを山ほど買ってもらえた
・ならいごとのプールで25メートルおよげた
・おうちの人の買ったたからくじが当たる
・しゅくだいがまったくない

※児童の発言を板書する。

2 3 〈日記を書こう〉

○ようすをあらわすことば
・きれい ・めずらしい ・くわしい
・細かい ・人気のある ・目立つ

3 書いた日記を読み合って感想を伝え合おう。

T　それでは，書いた日記をお互いに読み合いましょう。読んだ後は，どこがよかったか，よかったところを必ず１つから３つ，相手に伝えましょう。

しかも，試合でホームランも打てたのがすごいよね。
野球選手に会えるなんて，すごくいい日だね。
すごく楽しい一日だね。

できたグループに発表させる。友達からの紹介や，自分で発表してみたい児童を指名して読ませてもよい。

T　みんな「さいこうの一日」がとてもよく書けていましたね。

4 これから続けていくことを確認してやっていこう。

T　今日は「さいこうの一日」を考えて書きましたが，これからやっていくことをみんなで確認します。教科書 20 ページを開けて先生の後に続けて読みましょう。

P20「こんなことを書こう」のところを読みながら，赤鉛筆で線を引かせる。

T　今日は想像した一日を書きましたが，これからは，あったことや，考えたこと，感じたことや思ったことを書いていきます。

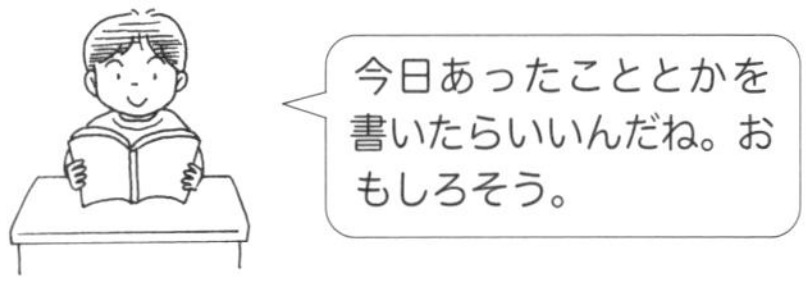
今日あったこととかを書いたらいいんだね。おもしろそう。

教科書 P20「ノートの書き方」をコピーしておいて，直接ノートに貼らせる。ここでいきなり書き方を指導しても効果を望めないので，これから学習の中で書いていく際に伝えていくとよい。

登場人物の気持ちをたしかめ，そうぞうしたことをつたえ合おう

春風をたどって

全授業時間 8 時間

◎ 指導目標 ◎

・様子や行動，気持ちや性格を表す語句の量を増し，語彙を豊かにすることができる。
・登場人物の行動や気持ちなどについて，叙述を基に捉えることができる。
・文章全体の構成や内容の大体を意識しながら音読することができる。

◎ 指導にあたって ◎

① 教材について

物語に登場してくるのは，りすのルウとノノンだけ。さわやかで，ほんのりとあまい，とてもすてきなにおいをたどって行った先で目にしたのは，見渡す限り鮮やかな青い色の花畑でした。ただこれだけの物語ですが，登場するりすたちの行動や気持ち，周りの情景を，文中の言葉から豊かに思い浮かべることができます。『春風をたどって』というタイトルとも相まって，穏やかに心癒やされる物語となっています。

学習では，文中の言葉に着目して，情景や登場人物の気持ちを読み取っていきます。挿絵も物語に合った素敵な絵なので，情景を読み取る助けとなるでしょう。

ルウが，この先どんな暮らしをして，どんな景色に出会うのか，最後に児童が続きを想像して交流します。読み取った物語の内容を基に想像を膨らませ，児童が続きを想像することを楽しむように書いていけたらよいでしょう。

② 個別最適な学び・協働的な学びのために

まず，児童には「学習しなければならない」と構えてしまうのではなく，「物語を楽しむ」という気持ちで読んでいかせます。それが，物語の情景やりすたちの心情にもフィットします。そのためにも，音読は大切にしたい教材です。

物語を読みこんでいく手がかりになるのが，文中の言葉です。それを各自でしっかりと見つけ，みんなで確かめ合い，そこからどんな情景や登場人物（りすたち）の気持ちが分かるのか，話し合いを深めていきます。

書き上げた「物語の続き」を読み合い，意見を伝え合うことで２つのことを目指します。１つ目は，自分の想像したことを友達に伝えるという活動を通して，自分の考えを客観視し，自分の考えたことを検証し深めていくことです。２つ目は，他人の書いた文章を読むことで，自分の考えの視点を広げていくことです。

◎ 評価規準 ◎

知識 及び 技能	・様子や行動，気持ちや性格を表す語句の量を増し，語彙を豊かにしている。 ・文章全体の構成や内容の大体を意識しながら音読している。
思考力，判断力，表現力等	「読むこと」において，登場人物の行動や気持ちなどについて，叙述を基に捉えている。
主体的に学習に取り組む態度	進んで，登場人物の行動や気持ちなどについて叙述を基に捉え，学習課題に沿って想像したことを伝え合おうとしている。

◎ 学習指導計画　全 8 時間 ◎

次	時	学習活動	指導上の留意点
1	1	・物語の内容を想像する。 ・音読して内容を確かめ感想を交流する。 ・学習課題を設定し，学習計画を立てる。	・物語の予想や読んだ感想を出し合って，作品に対する興味をもたせる。 ・学習課題と計画を話し合って共有させる。
	2	・物語を 4 つの場面に分ける。 ・場面ごとに，ルウの行動を確認していく。	・文や言葉を手がかりにルウの行動を調べ，グループで確認し合って共有させる。 ・挿絵も利用して，行動をイメージさせる。
2	3	・気持ちが分かる言葉の見つけ方を知る。 ・1 と 2 の場面からルウの気持ちが分かる言葉を見つけ，ルウの気持ちについて話し合う。	・見つけ方を参考にして，ルウの気持ちが分かる言葉を見つけさせる。 ・見つけた言葉を手がかりにして，ルウの気持ちを考え話し合わせる。
	4	・前時を振り返る。（心に残った言葉や気持ち） ・3 と 4 の場面からルウの気持ちが分かる言葉を見つけ，気持ちについて話し合う。	・前時の学習を踏襲して，ルウの気持ちが分かる言葉を見つけさせる。 ・見つけた言葉を手がかりにして，ルウの気持ちを考え話し合わせる。
	5	・ノノンや自分の住む森へのルウの気持ちの変化を，文中の言葉を手がかりに捉える。 ・ルウの気持ちの変化について話し合う。	・ルウの気持ちの変化について，文中の言葉を手がかりにして考えさせる。 ・考えをグループで交流して，深め広げる。
	6・7	・全文を読み返して学習内容を確かめる。 ・物語の続きを書く。 ・書いた文を読み合って，感想を伝える。	・全文を読み返し，学習してきた内容を踏まえて物語の続きが書けるようにする。 ・アイデアや文を検証し合って書かせる。
3	8	・「ふりかえろう」「たいせつ」「いかそう」の視点で学習を振り返る。 ・友達に関する本を選んで読む。	・何を学んだのか，学習の中で自分の身についたことは何か，学習を振り返って 1 つずつ確かめる。

春風をたどって

第1時（1/8）

本時の目標　物語を読んで作品に興味をもち，学習の課題を設定して，学習計画を立てることができる。

板書例

3
◇学習かだい
ルウの気持ちを考える
物語のつづきをそうぞうする

※教科書の挿絵（または，QR コンテンツのイラスト）を掲示する。

4
◇学習計画
ルウの行動をたしかめる
気持ちをたしかめる
気持ちのへんか
物語のつづきを書く→読み合う

POINT 扉のページから物語の内容を想像させたり，初発の感想を発表し合うことを通して，作品に興味をもたせ，以後の学習に

1 扉のページを見て，物語を想像しよう。

T　扉のページを見てみましょう。これから読んでいくのは，どんな物語なのか想像しましょう。まず，題名から予想してみましょう。

グループで話し合わせ，後で全体で交流させる。

C　春風も何か意味があるのかな？
C　春を探しに行く？
C　「たどって」だから，どこかへ行くんだね。
T　挿絵や文からも想像してみましょう。

主人公のりすのルウだね。木の穴の中に住んでいる。
行ってみたい場所までの道で，いろいろな出来事が起きる。
巣穴の中にあるのは何だろう。写真かな？絵かな？風景のようだけど…。
きっと，この絵か写真のところが行きたい場所だよ。でも，たくさんあるな。

2 物語を読んで，初発の感想を交流しよう。

T　では，どんな物語か読んでみましょう。みんなの想像通りかな，違っていたかな？

まずは，読みたい意欲のある児童に挙手をさせ，1ページぐらいで交代して音読していく。音読のよかった点を，教師がひと言ずつ評価していく。

C　「旅に出たいなあ。」りすのルウは，…。
T　出だしの「旅に…」の言葉に，気持ちがこもっていましたね。
C　ルウのたから物は，風の強い日に…。
T　読んでみてどうでしたか。想像通りの物語でしたか。初めて読んだ感想を交流しましょう。

目的のところにたどり着くまでに，もっといろいろな事件が起きるのかと思ったけど，違っていた。
ルウとノノンのやさしい感じがいいな。
青い花畑を見つけたシーンが心に残ったよ。

準備物　・教科書の挿絵 または，黒板掲示用イラスト QR

ICT　教科書の挿絵や黒板の挿絵の掲示でもよいが，児童がタブレットで挿絵を見ながら学習を進めるようにすると，学習効果が増す。

春風をたどって

(め) 学習ないようやめあてをたしかめ合い、これからの学習の見通しをたてよう

1 ◇どんな物語かそうぞうしよう

題(だい)から→どこかへ何かをさがしに

さし絵など→絵か しゃしんのところへ？

※児童の発言を板書する。

2 ◇音読して かんそう

・じけんは、あまりおきなかった

・ルウとノノンのやさしいかんじがいい

※児童の発言を板書する。

対する意欲をもたせる。

3 どんなことを学習していくのか，課題を明確にしよう。

T　この物語で，どんなことを学習していくのか確かめましょう。まず，32 ページの「といをもとう」を見て下さい。

C　物語の最後で，ルウはどんな気持ちになったのか。

C　この先，ルウは，どのように暮らしていくのか。

C　物語の先のことも考えて読んでいくんだね。

T　次に，「もくひょう」も読みましょう。

「言葉に着目して」と書いてある。気持ちや様子を表す言葉を見つけるのね。
見つけた言葉を手がかりにして，登場人物のしたことや言ったことから，気持ちを確かめていくんだよ。
やはり，ルウの気持ちを考えて，物語の続きを想像していくんだ。

T　学習課題が確かめられましたね。

4 学習課題を設定し，学習計画を立てよう。

T　どんなことを学習するのか，大体分かってきましたね。次に，どのように学習を進めていくのか，学習計画を立てましょう。

C　最終は，物語の続きを考えて伝え合うことだね。

C　今日は，まず，音読して感想を出し合った。

T　その間の学習の進め方を，32，33 ページの「見通しをもとう」で確かめましょう。

まず，４つの場面のルウの行動を確かめていく。行動を表す言葉を見つけて，確かめたらいいね。
次は，ルウがしたことや言ったことから，気持ちを確かめていくんだ。
ルウの気持ちの変化を確かめて学習を深める。
そして，最後に，物語の続きを想像して書き，読み合いをします。

T　この時間も含めて 8 時間の学習になります。

春風をたどって

第2時（2/8）

本時の目標　物語を4場面に分け，場面ごとのルウの行動を読み取り，グループで確かめ合うことができる。

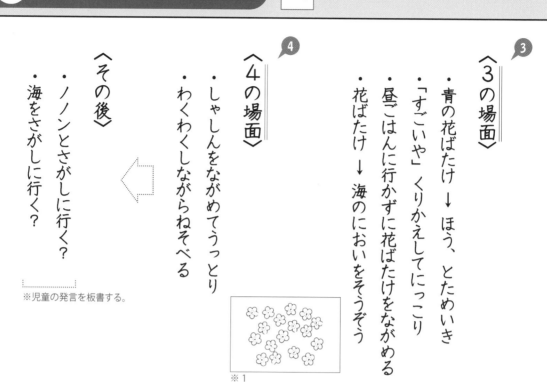

板書例

3

〈3の場面〉

・青の花ばたけ ↓ ほう、とためいき

・「すごいや」くりかえしてにっこり

・昼ごはんに行かずに花ばたけをながめる

・花ばたけ ↓ 海のにおいをそうぞう

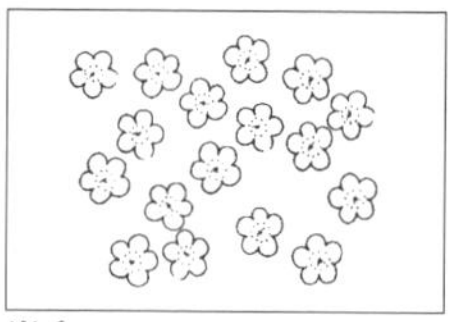

※1

4

〈4の場面〉

・しゃしんをながめてうっとり

・わくわくしながらねそべる

〈その後〉

・ノノンとさがしに行く?

・海をさがしに行く?

※児童の発言を板書する。

POINT　ルウの行動が分かる文や言葉を手がかりにして各自で調べ，グループで確認し合って共有させる。挿絵も利用して，行動を

1　物語を4場面に分け，場面1を音読して，ルウの行動を確かめよう。

T　物語を読んで，大きな場面に分けましょう。いくつの場面に分けられるでしょうか。

各自で黙読させ，1行空きのところで4場面に分けられることを確かめさせる。

C　4つの場面に分けられます。

C　1行空いているところで分けられます。

T　ルウの行動を確かめながら1の場面を読み，グループで確かめ合いましょう。

今度はルウの行動を確かめながら音読させていく。ルウの行動が分かる文中の言葉に線を引いておかせる。

見慣れた森の景色を眺めて，ため息をついたルウの姿が目に浮かぶわ。
地上に下りて，お昼ご飯の木の実を探し始めた。
すばらしい景色が写った写真を宝物にしている。扉のページに描かれている絵のことだね。

2　場面2を音読し，ルウの行動を確かめよう。

T　次に，ルウはどんな行動をしたのか，2の場面を読んで，確かめていきましょう。

1の場面と同じように音読させ，ルウの行動が分かる文中の言葉に線を引かせる。

T　では，分かったことをグループで出し合って，確認していきましょう。

森の中でノノンを見かけて，話しかけた。ノノンの様子が気になったので。
ノノンに言われてにおいを嗅いだけど，分からなかった。
ルウは少し迷ったんだね。でも，ノノンの後について行った。
茂みの中を進んでいるうちに，知らないにおいに気がついた。

ノノンとルウが歩いている様子は，挿絵からも想像できる。

準備物	・黒板掲示用イラスト QR

ICT	国語科は言語の学問である。本文を画像にし，児童のタブレットに本文を提示しながら授業を進めると，理解しやすい児童もいる。

春風をたどって

ⓜ 場面ごとに、ルウの行動をたしかめ合おう

1 〈１の場面〉

・たから物のしゃしんを思い出す
・ためいき
・昼ごはんの木のみさがし

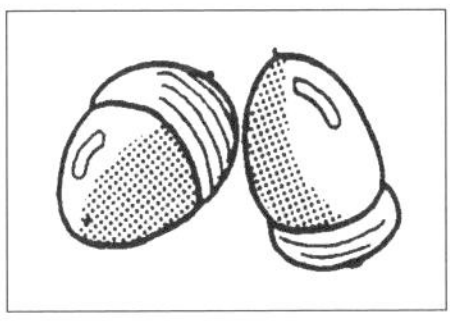

※１

2 〈２の場面〉

・ノノンが気になり、話しかける
・まよったけど、ついて行く
・においがわからない ↓ 気づく

※１ QR コンテンツのイラストを貼る。

イメージさせる。

3 場面３を音読し，ルウの行動を確かめよう。

T　では，次の場面にいきます。これまでと同じように音読し，文中に線を引いてルウの行動を確かめていきます。

音読は，指名読み，グループごとの群読など，場面ごとに工夫をして変えてもよい。

T　また，グループで話し合って，ルウの行動を確認していきましょう。

写真の海にそっくりな青の花畑を見て，ほう，とため息をついた。
「すごいや」という言葉を繰り返して，にっこりすると，黙って花畑の方を向いた。
お昼ご飯を探しに行かないで，花畑を眺めていた。しっぽをゆらして景色に満足している。
花畑の空気を吸いこんで，本物の海のにおいを想像しているね。

4 場面４を音読し，ルウの行動を確かめ，物語の中のルウの行動をまとめよう。

T　最後の場面です。ルウはどんな行動をとったのか，同じように確かめていきましょう。その後に，ルウがどんな行動をとったと思うかも，少しグループで話し合いましょう。

巣穴で，宝物の写真を，うっとりしながら眺めていた。
また素敵な場所を探しに行こうと考えて，わくわくしながら寝床に寝そべった。もう寝るんだね。
そのうちに，写真の海も探しに行くんだと思うよ。
あしたもまた，ノノンと知らない景色を探しに行くんだね。

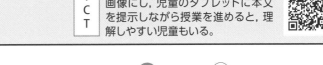

T　最後の場面のルウは挿絵からも分かりますね。

T　では，１～４の場面までのルウの行動をまとめて，確かめましょう。

春風をたどって

第3時（3/8）

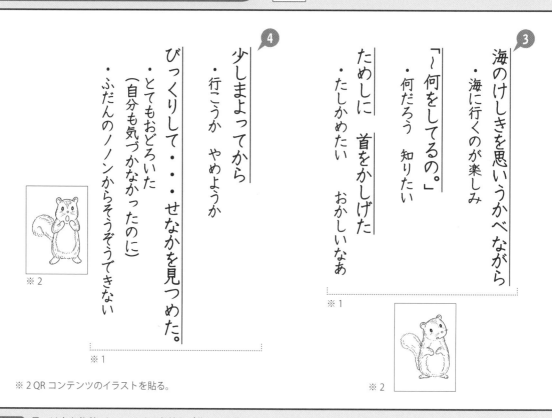

本時の目標　1と2の場面を読んでルウの気持ちが分かる言葉を見つけ，それを手がかりにしてどんな気持ちか考えることができる。

板書例

3

海のけしきを思いうかべながら

・海に行くのが楽しみ

「～何をしてるの。」

・何だろう　知りたい

ためしに　首をかしげた

・たしかめたい　おかしいなあ

※1

※2

4

少しまよってから

・行こうか　やめようか

びっくりして・・・せなかを見つめた。

・とてもおどろいた

（自分も気づかなかったのに）

・ふだんのノノンからそうぞうできない

※1

※2

※2 QRコンテンツのイラストを貼る。

POINT　見つけ方を参考にして，ルウの気持ちが分かる言葉を見つけさせる。見つけた言葉を手がかりにして，ルウの気持ちを

1　気持ちが分かる言葉の見つけ方を確かめよう。

T　これから，場面ごとに，ルウの気持ちが分かる言葉を見つけて，どんな気持ちか話し合っていきます。

T　言葉の見つけ方のヒントが書いてある教科書32ページの「言葉に着目しよう」を読みましょう。

例示された言葉を本文中から探させ，その前後を読ませる。

「びっくりして」は，かすかなにおいに気づいていたノノンにびっくりしたのか。
見慣れた景色を見るのは「つまらない」と思って，ため息をついている。
さわやかな花のかおりにつつまれて，うっとりしているのかしらね。

T　上の「とらえよう」にも，何についてのしたことや言ったこと，場面の様子なのか書いてありますね。

C　ノノンや花畑に対してしたこと言ったことなんだ。

C　花畑の様子に対しての気持ちを考えるのか。

2　1の場面からルウの気持ちが分かる言葉を見つけ，どんな気持ちか話し合おう。

T　1の場面を読んで，先ほどの例を参考にして，ルウの気持ちが分かる言葉を探してノートに書き，どんな気持ちだったのか話し合いましょう。

C　「旅に出たいなあ。」という言葉と，「そんなことばかり言っています」から，旅に出たい気持ちがよく分かります。

C　「たいくつそうにゆらしながら」も，退屈な気持ちがよく分かる。

写真の中身や，それを「たから物」にしているところからも，ルウの気持ちがよく分かるよ。
「それなのに」「たいくつそうにゆらしながら」からも，つまらなくて退屈なルウの気持ちが分かる。
そう，旅に憧れているルウの気持ちが分かるわね。
ルウは，今の生活がつまらなくて，旅に出たくてウズウズしているんだよ。

準備物
・黒板掲示用イラスト QR

ICT
国語科は言語の学問である。本文を画像にし，児童のタブレットに本文を提示しながら授業を進めると，理解しやすい児童もいる。

春風をたどって

め 1と2の場面から、ルウの気持ちが分かる言葉を見つけて話し合おう

1
☆気持ちをそのまま
☆したこと言ったこと
・ノノンにたいして
・森や花ばたけを見ながら
☆場面の様子

気持ちが分かる言葉

2
「旅に出たいなあ。」
そんなことばかり　たから物
・旅に出たい　あこがれ
それなのに　たいくつそうに　ためいき
・つまらない　たいくつ

※1

※1 児童の見つけた，気持ちが分かる言葉と，そのときの気持ちを板書する。

考え話し合わせる。

3 2の場面の前半から気持ちが分かる言葉を見つけ，どんな気持ちか話し合おう。

T　2場面の前半を読んで，ルウの気持ちが分かる言葉を探してノートに書き，気持ちを話し合いましょう。

P26，3行目（～くるんじゃないかな。）まで読ませる。

C　「海のけしきを思いうかべながら～進んで行く」から，海に行くのを楽しみにしている気持ちが分かる。

C　「そのせいで声をかけづらいので～あまり話したことがありません」から，ルウがノノンをどう思っているかが分かる。

C　声をかけていいかどうか，迷うんだね。

「何をしてるの」からノノンの鼻がくんくん動いているのがなぜか知りたい気持ちが分かる。

「首をかしげました」から，「おかしいなあ」と疑っていることが分かる。

「ためしににおいをたしかめて」から，自分も本当か確かめたいと思っている。

4 2の場面の後半から気持ちが分かる言葉を見つけ，どんな気持ちか話し合おう。

T　2場面の後半を読んで，ルウの気持ちが分かる言葉を探してノートに書き，気持ちを話し合いましょう。

C　「少しまよってから」という言葉から，ついて行こうかやめようか迷っている気持ちが分かる。

「びっくりして～見つめました」から，自分も気づかなかったかすかなにおいにノノンが気づいていたことにとても驚いていることが分かるよね。

のんびりおっとりした普段のノノンからは想像できないことだったから，びっくりして背中を見つめたんだ。

「そのうちに～気がつきました」だから，急に気がついたんじゃないかね。

「～とてもすてきなにおい」だから，ルウも気に入っているんだね

この場面は，ルウの言葉とその前後の記述を中心に話し合うのがよいだろう。

春風をたどって

第4時（4/8）

本時の目標　3と4の場面を読んでルウの気持ちが分かる言葉を見つけ，それを手がかりにしてどんな気持ちか考えることができる。

板書例

3

もう少しここに・・・
・もっと、ながめていたい

ゆらゆらとおどるように
・うれしい　楽しい　心地よい

こんないいにおいが・・・
・海のにおいをそうぞう

4

うっとりしながら
・思いうかべる　あこがれ

「そうだ。」
・近くでさがそう　けっしん

わくわく
・明日が楽しみ

※児童の見つけた，気持ちが分かる言葉と，そのときの気持ちを板書する。

※教科書 P31 の挿絵（または，QR コンテンツのイラスト）を掲示する。

POINT　前時の学習を踏襲して，ルウの気持ちが分かる言葉を見つけさせる。見つけた言葉を手がかりにして，ルウの気持ちを

1 前時の学習から，印象に残ったルウの気持ちを表す言葉と気持ちを振り返ろう。

T　前の時間に学習したことから，特に心に残っている言葉と，その言葉から分かるルウの気持ちを発表しましょう。

「旅に出たいなあ。」という言葉や，たくさんの写真を宝物にしていることです。ルウの旅に出たい気持ちが一番印象に残っています。

「ノノンは…気づいてたんだ。」というルウの言葉にいろいろな気持ちが込められていました。においに対する気持ちやノノンに対する気持ちです。

「見なれたけしき…ためいきをつきます。」が一番印象に残っています。ぼくも，こんなふうに「つまらないなあ」と思ったことがあったから，気持ちがよく分かりました。

2 3の場面の前半から気持ちが分かる言葉を見つけ，どんな気持ちか話し合おう。

T　では，今日の学習に入ります。前回の続きで，3の場面の前半を読み，ルウの気持ちが分かる言葉を探してノートに書き，気持ちを話し合いましょう。

P29，4行目（～ながれていきました。）まで読ませる。

「さわやかな花のかおり」から，とても気持ちがよい様子が分かるね。

「ほう，とためいきがこぼれました。」のところから，言葉が出ないほど，景色の美しさに感動していることがよく分かるね。

「すごいや。この森に…」から，喜んで興奮している感じが分かる。

次の「すごいや」は，この花畑を見つけたノノンがすごいと思っている。

T　みんなもこの花畑の景色を想像してみましょう。

しばらく時間を取って各自で花畑をイメージさせる。

準備物	・教科書P31の挿絵 または，黒板掲示用イラスト QR

ICT	国語科は言語の学問である。本文を画像にし，児童のタブレットに本文を提示しながら授業を進めると，理解しやすい児童もいる。

春風をたどって

(め) 3と4の場面から、ルウの気持ちが分かる言葉を見つけて話し合おう

1 ◇心にのこったこと◇

・旅に出たいな　たから物のしゃしん
・「ノノンは・・・気づいてたんだ」
・ためいき

※児童の発言を板書する。

2 ほう、とためいき・・・
・かんどう　言葉にならない

すごいや。この森に・・・
・よろこび　こうふん

すごいや
・ノノンはすごいなあ

考え話し合わせる。

3 3の場面の後半から気持ちが分かる言葉を見つけ，どんな気持ちか話し合おう。

T　次は，3場面の後半を読み，ルウの気持ちが分かる言葉をノートに書いて，気持ちを話し合いましょう。
C　「ぼくは，もう少しここに…。」と言った言葉から分かるね。
C　もっと，この景色を眺めていたい。
C　お昼ご飯より，こっちの方がいい。

「ゆらゆらとおどるようにゆれて」に気持ちがあらわれている。
踊るようにだから，嬉しい気持ちになっている。楽しい気持ちかもしれない。
穏やかで心地よい感じがする。ルウもそんな気持ちだったんだろうな。

C　ルウは，花畑の空気から，本物の海のにおいを想像している。

4 4の場面からルウの気持ちが分かる言葉を見つけ，どんな気持ちか話し合おう。

T　最後の4の場面を読みましょう。ルウの気持ちが分かる言葉をノートに書いて，どんな気持ちなのか話し合いましょう。
T　ルウは，今，どこで何をしていますか。
C　巣穴で宝物の写真を眺めています。
C　花畑を見た日の夜です。
T　では，気持ちが分かる言葉を探しましょう。

「うっとりしながら」から，写真の場所を思い浮かべて，まだあこがれている。
「そうだ」で，写真の場所より近くの素敵な場所を探そうと決心したことが分かる。
「わくわくしながら」明日のことを楽しみにしている。

春風をたどって

第５時（5/8）

本時の目標　ルウの，ノノンや住んでいる森に対する気持ちの変化を，言葉に着目して読み取ることができる。

板書例

❸

〈見なれた森への気持ち〉

★わくわくしない　↓見あきた
ためいき　つまらない

★ほう、とためいき↓きれいだ
すごいや。この森に　知らなかった！
・・・あったんだね

★もう少しここに　↓このままいたい
しっぽは・・・　ここちよい
おどるように

★すてきなばしょ　↓森にみりょく
・・・あるかも　たから物に

※ QR コンテンツのイラストを貼る。

POINT　ルウの気持ちの変化について，文中の言葉を手がかりにして考えさせる。考えたことや意見は，必ずグループで　交流し，

1　ルウのノノンへの気持ちが変わったことが分かる言葉を見つけよう。

T　はじめ，ルウは，ノノンにどんな気持ちをもっていたのでしょう。それが分かる言葉は何ですか。
C　「声をかけづらい」です。
C　「あまり話したことがありません」です。
T　では，それがどう変わっていったのか，変わったことが分かる言葉を見つけましょう。

各自で探させ，教科書の該当する部分に線を引かせてから，グループで確かめさせる。

「ノノン，何をしてるの。」と話しかけたところ。後についていってみることにしたことも。
びっくりして，ノノンの背中を見つめたときも，気持ちがまた変わってきている。
「ぼく一人だったら…できなかっただろうな」のところでも変わっている。
「ノノンといっしょなら…気がするから」で，ノノンに対する気持ちが大きく変わったことが分かるわ。

2　ルウのノノンへの気持ちがどのように変わったか，考え話し合おう。

T　今見つけた言葉からルウのノノンへの気持ちがどのように変わっていったのか，話し合いましょう。
T　はじめは，どんな気持ちだったのでしょう。
C　ちょっと近づきにくい。
C　どう付き合ったらいいか分からない。
C　いつもボーッとしているなあ。
T　それが，どう変わっていったのでしょう。

はじめは，何をしているのか，少し気になりだした。
ノノンの意外な一面が分かって，驚いている。
最後は，ノノンのことを信頼して，誘おうとしている。
ノノンはすごいなあと，感心するようになってきた。

ルウの気持ちの変化をノートにまとめさせる。

準備物	・黒板掲示用イラスト QR

ICT	考えた感想や意見は，ノートに書かせたり，タブレットのシートに書かせたりしたい。ノートの画像やシートを教師に送信し，全員に共有してもよい。

春風をたどって

(め) ルウの気持ちがどのようにかわって
いったかたしかめよう。

1 2 〈ノノンへの気持ち〉

☆声をかけづらい ↓ つき合いにくい
☆何をしてるの ↓ 少し気になる
☆びっくり ↓ おどろき
せなかを見つめ
☆一人だったら ↓ すごい かんしん
・・・できなかった
☆いっしょなら ↓ しんらい いっしょに
・・・見つけられそう

深めたり広げたりする。

3 見慣れた森へのルウの気持ちがどのように変わったか，言葉をもとに考えよう。

T ルウははじめ，自分が住んでいる森のことをどう思っていたのか，それが分かる言葉は何でしょう。
C 「ぜんぜんわくわくしない」「ためいき」です。
C この景色は見飽きた，つまらない，と思っている。
T では，それがどう変わっていったのか，分かる言葉を見つけましょう。

各自で探させ，教科書の該当する部分に線を引かせてから，グループで確かめさせる。

「すごいや。この森に…あったんだね。」のところで，森の見方が，つまらない森から少し変わったと思う。

「ぼくは，もう少しここに‥」「しっぽは…おどるように…」もそうだね。このままここにいたい。心地いい。

「ぼくの知らないすてきなばしょが…しれない。」で，森に対する気持ちが大きく変わっている。

4 ルウの気持ちの変化について意見を出し合って話し合おう。

T ルウの気持ちの変化について，自分の意見や感想をノートに書きましょう。

これから，ルウとノノンは，仲良しになっていくと思う。でも，ノノンは変わらずマイペースかな。

ノノンのおかげで，ルウの住む森が，わくわくしない森から魅力のある森に変わってきてよかったと思う。

T グループで意見や感想を交流し話し合いましょう。

きっと，近くでまた素敵な場所を見つけて，宝物が増えていくね。

青い花畑が見つかったことは，ルウにとってとてもよかった。新しい宝物にすると思うよ。

でも，写真の景色の場所に行きたいという願いは，もち続けるんじゃないかな。

春風をたどって

第 6,7 時（6, 7/8）

本時の目標　物語の続きを想像して書き，友達が書いた文を読んで感想を伝えることができる。

板書例

3
◇物語のつづきを書く

雪でまっ白の森の中
ノノンをさそって、ほんとうの海へ
※

→

文字や言葉のまちがいチェック

4
◇つづきの文を読む・かんそうをつたえる

・場面を池にかえたのがおもしろい
・しゃしんに にた けしきをまた見つけた
※

POINT　全文を読み返して，学習してきた内容を踏まえて物語の続きが書けるようにする。アイデアや文を検証し合いながら文を

1 物語を読み返し，人物や森のイメージを深めて，感想を交流しよう。

T　ルウの行動や周りの情景，気持ちの変化など，学習したことを振り返りながら全文を読みましょう。

全文を指名読みで交代して音読させていく。

T　ルウとノノンはどんなりすだと思いましたか。

C　ルウは，いろいろなことに興味があってやってみたい。ノノンは，おっとりしていてマイペース。

C　2人は，正反対のような性格だと思います。

T　森の景色を思い浮かべてみましょう。

C　どこにでもある普通の森，でも深い茂みもある。

C　青い花畑のような素敵な場所もある森でした。

T　今の感想を出し合って，1時間目と比べましょう。

平凡な物語だと思っていたけど，結構，気持ちよく楽しく読めました。
青い花畑の様子が景色として強く残るのは同じかな。

2 物語の続きを考え，交流しよう。

T　では，教科書の 33 ページ「まとめよう」を見ましょう。みんなも，物語の続きを考えてみましょう。

C　ルウが次の日から，どのように暮らしていくか。

C　どのような景色に出会うのか。

C　出会う景色は，いろいろ考えられそうだな。

教科書 P33 の「ノートのれい」も参考にさせる。

T　物語の続きがどんなお話になるか，考えたことをグループで伝え合って，友達の意見を聞きましょう。

ノノンがもう１つ，小さい池を教えてくれた。そこには森中の生き物が集まってくる。
秋に柿の実がいっぱいなっているところを見つける話にしよう。
今度は畑じゃなくて，池にしたところがいい。おもしろい話になりそうね。

準備物

・ワークシート QR

ICT

物語の続きは，ぜひタブレットのプレゼンソフトを使用したい。まだ難しいかもしれないが，シート数を制限するなどして，少しずつ慣れさせたい。

春風をたどって

㋱ 物語のつづきを書き、読み合って
かんそうをつたえよう

1 ◇全文を読み返す

ルウとノノンはどんなりす？
森のけしきは？
かんそうをくらべる ↔ はじめ

2 ◇物語のつづきを考える

小さな池　森中の生き物が集まってくる
秋に　かきのみがいっぱい
※
→
いけん・アドバイス

※児童の発言を板書する。

書きあげるようにする。

3 考えた物語の続きをノートに書こう。

T　友達の意見も参考にして，物語の続きを書きましょう。

ノートに物語の続きを書かせる。教科書の例の文字数を目安にするが，書きたい児童は多くてもよいことにする。

冬の森の中の場面にしよう。雪で真っ白になった森の中で…。
ルウが，本当の海を見に行くお話にしよう。それも，ノノンを誘って，2人で冒険に行くのがいいな。

T　書けたら，隣どうしで文字や言葉の間違いなどがないか確かめ合いましょう。

C　文の終わりが，「です」「ます」のところとそうでないところが混じっているよ。

C　この文をつなぐ言葉，おかしくない？

4 友達が書いた文を読んで，感想を伝え合おう。

T　友達が書いたノートをグループで回し読みしましょう。

読んだ感想は，ワークシート QR に書き込ませておく。

C　わたしは，森の中の景色をいろいろ考えたけど，写真の景色を探しに行くのが，意外だった。

T　読んだ感想をグループで伝え合いましょう。

雪をかぶった白一色の山々のような森の大木たち。ルウの写真に似た景色をまた見つけた。
花畑じゃなく，池に場面を変えたところがおもしろい。
季節を変えたり，実や池を見つけたり，いろいろ工夫して書いているね。

時間があればグループから一例ずつ全体発表させてもよい。

春風をたどって

第8時（8/8）

本時の目標　学習を振り返って学んだことを確かめ，友達について書かれた本を読んでみようとしている。

板書例

3
〈たいせつ・いかそう〉
・言葉の見つけ方が分かった
・グループで話し合えば見つけられる
・気持ちが分かる言葉に着目していきたい
※

4
〈この本、読もう〉
友だちについて書かれた本
・教科書、インターネット・図書館（かん）
・もくじ、ないようしょうかいなどでさがす
←
読んでみよう

POINT　何を学んだのか，学習の中で自分の身についたことは何か，学習を振り返って１つずつ確かめさせる。

1　「ふりかえろう」の「知る」について話し合おう。

T　気持ちや行動を表す言葉で，心に残っている言葉はありますか。

「しっぽは，おどるようにゆれています」のところです。様子も気持ちもよく分かりました。

「ほう，とためいきがこぼれました」が心に残っています。美しくて感動しています。

「わくわくしながら，ねどこにねそべる」です。挿絵と併せて一番心に残りました。

T　様子を表す言葉では，どの言葉が心に残っていますか。
C　「あざやかな青い色」です。初めて見た花畑の様子が鮮やかに残っています。
C　「やわらかな春風が…なでていきます」のところ。何か癒されるような感じがしました。

2　「ふりかえろう」の「読む」と「つなぐ」について話し合おう。

T　登場人物の気持ちを考えるのに，どんなことに気をつけましたか。

したことや言ったことに気をつけました。特に，言ったことから気持ちが分かる場面が多かったと思います。

「さわやかな花のかおりにつつまれて」のように，場面の様子からも気持ちが想像できそうなところがありました。

T　これから，物語を読むとき，どのような言葉に着目したいですか。
C　直接気持ちを表す言葉だけでなく，会話や行動などを表す言葉にも気をつけていきたいです。
C　景色や周りの様子の見え方からも気持ちが分かることがあるので，そんな言葉にも着目していきたい。
C　気持ちだけでなく，景色や様子も言葉から想像していきたいです。

準備物

ICT 読んでおもしろかった，印象に残った本は，表紙などを撮影し，タブレットに保存しておく。感想などを書いて，年間通して作成すると，読書録が完成する。

春風をたどって

め 学習したことをふりかえり、学べたことをたしかめよう

1 〈心にのこっている言葉〉
・しっぽはおどるように・・・
・あざやかな青い色
※

2 〈気をつけたこと〉
・言ったことから気持ちを考える
・場面の様子からも気持ちが分かる
※

〈着目したい言葉〉
・会話や行動をあらわす言葉
・けしきや様子をあらわす言葉
※

※児童の発言を板書する。

3 「たいせつ」「いかそう」を読んで，身についた力を確かめよう。

T　「たいせつ」と「いかそう」を読みましょう。

C　登場人物の気持ちを表す言葉に着目して考えていけたと思います。

C　どの言葉が気持ちを表しているのか，分からないときもありました。

C　どんな気持ちなのか考えるのは，1人では自信がなかったけど，グループで話し合って自信がついた。

T　「言葉に着目しよう」や「とらえよう」でどんな言葉に着目したらよいか書かれていましたね。

「言葉に着目しよう」があったから，気持ちが分かる言葉が見つけやすかったね。

ぼくなんか，あれのおかげで言葉を見つけることができたよ。

「ノノンにたいして」や「森や花ばたけを見ながら」のように，しぼって探せば分かりやすいね。

4 読んでみたい本を選ぼう。

T　教科書の「この本，読もう」を見ましょう。友達について書かれたどの本を読んでみたいと思いますか。

C　「ソラタとヒナタ　ともだちのつくりかた」かな。

C　題名とこれだけでは，どれか決められないよ。

T　インターネットでどんな本か調べてみましょう。

書店や販売会社などの宣伝の中にある本の内容の紹介を読ませるのでもよい。

心優しい熊のソラタと友達のいないきつねのヒナタの友情物語。これを読んでみたいな。

友達のことで不安になってくるって，わたしにもあったわ。この本を読んでみようかな。

T　選んだ本を読んでみましょう。この他に図書館などで見つけた本を読むのでもいいですよ。

時間がとれれば，本を読む時間を設定したいが、家庭学習としてもよい。読んだ本の交流は別途の機会を設ける。

本は友だち

図書館たんていだん

全授業時間１時間

◎ 指導目標 ◎

・読書が，必要な知識や情報を得ることに役立つことに気づくことができる。

◎ 指導にあたって ◎

① 教材について

今まで，何気なく図書館を利用していた児童も多いかと思われます。図書館には，本を探しやすくするための工夫がされています。それらを知ることで図書館に対する児童の見方も少し変わってくるでしょう。目的の本も早く確実に探せるようになります。

図書館の本の分類が分かり，図書館で本が効率よく探せるようになれば，今後の様々な学習に役立てることができます。日本十進分類法の細部まで，ここでは教える必要はありません。0～9までの10のグループに分けて本が並べられていることが分かり，どこにどのような種類の本があるのか，実際に図書館で調べて分かれば十分です。調べたいことがあれば，進んで図書館を利用しようとするきっかけを作ること，それをこの学習では大事にしたいところです。

② 個別最適な学び・協働的な学びのために

実際に図書館内を調べたり，図書館の中で本を探したりする活動が入ってきます。何のために図書館に来たのかという目的をしっかりもたせつつ，楽しく活動させることも大事なことです。そのためには，まず，自分が今までに読んだ本の中で好きな本の名前をいくつかノートに書かせます。そして，その本がどの分類になるのか探すところから始めましょう。機械的に十分類させるだけの授業から始めても楽しくありません。児童の興味のある本から分類を探させましょう。「図書館に行くのはいや」ではなく，「図書館に行きたい」と児童が思えるような学習にしていくことを心掛けたいものです。ここでは，児童一人一人の主体的な活動を基本にして，グループで経験交流をしたり，予想をたてたり，相談したりできる場面を意図的に作っていきます。

◎ 評価規準 ◎

知識 及び 技能	読書が，必要な知識や情報を得ることに役立つことに気づいている。
主体的に学習に取り組む態度	読書が，必要な知識や情報を得ることに役立つことを積極的に知り，学習課題に沿って学校図書館の工夫について調べようとしている。

◎ 学習指導計画　全 1 時間 ◎

次	時	学習活動	指導上の留意点
1	**1**	・教科書の写真から，図書館の工夫に目を向ける。 ・0～9までの本の分類のしかたを，具体例を通して知る。 ・図書館の地図を作る活動を通して，図書館の本の配置を確かめる。 ・図書館で実際に本を探し，読書記録のつけ方を知る。	・グループで話し合いながら予想や見通しをたて，実際に図書館へ行って確かめさせる。 ・はじめから図書館で授業をするのも 1 つの方法である

図書館たんていだん

第1時（1/1）

本時の目標　本を探しやすくするための図書館の工夫や本の並び方を知り，目的の本を探すことができる。

板書例

3 図書館の地図を作る

2・・・むかし、ちいき
3・・・社会のしくみ
4・・・しぜん
5・・・ぎじゅつ、きかい
6・・・しごと
7・・・げいじゅつ、スポーツ
8・・・言葉
9・・・文学

4 〈読みたい本をさがす〉
← 読んだ本のきろくをつける

POINT 図書館の本は，内容ごとに番号で並べられていることを理解させ，それをもとにすれば，本が効率的に見つけられることに

1 学校図書館の工夫を見つけよう。

T　学校の図書館で本を探したことがありますか。
C　読みたい本を借りに行ったことがあります。
C　行ったことがありません。
T　見つけたい本はどのように探しましたか。
C　先生に本の場所を教えてもらいました。
C　いろいろ探しているうちに見つかりました。
T　図書館では，本を探しやすくするためのいろいろな工夫がされています。35ページの写真からどんな工夫が分かりますか。

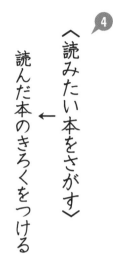

文学と書いてあるから，同じような本がかためておいてあるのかな？900の数字は何かな？

図書館の地図で，どこにどんな本があるか分かるようにしてある。

おすすめの本が分かるように，棚に置いてある。

2 図書館の本の並べ方のきまりを知ろう。

T　図書館の本は，どのように分けて並べられているのか，教科書で調べましょう。
C　0から9までの番号で分けています。
C　0は「調べるための本」です。
T　自分の調べたい好きな本をノートに書いてみましょう。それから，0～9の中で，自分が何番の本を読みたいか見つけましょう。

ぼくは，理科で生き物のことなどを調べたいから4番だね。
わたしは，絵本や物語が好きだから，9番の本。昔のことも知りたいからこれは2番で探せばいい。
ぼくは，野球のことが知りたいから7番だ。

複数の本を出し合わせたり，他の番号には，どんな本が入っているのかを話し合わせたりするのもよい。

準備物	・読書記録用の用紙など

ICT	学校の図書館だけでなく，地域の図書館の写真も許可を得て撮影しておくとよい。学校の図書館と比較することで，本の分け方が全国共通であることが理解できる。

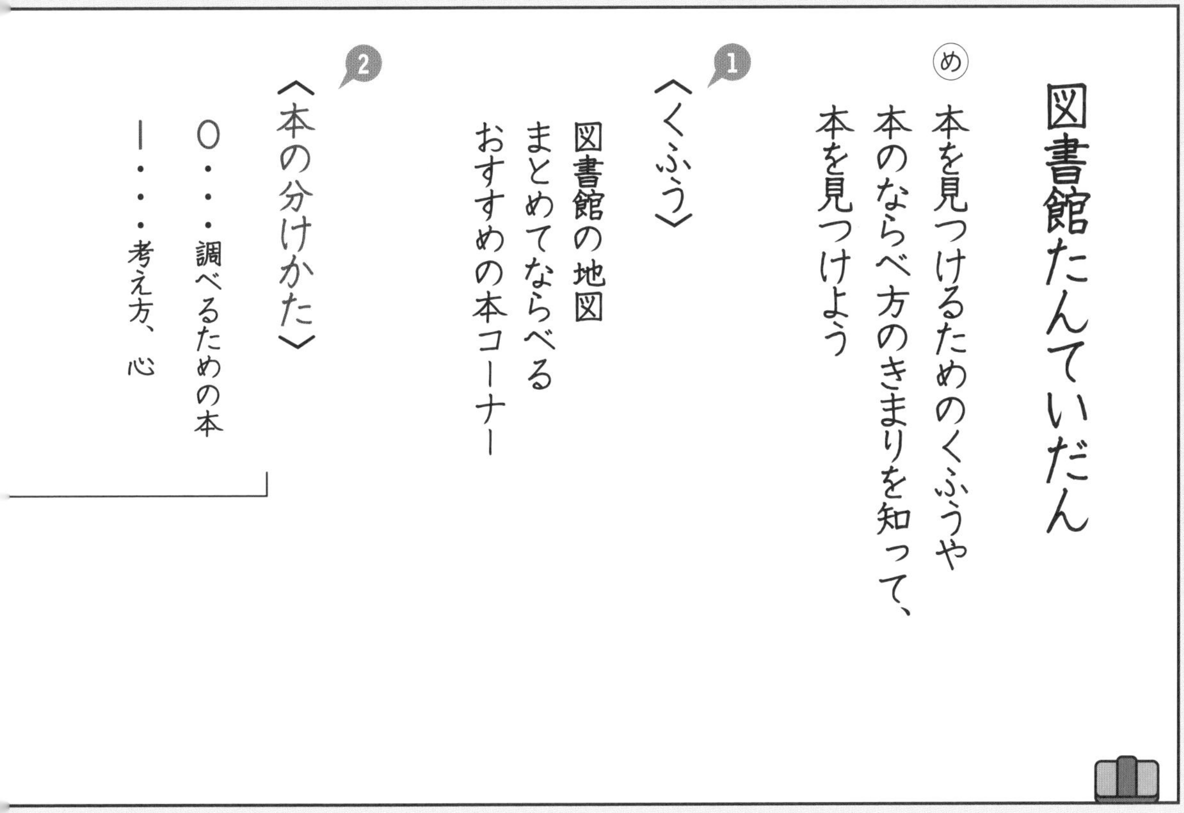
図書館たんていだん
め
本を見つけるためのくふうや
本のならべ方のきまりを知って、
本を見つけよう
1
〈くふう〉
図書館の地図
まとめてならべる
おすすめの本コーナー
2
〈本の分けかた〉
0・・・調べるための本
1・・・考え方、心

気づかせる。

3 図書館の地図を作り，本の並べ方を調べよう。（図書館での学習）

T　学校の図書館では，本がどのように分けて並べられているのか，図書館の地図を作って調べましょう。

C　教科書の写真のような地図でいいんだね。

学校図書館の簡単な平面図を渡し，グループで協力して，どこにどんな種類の本があるか書き込ませる。

入り口を入ったところに辞典などが置いてあるね。
4番はここだ。やっぱり，生き物の本がある。宇宙とか天気の本もあるよ。
分類のしかたの0番のところに子ども新聞が置いてある。
分かった場所は，地図に書き入れていこう。

T　教科書の写真と同じような並べ方でしたか。

C　はい。でも，少し違っていました。

C　番号でなかま分けをして並べてあるので，探すときに便利だと思いました

4 読みたい本を見つけ，読書記録のつけ方を知ろう。（図書館での学習）

T　本の紹介コーナーを見て，その中から，読みたい本を探しましょう。

C　前に来たときと並んでいる本が変わっている。どれを読もうかな。

C　季節の花の本があるから，これを読もうかな。

T　棚の番号を見て，読みたい本を探してみましょう。

見つけた。日本昔話は，2番じゃなく，9番にあった。
社会科で勉強した農業の本が，6番で見つかった。これを読んでみるわ。

T　本を読んだら，記録をつけましょう。

読書記録用の用紙を配る。

C　これなら，いつどんな本を読んだか分かるね。

C　何番の棚で見つけたかも書いておけば，似たような本を探すときの参考にもなって便利だね。

国語辞典を使おう

全授業時間 2 時間

◎ 指導目標 ◎

・辞書の使い方を理解し使うことができる。

◎ 指導にあたって ◎

① 教材について

国語辞典の使い方を知り，使いこなせるようになるための教材です。「ふかい」という語を例にして，見出し語の並ぶ探し方を学んでいきます。

国語辞典は，これからの国語学習で何度も活用していくものです。使い方を十分理解させ，意味の分からない言葉があればすぐに辞典を活用して調べようとする姿勢・意欲を育てることが大切です。辞典を活用することで，“知る楽しみ”が味わえることを実感できるようにします。

② 個別最適な学び・協働的な学びのために

国語辞典の使い方を学んでいく第 1 時では，必ず自分の国語辞典を実際に使わせて，1 つ 1 つ確かめさせていきます。長音や拗音が含まれた語の順，どの意味が当てはまるかなどを考えるときは，対話を通して協働解決をさせます。

国語辞典の使い方が理解できたら，できるだけ多くの言葉を調べさせ，国語辞典の使い方に慣れさせます。この場合もまず自力解決をさせ，グループの話し合いで確認をさせていきます。機械的に調べていくだけの無味乾燥な授業にならないような配慮が必要です。そのためには，身近な事象や物事などに関する言葉なども調べさせ，辞典を活用すれば知らなかった言葉が分かっていくという体験をさせていきます。

◎ 評価規準 ◎

知識 及び 技能	辞書の使い方を理解し使っている。
主体的に学習に取り組む態度	進んで辞書の使い方を理解し，学習課題に沿って国語辞典を使おうとしている。

◎ 学習指導計画　全２時間 ◎

次	時	学習活動	指導上の留意点
1	1	・「意味の分からない言葉はどうしたら分かるか」という課題から，国語辞典の必要性に目を向けさせる。 ・見出し語の見つけ方を調べる。 ・清音，濁音，半濁音の並ぶ順を調べる。 ・長音を含む言葉の並ぶ順を調べる。	・国語辞典の内容や使い方（言葉の並び方の決まり）を，自分の辞典を開いて１つ１つ実際に確かめさせていく。
	2	・動詞，形容詞，形容動詞の国語辞典での記載の形を確かめる。 ・表記が異なるよく似た言葉の記載順や当てはまる意味の選択について話し合う。 ・関心のある言葉や身近なことについて国語辞典で調べてみる。	・ワークシートも活用して，できるだけ多くの言葉を国語辞典で調べさせる。 ・教科書に載っている言葉だけでなく，興味のある事柄や身近なことなども調べさせる。

国語辞典を使おう

第1時（1/2）

本時の目標　国語辞典の仕組みや使い方が分かる。

板書例

五十音順(じゅん)にならんでいる

ⓗやい ← ⓗろい ← ⓕかい（はやい ← ひろい ← ふかい）
一字目でくらべる

ふ［あ］ん ← ふ［え］る ← ふ［か］い
一字目が同じときは、二字目でくらべる

3 （濁(だく)音 半濁音）
ⓗール ← ⓑール ← ⓟール（ホール ← ボール ← ポール）

4 （のばす音(おん)）
カⓘド ⇐ かⓐど（カード ⇐ かあど）
チⓘズ ⇐ ちⓘず（チーズ ⇐ ちいず）

のばす音ーは ひらがなにおきかえられている

POINT　実際に国語辞典を使って確かめさせながら，国語辞典の使い方を学ばせる。

1　国語辞典には何が書かれているのか確かめよう。

「深い青」と板書する。

T　この「深い」の意味はどういうことですか。
C　分かりません。色に深いや浅いがあるのかな？
T　では，どうしたら分かるでしょう。
C　国語辞典で調べます。
T　教科書の例を見て，国語辞典には何が書かれているのか確かめましょう。

言葉の意味がたくさん書いてあります。

漢字での書き表し方や，短い文の例も書いてあります。

T　「深い青」の「深い」は，どれでしょう。
C　③の「色がこい」だと思います。

「つめ」「はしら」「見出し語」とは何か確かめさせる。

T　「つめ」はどんな順に並んでいるでしょう。
C　あ→か→さ→た→な…の順です。

2　見出し語が並ぶ順を調べよう。

T　では，自分の国語辞典で「深い」を探して，意味を確かめましょう。隣どうしで協力してください。
T　「深い」という見出し語は，どうしたら見つけられますか。

まずはじめに，「つめ」の「は」のところを探せばいいんだね。

そうね。「ふかい」が入っている「はしら」でページを見つけて，その中で探せばいい。

教科書で見出し語の見つけ方を確かめながら相談させる。

T　見つけ方が分かったら，自分の国語辞典で「深い」を調べましょう。教科書に書いてあるように，本当に五十音順になっているかも確かめましょう。
C　「ふかい」より「ひろい」が先に出てくる。
C　「ひ」で始まる言葉が並んで，その後「ふ」だね。

準備物
・国語辞典（児童各自）
・教科書P38の国語辞典の「つめ」と「ページ」（黒板掲示用）

ICT
実際に教師が国語辞典を使う様子を，タブレットで動画撮影をしておく。その動画を全体提示や共有提示をしながら説明をすると，分かりやすい。

国語辞典（じてん）を使おう

め 国語辞典の使い方のポイントを知ろう

1 深い青 ← 国語辞典で調べる

つめ

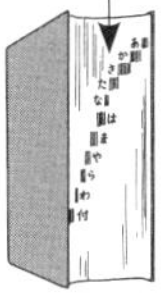

はしら → ぶか〜ふかぶん

見出し語 → ふかい【深い】

ぶか【部下】

※教科書 P38 の一部を掲示する。

2 見出し語のならび方

1 つめでさがす（あ・か・さ…）

2 はしらでさがす

3 ページの中でさがす

3 清音，濁音，半濁音の並ぶ順を調べよう。

T　ホール，ボール，ポールはどの順番に並んでいるのでしょう。

C　「ホ」と「ボ」と「ポ」の違いですね。

C　「ホール」「ボール」「ポール」の順です。

清音，濁音，半濁音の違いを教科書で確かめる。

T　濁音には，他にどんな音がありますか。

C　が，ぎ，ぐ，げ，ご。ざ…，だ…，ば…もです。

T　半濁音には，他にどんな音がありますか。

C　ぱ，ぴ，ぷ，ぺ，ぽ，だけです。

T　では，清音，濁音，半濁音の順になっているか国語辞典で確かめましょう。

わたしの辞典も同じです。
確かに，ホール，ボール，ポールの順になっている。

ひざ，ビザ，ピザでも同様に確かめさせる。

4 長音がある言葉の並び方を調べよう。

T　「ボール」の伸ばすところを，長〜く伸ばすとどんな音になりますか。

C　ボ―――ル。「オ」になります。

T　シール，プールも同じように長く伸ばして確かめましょう。

C　シ―――ル。「イ」になりました。

C　プ―――ル。今度は「ウ」になりました。

T　では，カードという見出し語は，どこに並んでいるでしょう。

「かあど」の場所に並んでいます。
「げーむ」は「げえむ」。「ゴール」は「ごおる」です。

T　では，国語辞典で確かめましょう。他の言葉も確かめてもいいですよ。

C　スプーンを確かめてみよう。

国語辞典を使おう

第2時（2/2）

本時の目標　国語辞典を使って，言葉の意味を調べることができる。

板書例

2
〈どちらが先？〉
〔○じゆう　じゅう〕
〔○くらす　クラス〕
〔　バレー　○バレエ〕

3
〈どの意味が当てはまる？〉
問題をとく
1　むすんであるものをほどく
②　答えを出す
3　心の中で気になっていることを取りのぞく

※簡単に，意味を書いて，当てはまるものに○をつける。

POINT　教科書に出てくる言葉だけでなく，自分の関心がある言葉や身近な事柄についても調べさせ，辞書で調べる楽しさに触れ

1　形を変える言葉は，どんな形が見出し語になっているのだろう。

T　国語辞典で，「春風をたどって」に出てきた「思い出しました」という言葉を調べましょう。

「思い出しました」は，載っていません。
「思い出す」だったら載っています。違うのかな？

T　「思い出す」は「思い出さない」「思い出します」のように形が変わっていきます。形が変わる言葉は，どんな形で辞典に出てくるか教科書で確かめましょう。
C　形が変わる言葉は，1つだけが載っています。

自分の国語辞典で，実際に「かく」「ふかい」「しずか」で出ていることを確かめさせる。

T　ワークシートの問題（1）で練習しましょう。
C　「うれしかった」は「うれしい」で載っています。
C　「ながれて」は「ながれる」でした。

2　国語辞典でどちらが先に出ているか話し合い，調べよう。

T　教科書の問題①の「じゆう」「じゅう」は，どちらが先ですか。

ぼくは「じゅう」の方が先だと思うけど…。
わたしは「じゆう」が先だと思います。「ゆ」が大きいから。

T　「くらす」と「クラス」はどちらが先でしょう。
C　ひらがなが先で，カタカナの方が後だと思います。
T　「バレー」と「バレエ」はどちらが先でしょう。
C　どちらもカタカナだなあ。伸ばす「ー」や小さい「ゃ」は後だと思うからバレエが先だと思います。

自分の国語辞典で調べて確認させる。

T　ワークシートの問題（2）で練習しましょう。

ワークシート QR の問題は必要に応じた分だけ選択して活用してもよい。

準備物
・国語辞典（児童各自）
・ワークシート QR

ICT
国語辞典より前に，ネットで…という児童もいる。しかし，自分の手で，国語辞典を引くことも大切である。国語辞典の後に，ネットでも本当にその意味なのかを確かめさせるとよい。

国語辞典を使おう

め 国語辞典に出てくる形や順番を知り、意味を調べよう

1 〈言葉の形〉

かかない
かきます
かく ← この形でのっている
かくもの
かけば
かこう

思い出しました → 思い出す でのっている

うれしい
ながれる
はしる
すなお
よわい

させる。

3 国語辞典に出ている言葉は，どの意味が当てはまるか調べよう。

T 「算数の問題をとく」の「とく」について国語辞典で意味を調べてみましょう。
C 「とく」で調べても，いろいろな意味があります。
T この場合はどの意味が当てはまるか考えましょう。

「算数の問題をとく」だから，「ほどく」とか，「取りのぞく」とかの意味じゃないよ。
「解く」という漢字が書かれている言葉だね。
答えを出すとか，明らかにするとかいう意味だね。

教科書の問題②の残りも調べて発表させる。

T 問題③の間違いや□に入る言葉もどれか，話し合いましょう。
C 「合いにいきました」は「会いに…」です。
C □には「なだらか」です。
時間があればワークシート QR の（3）をさせる。

4 関心のある言葉や，身近にあるものの意味を国語辞典で調べよう。

興味のあることや言葉について，時間の許す限り多く調べてノートに書かせる。

C わたしは，ひな祭りについて調べたいと思います。
C ぼくは，サッカーのオフサイドの意味がよく分からないので調べてみよう。
T 調べたことの中から，1つを発表しましょう。

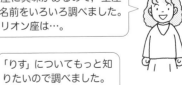

星座に興味があるので，星座の名前をいろいろ調べました。オリオン座は…。

「りす」についてもっと知りたいので調べました。分かったことは…。

T 国語辞典の使い方が分かったので，これからもいろいろと調べていきましょう。

漢字の広場 1

全授業時間 2 時間

◎ 指導目標 ◎

・第 2 学年までに配当されている漢字を書き，文や文章の中で使うことができる。
・間違いを正したり，相手や目的を意識した表現になっているかを確かめたりして，文や文章を整えることができる。

◎ 指導にあたって ◎

① 教材について

前学年の配当漢字を与えられた条件で使うことで漢字の力をつけようとする教材です。「漢字の広場 1」では，動物園の場面が取り上げられています。絵を見て，動物園の様子を想像し，提示された漢字を使って文を作ります。動物園に行ったことのある児童も多いでしょう。その体験も様子を想像するときに生かせるでしょう。

ここでは，書いた文章の間違いを見つけ，よりよい表現に書き直す活動にも取り組ませています。ただし，この単元のねらいは，前学年の配当漢字の復習です。このねらいを忘れずに，あまり高度な要求にならないように気をつけたいところです。3 年生になって 1 回目の「漢字の広場」の学習なので，動物園の様子を想像させ，楽しく漢字の復習や文作りをさせましょう。

② 個別最適な学び・協働的な学びのために

イラストからお話を考えたり，想像を膨らませたりすることは，どの児童にとっても，楽しく活動することができるでしょう。想像を膨らませて，考えたお話を友達と交流することによって，文章作りがスムーズになります。また，グループで対話し，よい文を検討する活動を取り入れることで，友達の作品のよさや自分の作品のよさにも気づくことができます。

◎ 評価規準 ◎

知識及び技能	第2学年までに配当されている漢字を書き，文や文章の中で使っている。
思考力，判断力，表現力等	「書くこと」において，間違いを正したり，相手や目的を意識した表現になっているかを確かめたりして，文や文章を整えている。
主体的に学習に取り組む態度	積極的に第2学年までに配当されている漢字を書き，これまでの学習をいかして漢字を適切に使った文章を作ろうとしている。

◎ 学習指導計画　　全2時間 ◎

次	時	学習活動	指導上の留意点
1	1	・教科書P41を見て，2年生で習った漢字の読み方を確かめる。 ・絵を見て，動物園の様子を想像し，話し合う。 ・漢字の書き方を確認する。	・絵や提示された漢字から，動物園の様子のイメージを対話しながら広げさせるようにする。
	2	・教科書の例文を読んで，文の作り方を考える。 ・主語と述語のある短い文作りをする。 ・書いた文を友達と読み合い，交流する。	・主語と述語が正しく入るように気をつけて，文作りをさせる。 ・友達どうしで書いた文を交換し，間違い探しをさせる。

漢字の広場1
第1時（1/2）

本時の目標　動物園の様子に関係のある，2年生で習った漢字を正しく読み，書くことができる。

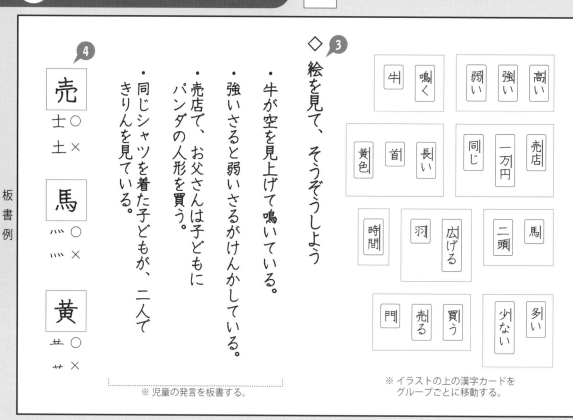

板書例

鳴く　牛

高い　強い　弱い

長い　首　黄色

売店　一万円　同じ

広げる　羽　時間

馬　二頭

買う　売る　門

多い　少ない

※イラストの上の漢字カードをグループごとに移動する。

◇ 3 絵を見て、そうぞうしよう

・牛が空を見上げて鳴いている。
・強いさると弱いさるがけんかしている。
・売店で、お父さんは子どもにパンダの人形を買う。
・同じシャツを着た子どもが、二人できりんを見ている。

※児童の発言を板書する。

4

売　士○　土×

馬　灬○　灬×

黄　共○　艹×

POINT　想像を膨らませてお話を考えさせるとともに，最後の書く時間をしっかりと確保したい。

1　2年生の漢字を声に出して読もう。

教科書 P41 を開かせる。

T　2年生で習った漢字が出ています。読み方を確かめましょう。

牛，鳴く
高い，強い，弱い
売店，一万円
馬，二頭，時間

漢字が苦手な児童は，2年生の配当漢字で間違いが増え出す場合が多い。3年生の間に，きちんと復習させて完全に身につけさせたい。読みの段階から丁寧に進めていくことが大切である。

T　みんなで，どの漢字の読み方も確かめられましたね。

2　教科書の絵を見て，見つけたことを話し合おう。

T　ここは，○○動物園です。○○動物園の様子で分かることを友達と話し合いましょう。この絵には，どんな動物がいますか。その動物は何をしていますか。

クジャクが羽を広げているね。
馬が２頭いるね。何をしているんだろう。
牛が鳴いているよ。
サルのところは，なんだか怖そうだね。ケンカしているのかな。

T　動物の他はどうですか。
C　動物を見に来たお客さんもいます。
C　お店があって，何か売っています。
C　お土産になるものかな。

ここでは，絵を見て気がついたことを，たくさん出し合わせる。

準備物
・漢字カード QR
・教科書の挿絵 または，黒板掲示用イラスト QR

ICT
タブレットのプレゼンソフトで，2年生までの漢字のフラッシュカードを作成し，国語の時間の最初に繰り返すと定着する。

漢字の広場 1

め 二年生で習った漢字をふく習しよう

1

2

動物園の絵からそうぞうしたことを発表しよう

強い
弱い
牛
高い
同じ
鳴く
長い
売店
首
一万円
黄色
馬
時間
広げる
二頭
多い
羽
動物園
門
少ない
買う
売る

※ 教科書の挿絵（または，QR コンテンツのイラスト）を掲示し，イラストの上に QR コンテンツの漢字カードを貼る。

3 動物園での様子を，絵から想像して話し合おう。

T　では，今見つけたことから想像を膨らませてみましょう。

牛が空を見上げて，鳴いています。

牛だから，モーって鳴いているのかな。

T　他はどうですか。
C　売店でお土産を買っている人はお父さんで，子どもにパンダの人形を買ってあげています。
T　なるほど，よく想像しましたね。
C　きりんの前に子どもが２人います。
C　２人とも同じ服を着ています。
C　きょうだいかな。

いろいろな想像をさせて，次時の文作りへつなげる。慣れてきたら，隣どうしなど２人組で想像したことを交流させる。よい内容は取り上げて，全体で共有させる。

4 2年生で習った漢字をノートに正しく書こう。

T　次の時間，この漢字を使って文を書いてもらいます。このページの漢字を正しく書けるように練習しておきましょう。

「羽を広げる。」よし，書けた！

2年生の漢字だから，間違えないように書こう！

教師が言った言葉をノートに書かせたり，1つの言葉を3回ずつ写させたりするなど，児童の実態に合わせて，やり方はいろいろと工夫できる。

机間巡視などで漢字が苦手な児童を把握して，必要であれば個別指導する。漢字が苦手な児童は，教科書を見ても自分では間違いが分からない場合も少なくない。

今回の字では，「売」の「士」が「土」になる，「馬」の点が全て同じ向きになる，「黄」の４画目が抜けて「くさかんむり」になるといった間違いが多い。

漢字の広場1

第2時（2/2）

本時の目標 提示された漢字を使って，動物園の様子を表す文を作ることができる。

板書例

主語と述語のかんけいを正しく書こう

2 3 4

動物園

・牛が、モーと元気に鳴いています。

・強いさるが、弱いさるのりんごをとりあげました。

・二頭の馬が、ぐるぐると歩き回っています。

・お父さんは、売店で一万円さつを出してパンダのぬいぐるみを買いました。

・アザラシとくらべて、ペンギンは多いです。

・女の子は、門のところでチケットを買いました。

※ 児童が作った文を板書する。

POINT ペアやグループの人と間違いがないかを確かめ合わせ，間違った字があれば書き直しをさせるようにする。

1 教科書の例文を読んで，文作りのしかたを確かめよう。

T 「れい」の文を読みましょう。この文には，「羽」と「広」が使われていますね。このように，教科書の漢字を使って文を作ります。

文作りに入る前に，教科書の漢字の読み方を確認させる。

T では，文を考えられた人，言ってみましょう。

アザラシより，ペンギンの方が多いです。
二頭の馬がぐるぐる歩き回っています。

T よくできましたね。みんなも文作りのしかたが分かりましたか。

共通理解できるまで，何人かを指名してもよい。

2 主語と述語のある短い文作りをしよう。

T では，考えた文をノートに書きましょう。

「牛が，モーと元気に鳴いています。」2つの漢字が使えた。
1つの文に漢字をたくさん使えるかな。

T 使った漢字は，○で囲んでおくと分かりやすいですよ。教科書の漢字が全部使えたらすごいですね。

文の始まりは中点（・）で始めることや箇条書きという言葉も教えておくと，様々な場面で活用できる。

書くことが遅い児童もいるので15分は時間を取りたい。早い児童には，2回目の文を作らせたり黒板に書かせたりする。また，困っている友達のサポートに回らせるのもよい。

T 主語と述語が正しく書けているか確かめましょう。

準備物
・漢字カード QR
・教科書の挿絵 または，黒板掲示用イラスト QR

ICT
主語と述語の関係が正しい文章をタブレットで作成し，それを全体で共有する。教科書の絵のどの部分になるかを話し合わせるとおもしろい。

漢字の広場 1

1

(め) 二年生の漢字を使って、動物園の様子を文に書こう

強い
弱い
高い
同じ
鳴く
牛
長い
首
一万円
売店
黄色
馬
広げる
時間
二頭
羽
多い
動物園
門
買う
売る
少ない

※ 教科書の挿絵（または，QR コンテンツのイラスト）を掲示し，イラストの上に QR コンテンツの漢字カードを貼る。児童が使用した漢字カードを移動する。

（れい）くじゃくが、きれいな羽を大きく広げています。
←主語（しゅご）
←述語（じゅつご）

3 考えた文をグループで交流しよう。

隣どうしやグループで交換して間違い探しをさせる。

T 間違いを言うだけではなく，もっとこうしたらよくなる，ということを言いましょう。

C 「弱いさるが，強いさるにりんごを取りました。」は，おかしい。弱いさるが主語だったら，述語は「取られました。」にするといいよ。

T 確かめ合えたら，グループの中で最もよいと思う文を選びましょう。

強いさると弱いさるの文だね。

さるの絵の文を選ぼう。

それなら，竹田さんの文がいいよ。

様子がよく分かるし，主語と述語も正しく書けている。

どの絵の文を選ぶか各グループに割り振って，最もよいと考える文を選ばせる。

4 それぞれのグループで選んだ文を交流しよう。

T 考えた文を発表してもらいましょう。

4 班の文を発表します。
「強いさるが、弱いさるのりんごを取りあげました。」です。

グループで選んだ文を黒板やホワイトボードに書かせて，発表させる。ここでは，グループでよい文を選ばせ発表させているが，短い文がほとんどのはずなので，できるなら全員に 1 つずつ発表させるのもよい。黒板を全面使って，8 人程度ずつ前に出て順に書かせる，などの方法も考えられる。児童の実態と残り時間に合わせて取り組ませる。

T 漢字を全部使って文を作れた人，10 個より多く使えた人はいますか。

最後に，文作りで使えた漢字数を確かめるとよい。

きせつの言葉　1

春のくらし

全授業時間 2 時間

◎ 指導目標 ◎

・語句の量を増し，話や文章の中で使い，語彙を豊かにすることができる。
・経験したことや想像したことなどから書くことを選び，伝えたいことを明確にすることができる。

◎ 指導にあたって ◎

①　教材について

生活の中から春らしさが感じられるものを見つけ, 文に表現するという学習をします。『みどり』の詩は,「みどり」という言葉の繰り返しがあるリズミカルな詩なので，音読で詩のリズムを楽しませながら春の風景を感じ取らせます。

第２時は，食べ物から春らしさに迫っています。日常生活の中で，それと知らず見ていたり食べていたりするものもあるでしょう。「こんなところからも春が感じられるのか」と再認識できる学習でもあります。

②　個別最適な学び・協働的な学びのために

今は，一年中さまざまな野菜類が出回り，食べ物や草花などから「旬」を感じることが少しずつ難しくなってきています。児童の感覚も季節を敏感に感じ辛くなっているかもしれません。そうした体験の不足を補うために，体験の交流や対話を活用し，みんなで「春」らしさが共有できるようにします。教師が,画像などで補足していくことも必要に応じて取り入れた方がよいかもしれません。

一人一人の児童が,「春らしさ」のイメージをより豊かに描けるようにしてから，春を感じたものについて書かせます。詩と例文は，どのような文を書けばよいかのモデルとなりますので，音読や感想交流などで一定の時間をかけましょう。

◎ 評価規準 ◎

知識 及び 技能	語句の量を増し，話や文章の中で使い，語彙を豊かにしている。
思考力，判断力，表現力等	「書くこと」において，経験したことや想像したことなどから書くことを選び，伝えたいことを明確にしている。
主体的に学習に取り組む態度	積極的に語句の量を増し，話や文章の中で使い，学習課題に沿ってその季節らしさを表現した文章を書こうとしている。

◎ 学習指導計画 全 2 時間 ◎

次	時	学習活動	指導上の留意点
1	1	・『みどり』の詩を音読し，感想や思い浮かぶ様子を交流する。 ・絵を基にして，春になってすることを話し合う。 ・身の回りから，春を感じるものを探す。 ・春の行事から，言葉を連想する。	・教科書の詩や挿絵から始め，春の情景をイメージさせる。 ・身の回りにあるものや行事から「春」を見つけさせる。 ・ゲーム感覚で楽しみながら，春の行事から言葉を広げていく。
	2	・春を感じた例文を読み，感想を出し合う。 ・春が感じられる野菜や山菜などについて話し合う。 ・春が感じられるものについて文を書く。	・食べ物という身近なものを取り上げるので，できる限り生活経験とつなげて考えたり話し合ったりさせる。 ・最後の表現活動は，2 時間の学習のまとめとして，春を感じるものを書かせる。

春のくらし
第1時（1/2）

本時の目標 身の回りで春らしいものを見つけ，春が来ていることを感じ取ることができる。

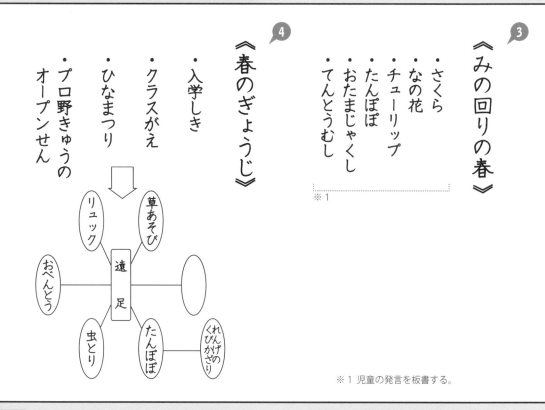

板書例

3 《みの回りの春》
- ・さくら
- ・なの花
- ・チューリップ
- ・たんぽぽ
- ・おたまじゃくし
- ・てんとうむし

※1

4 《春のぎょうじ》
- ・入学しき
- ・クラスがえ
- ・ひなまつり
- ・プロ野きゅうのオープンせん

↓

遠足
- 草あそび
- リュック
- おべんとう
- 虫とり
- たんぽぽ ― れんげのくびかざり
- （　）

※1 児童の発言を板書する。

POINT 友達の意見や体験を通して，生活の中にある春に目を向けさせる。写真などの補助資料を使うのもよい。

1 『みどり』の詩を音読し，その詩から，思い浮かべることを出し合おう。

『みどり』の詩を範読する。

T　では，みんなも音読しましょう。

全員で音読した後で，何人かを指名して読ませる。

T　音読してみた感想を言いましょう。

C　リズムに乗って読める感じがします。

C　「みどり」が何回も出てくる。覚えやすそうだよ。

C　「よりどりみどり」「さがせど～」がおもしろい。

T　詩を読んで，どんな様子が浮かんできますか。

緑の鳥が見つからないくらい，山は緑で覆われているようです。

「よりどりみどり」だから，いろいろな緑があります。新緑もあるのかな？

だから，声だけ聞こえて姿が見つかりません。

T　春の緑の野山の様子が浮かんできますね。

もう一度『みどり』の詩を音読させる。

2 絵の中の言葉を確かめ，春になってすることを考えよう。

教科書 P43 の上の絵を見て話し合わせる。

T　しゃがんでいる３人は何をしていますか。

右の２人は一緒に種まきをしているね。何の種だろう。

１人は苗を植えているよ。春にはいろいろな花を植えるからね。

楽しそうだね。どんな花が咲くのかな。

T　「めばえ」とは何か分かりますか。見たことありますか。

C　「めばえ」とは，木の芽から葉っぱが出てくることです。家の庭の木で見たことがあります。

T　みんなも，春になると何かすることがありますか。

C　わたしは，お母さんと植木鉢に花を植えます。

C　ぼくは，虫探しに行きます。

準備物
・ワークシート QR
・春に見られる草花や虫などの写真
・教科書P43の上の挿絵（黒板掲示用）

ICT
春に見られる草花や虫などの写真を撮影しておいたり，ネットで検索したりして画像を保存しておくと，授業で適時活用できる。（著作権に注意）

春のくらし

め 生活の中から春をかんじよう

1 『みどり』の詩から
・みどりがいっぱいの野山
・木の葉のいろいろなみどり
・みどりの小鳥が、声だけ聞こえて見つからないくらい、山はみどり
※1

2 《春にすること》
・たねまき
・なえうえ
・めばえを見る
・花うえ
・虫さがし
※1

※教科書P43の上の挿絵を掲示する。

～春の野山～

3 身の回りから，春を感じるものを探そう。

T　先生は，つくしを見つけたときに春が来たなあと感じます。みんなは，どんなときに春だなあと感じますか。
C　桜の花が咲くと春を感じます。
C　お花見ができるね。ぼくは花より団子だよ。

教師の感じた春や児童から２～３の例を発表させて春を感じるイメージをもたせてからグループで経験交流をさせる。

T　身の回りで春を感じるものを見つけましょう。

菜の花がいっぱい咲いているのもそうだよね。
２年で習ったタンポポもある！
チューリップが咲いているのを見たときに感じた。
おたまじゃくし，てんとうむし，あおむし…。

食べ物に関係するものは次時で取り上げる。

4 春の行事から連想してみよう。

T　春の行事といえば，どんなことがありますか。
C　入学式，クラス替え，春の遠足。
C　ひな祭り，プロ野球のオープン戦。

意見が出にくければ「学校では？」「お祭りやお祝いの行事は？」「家ですることは？」などのヒントを出し，内容を絞って考えさせてもよい。

T　春の行事から思いつく言葉を出し合いましょう。
T　春の行事連想ゲームです。

じゃあ，「春の遠足」でいくよ。お弁当。
草あそび，虫取り。
たんぽぽ，リュック。
タンポポから連想した。レンゲの首飾り。

ノートに書いて，他のグループと発表し合わせる。

春のくらし 第2時（2/2）

本時の目標 食べ物から春らしいものを見つけ，春を感じたものについて書くことができる。

板書例

3 ◇山菜（さい）や野原の草

・ふき
・たけのこ
・わらび
・よもぎ
・ぜんまい
・たらのめ

← 調べよう

4 春をかんじた文を書こう

※ インターネットなどより画像を見せる。

POINT 「春」や「新」がつく野菜や春らしい食べ物について，見たり食べたりした経験を十分交流させ，最後に春を感じたものに

1 春を感じた例文を読んでみよう。

教科書 P42 の例文を音読させる。

T 「桜湯」って，どんなものか知っていますか。
C 知らない。飲んだことがない。
C 桜のお茶みたいなものかな？
C お茶の葉の代わりに桜の花びらが入っている。
（できれば）「桜湯」の実物か画像を見せる。
T この文を読んだ感想を言いましょう。

桜の花が咲いたみたいに浮いているきれいな「桜湯」に春を感じました。
どんなときに飲んだのかな？ぼくも飲んでみたいです。
桜の花と，ほんのりいい匂いで，春だと思ったんだと思います。

T この時間の終わりには，みなさんも春を感じた文を書きましょう。

2 「新」や「春」がつく野菜を見たり食べたりした経験を出し合おう。

T 「新」や「春」がつく野菜を教科書で見ましょう。
C 新玉ねぎ，新じゃが，春キャベツ。
T どんな特徴があると書いてありますか。
C みずみずしくて，やわらかい。
T どれかを見たり食べたりしたことがありますか。

スーパーで，新玉ねぎを売っていたよ。
春キャベツのサラダは，やわらかかったよ。
新じゃがで，じゃがバターを作ってもらった。すごくおいしかった。

T 他に「新」や「春」のつく食べ物はありませんか。
C お母さんが「新しょうが」を買ってきていました。
T 新にんじん，新ごぼうもあります。「新」や「春」がつかなくても春に出てくる野菜は他にもあります。
C 新茶もあるよ。調べたら，いろいろありそうだね。

準備物
・春の野菜や山菜のインターネット画像
・できれば，桜湯（塩漬けにした桜の花びらをお湯に浮かせたもの），なければ，画像
・国語辞典

ICT
春の遠足などで，児童に春を感じるものをタブレットで撮影させておくとよい。その画像を共有しながら授業を進めると盛り上がる。

春のくらし

(め) みの回りの食べ物から春をかんじとろう

1
土曜日に、家でさくらゆを…………
…………して、春だなあと思いました。

※ 教科書の例文を板書する。

・さくらゆ ……　きれいなのみもの
・「さくらの花」「いいにおい」→春

※ 児童の感想を板書する。

2
◇ 新玉ねぎ　新じゃが　春キャベツ
・じゃがバターで食べた
・春キャベツのサラダ
・スーパーで売っていた

※ 児童の発言を板書する。

ついて文章を書かせる。

3 春の山や野原で見られる食べ物を知ろう

教科書 P43 の下の絵を見て話し合わせる。

T　この中で知っているものはありますか。
C　たけのこは，食べたことがあります。
C　わらびは，春にハイキングに行ったときに，おじいちゃんに教えてもらって採りました。
C　よもぎ饅頭は食べたことがあるけど，どんな草なのか分かりません。緑色の草かな。
C　たらのめやぜんまいは見たことも食べたこともありません。ふきも生えているのは見たことがない。
T　分からないものは，国語辞典で調べてみましょう。

ぜんまいって，シダの仲間の若い芽なんだって！
わらびもシダの仲間の新芽だ！わらび粉もとれるんだって。

インターネットの画像も見せるとよい。

4 春が感じられるもののことを書こう。

T　もう一度教科書の例文をみんなで音読しましょう。
C　土曜日に，家でさくらゆを…。（全文音読）
T　では，春を感じた文を書きましょう。

お母さんがよもぎもちを買ってきました。これが春の味かなと…。
道端でタンポポが咲いているのを見つけたことを書こう。

前の時間を思い出させて食べ物以外でもよい。前時と本時の学習のまとめとして春を感じたものについて書かせる。

T　書けたら，発表しましょう。
C　日曜日の朝，早く起きて犬の散歩に行きました。歩いていると，道端にタンポポの花が１つ咲いていました。ああ，もう春が来たのだと思いました。

知りたいことを考えながら聞き，しつもんしよう

もっと知りたい，友だちのこと

［コラム］きちんとつたえるために

全授業時間６時間

◎ 指導目標 ◎

・相手を見て話したり聞いたりするとともに，言葉の抑揚や強弱，間の取り方などに注意して話すことができる。
・必要なことを質問しながら聞き，話し手が伝えたいことや自分が聞きたいことの中心を捉え，自分の考えをもつことができる。
・目的を意識して，日常生活の中から話題を決め，伝え合うために必要な事柄を選ぶことができる。

◎ 指導にあたって ◎

① 教材について

本単元は，主に聞き手に焦点を当てた教材です。質問のしかたや種類を学ぶことができます。それらを活用して，友達のことをたくさん引き出します。1 学期前半で，児童どうしがつながるよい機会を与える教材です。

聞き手は，話し手がいちばん伝えたいことは何なのかを考えながら聞くことが大切です。聞き方の学習ですが，自分が質問したいことや感想が相手に正確に伝わるためには，適切な表現で話すこと，伝えたいことの中心を意識して話すことも必要になってきます。この単元の学習のときだけでなく，日頃から話し手の伝えたいことは何か，自分は何を伝えたいのかを意識しながら会話することも大切です。

② 個別最適な学び・協働的な学びのために

個別最適な学び・協働的な学びのために，「学級あそび」を多く取り入れます。「学級あそび」活動では，児童も失敗感を感じにくく，楽しく学ぶことができます。活動の後には，振り返りも行います。質問することが楽しいことだと，児童は実感を伴って学ぶことができるはずです。

◎ 評価規準 ◎

知識 及び 技能	相手を見て話したり聞いたりするとともに，言葉の抑揚や強弱，間の取り方などに注意して話している。
思考力，判断力，表現力等	・「話すこと・聞くこと」において，目的を意識して，日常生活の中から話題を決め，伝え合うために必要な事柄を選んでいる。 ・「話すこと・聞くこと」において，必要なことを質問しながら聞き，話し手が伝えたいことや自分が聞きたいことの中心を捉え，自分の考えをもっている。
主体的に学習に取り組む態度	粘り強く話し手が伝えたいことや自分が聞きたいことの中心を捉え，学習の見通しをもって話したり，質問したりしようとしている。

◎ 学習指導計画　全 6 時間 ◎

次	時	学習活動	指導上の留意点
1	1	・「問いをもとう」「もくひょう」を基に，学習課題を設定し，学習計画を立てる。 ・友達のことを知るために，グループになって「友達紹介質問ゲーム」をする。	・友達のことで知っていることを出し合わせる。 ・ゲームを通して，質問することの楽しさを体感できるようにする。
	2	・友達と話を聞き合うために，自分が話し手として友達に知らせたいことを決めて，ノートに書く。	・クラス全体でそれぞれの話題を共有し，話題を決めにくい児童の参考にさせる。
	3	・P45「しつもんのしゅるい」を参考に「質問名人」になるために，どのような質問の種類や話の聞き方があるのか整理する。	・ゲームを通して，質問名人になるためのポイントを考えるようにする。
2	4・5	・友達の話を聞いて質問する。 ・P46 二次元コードから，聞き方や質問のしかたのよいところを考える。 ・聞き手は，話の中心に気をつけて聞く。 ・大事なことを落とさないように質問したり，答えたりする。 ・どのような質問で話が広がったり，友達のことがよく分かったりしたかを伝え合う。 ・「ふりかえろう」で，単元の学びを振り返るとともに，「たいせつ」「いかそう」で身につけた力を押さえる。	・どのようにやり取りをするのか，活動の前に見本を見せる。残りの全員が見て学び，ポイントを見つけられるようにする。
3	6	・学習を振り返る。	・知りたいことをうまく引き出すことができなかった 2 つの場面の人にアドバイスを考えさせ，自分のことととして問題場面に向き合うことができるようにする。

もっと知りたい，友だちのこと

第 1 時（1/6）

本時の目標 学習の見通しと学習課題をもち，友達に尋ねたいことを考えて，友達のことをもっと知るための質問ができる。

板書例

❷ 友だちしょうかいしつもんゲーム
一回2分

・（しつもん→答え）で1点
・れんぞくしつもんは2回まで
・「〜ですか」「〜です」

1点　1点

	1回目	2回目
1ぱん	18	24
2はん	23	28
3ぱん	14	32
4はん	7	17
5はん	10	21
6ぱん	11	31
7はん	13	28
8はん	15	20

※グループの点数を記録する。

❸ しつもんすることのよさ

☆相手（あい）のことが分かる、知ることができる
① どんな人かが分かる
② もっと知りたくなる
③ なかよくなる

❹ 「しつもんすることは楽しいこと」

POINT 「考えを広げる話し合い」で大切にしたいことは，互いの意見を認め合う雰囲気作りである。「いいね」を合言葉に，

1 友達のことで知っていることについて話し合おう。

T　隣の人のことで，どのようなよいところを知っていますか。知っていることを出し合いましょう。

いつも授業中に発表をがんばっています。
そう言われてみたらあまり思いつかないなあ。

出しにくい場合はグループで行ってもよい。また，出ない場合もここでは無理させない。

T　これから「友達の話を聞いて，さらに聞きたいことを考えて質問しよう」を学習課題として，学んでいきましょう。

教科書 P44「見通しをもとう」を読ませて，どのような流れで学習していくのか，見通しをもたせる。

C　友達からたくさんの話を引き出すために，話の聞き方や質問について勉強するんだね。

2 「友達紹介質問ゲーム」をしよう。

T　では，「友達紹介質問ゲーム」をしましょう。質問をして友達のことを知る楽しさを味わいましょう。

グループでじゃんけんをして，質問に答える人（1人）を決める。質問と回答の応答があって1点とする，連続質問は2回までとする，丁寧な言葉を使う，などのルールを確認する。2分間で何点獲得できるかを競う。

はい，大好きです。
ラーメンは好きですか。
カレーは好きですか。

それぞれのグループの点数を記録していく。めざす数値を示すと，目標に向けてさらに児童の活動が活発になる。

準備物

ICT 質問をするときに，話すことが苦手な児童もいる。タブレットのシートに質問したいことをどんどん書いていき，それを相手に見せてもよいことも伝える。

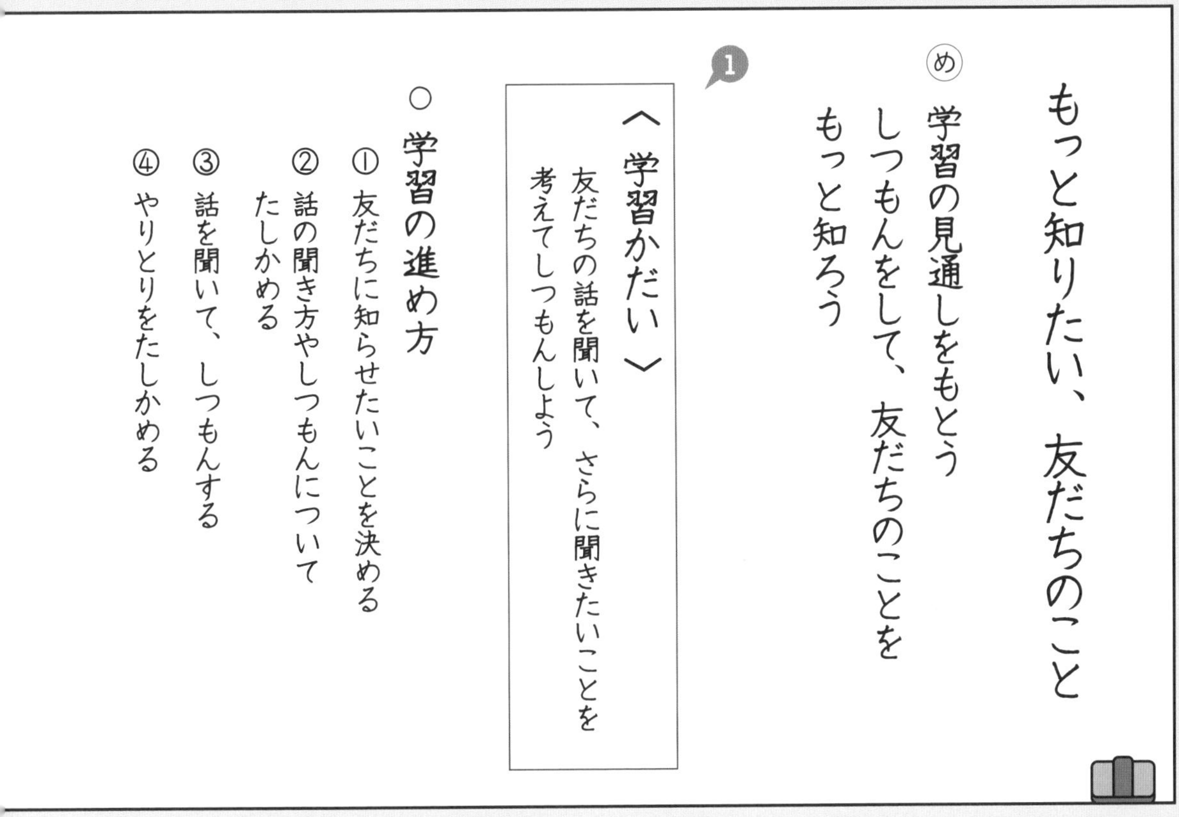

もっと知りたい、友だちのこと
め
学習の見通しをもとう
しつもんをして、友だちのことを
もっと知ろう
1
〈学習かだい〉
友だちの話を聞いて、さらに聞きたいことを
考えてしつもんしよう
○学習の進め方
①友だちに知らせたいことを決める
②話の聞き方やしつもんについて
たしかめる
③話を聞いて、しつもんする
④やりとりをたしかめる

いろいろな意見や考えを出し合えるように声かけする。

3 質問することのよさを見出そう。

T 「友達紹介質問ゲーム」を通して，質問は楽しいことだと分かりましたね。では，質問することのよさをみんなで考えましょう。

質問することのよさについて，考えたことをノートに箇条書きで書かせる。書く時間に制限を設け，書く量の目標を数値で示すと，児童も活動しやすくなる。

T 「質問することのよさ」について，ノートに書いたことを発表しましょう。

あまり話したことがなかったけど，なかよくなりたいなあと思いました。

T 質問することで，相手のことを知り，つながることができますね。質問することは，楽しいことですね。

4 キーワードを使って，振り返ろう。

T いろいろな考えが出ましたね。では，「質問することは楽しいこと」というキーワードを使って，今日の学習の振り返りをノートに書いて発表しましょう。

チームのみんなと質問し合ったり，答えたりして，質問することは楽しいことだと分かりました。

ゲームで終わっては，質問することのよさ（価値）の共有はできない。必ず振り返りを行い，児童一人一人に質問することの大切さを考えさせる。

T 質問することのよさが確かめられましたね。では，次の時間から話の聞き方や質問について勉強していきましょう。

もっと知りたい，友だちのこと
第2時（2/6）

本時の目標 友達と話を聞き合うために，自分が話し手として友達に知らせたいことを決めて，ノートに書くことができる。

板書例

2

〈話題〉

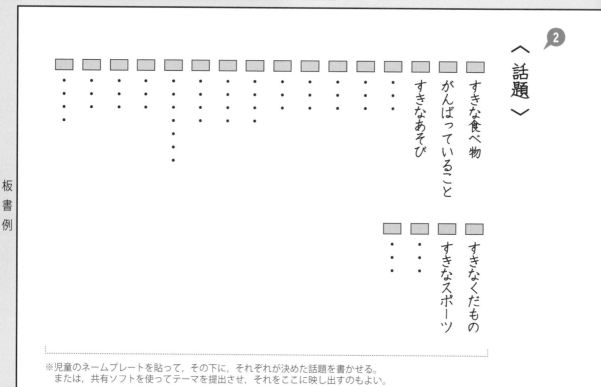

すきな食べ物
がんばっていること
すきなあそび
・・・

すきなくだもの
すきなスポーツ
・・・

※児童のネームプレートを貼って，その下に，それぞれが決めた話題を書かせる。
　または，共有ソフトを使ってテーマを提出させ，それをここに映し出すのもよい。

POINT どの児童も自分が伝えたいことが準備できるように，導入として，どんな話題があるか話し合わせ，全体で出し合わせたい。

1 友達に知らせたいことはどんなことか出し合おう。

T　友達に知らせたい話題として，どんなものがあるでしょうか。どんなものがあるのか，隣の人と話し合ってみましょう。

好きな動物やスポーツも話題にしやすいね。他にもないかな。

わたしだったら，好きな食べ物について話がしたいな。

他にも，「好きな乗り物」「好きなお菓子」「大切にしているわたしの宝物」などが考えられる。児童から意見が出にくい場合は，教師から提示してもよい。

T　今，みんなから出た意見の中に，自分の話題にしやすいものはありましたか。今日は，話題の準備をしていきましょう。

2 友達に知らせたいことを決めよう。

T　では，自分の話題の準備をしましょう。
C　ぼくは，やっぱり好きなスポーツだな。今，がんばっているサッカーのことを話したい。
C　話がいっぱいできそうなのは，ペットのことかな。

児童が話しやすいものや考える準備がしやすいものを選ばせるようにする。手が止まってしまう児童には，選択肢を与えて決めさせるなどの個別の支援をする。

T　自分の考えが決まった人は，黒板のネームプレートの下に自分の話題を書きましょう。

ここでタブレットパソコンを使って提出させてもよい。

わたしは，「今，がんばっていること」の「ピアノ」について，話すことにしよう。

準備物
・ネームプレート
・（必要なら）タブレットパソコン

ICT
小学校3年生らしい「話題」を選びたい。話題選びに困った場合，ネットで検索することも考えられるが，今回の場合は，ネットに頼らず，児童どうしの会話などから引き出したい。

もっと知りたい、友だちのこと

め みんなに知らせたいことを用意しよう

〈学習かだい〉
友だちの話を聞いて、さらに聞きたいことを考えてしつもんしよう

○ 学習の進め方
☆ ① 友だちに知らせたいことを決める
② 話の聞き方やしつもんについてたしかめる
③ 話を聞いて、しつもんする
④ やりとりをたしかめる

1 〈友だちに知らせたいこと〉

3 友達とのやりとりを通して，話題を選んだ理由を考えよう。

T それぞれの話題が出揃いましたね。これから，友達とそれぞれの話題について，どんなことを話すのか，質問をしてみましょう。

学級の実態に合わせて，活動を取り入れる。隣や前後の人との交流，立ち歩いて自由に意見交流など，様々な交流のしかたがある。

T どうしてその話題を選んだのか，そのわけも尋ねるようにしましょう。

好きな食べ物は何ですか。どうして，それを選んだのですか。
わたしが好きな食べ物は，ラーメンです。おいしいラーメン屋さんが近所にあって，家族でよく行くからです。

4 友達に知らせたいことの理由を書いて準備しよう。

T 友達との交流を通して，理由がはっきりしてきましたか。交流の準備のために，ノートにまとめましょう。

自分が話すときの内容を，簡単なメモで書かせる。

T 知らせたいことを箇条書きで短く簡単に書くと，長い文にして書くより，話す力もつきます。

C メモは簡単に書くだけで話せるようにがんばろう。

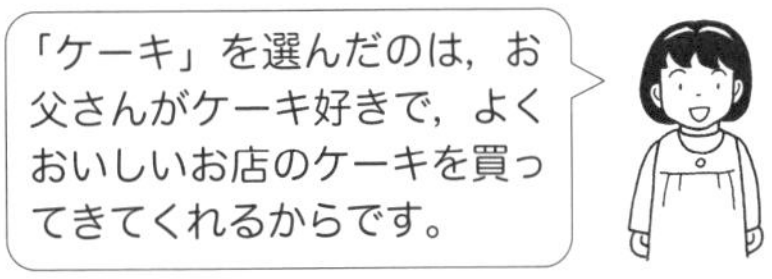
「ケーキ」を選んだのは，お父さんがケーキ好きで，よくおいしいお店のケーキを買ってきてくれるからです。

交流をした後でも，書きにくそうにしている児童がいたら，教師が個別に支援するか，早く終わった児童にサポートに回ってもらうようにする。

もっと知りたい，友だちのこと
第3時（3/6）

本時の目標 質問名人になるために，質問のしかたや話のよい聞き方を考えることができる。

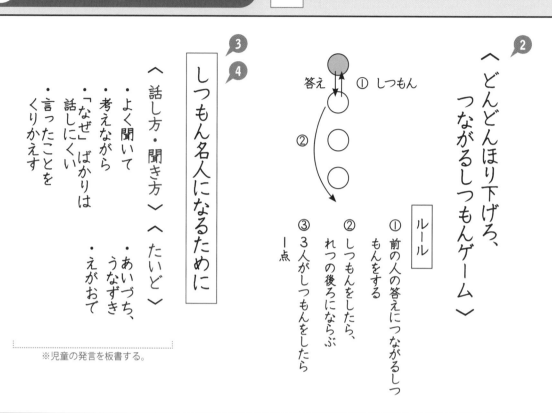

板書例

2
〈どんどんほり下げろ、つながるしつもんゲーム〉

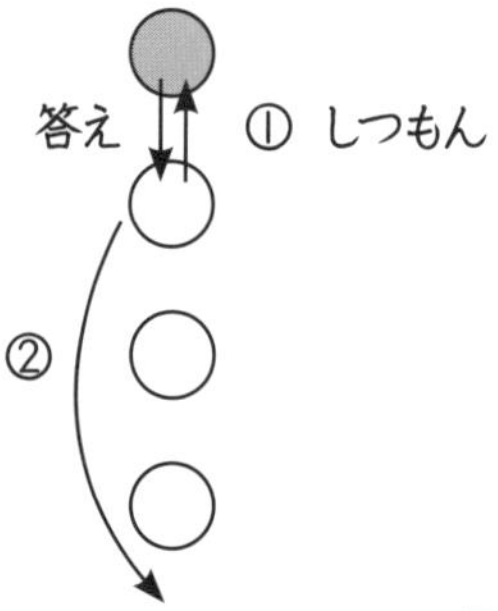

答え
① しつもん
②

ルール
① 前の人の答えにつながるしつもんをする
② しつもんをしたら、れつの後ろにならぶ
③ ３人がしつもんをしたら１点

3 4
しつもん名人になるために

〈話し方・聞き方〉
・よく聞いて
・考えながら
・「なぜ」ばかりは話しにくい
・言ったことをくりかえす

〈たいど〉
・あいづち、うなずき
・えがおで

※児童の発言を板書する。

POINT 学習ゲームを取り入れることで，児童は楽しみながら，質問をすることのポイントを考えることができる。

1 質問のしかたについて確かめよう。

T 質問するときに，どんな言葉を使いますか。使う言葉によって，聞きたことが変わってきます。どのような言葉があるのかを確認しましょう。

よく使うのは,「いつ」,「誰が」,「何を」かな。
他にも「なぜ」,「どうして」,「どのように」などもあります。

T 「いつ」「どこで」「誰が」「何を」は，知らないことや分からないことを尋ねるときに使います。また，「どのように」は，様子や方法を詳しく尋ねるとき，「なぜ」「どうして」は，理由を尋ねるときに使います。
C 質問の種類は３つあるんだね。
C 今まで，そんな違いなんて考えたことがなかった。
教科書 P45 の表を使って，詳しく説明しておく。
T では，これらを使って質問名人になりましょうね。

2 「どんどん掘り下げろ，つながる質問ゲーム」をしよう。

T では，質問名人になるために，「どんどん掘り下げろ，つながる質問ゲーム」をしましょう。

黒板に図を描きながら，ゲームの説明をする。
① ４人グループのうち，１人が質問に答える役，残りは質問をする役となる。
②答える人と質問する人は向かい合って立つ。質問する人は，質問が終わったら列の後ろに並ぶ。
③ ３人が質問したら１点（２分間で何点取れたかを競う）
※質問は，前の人の質問の答えにつなげるようにする。

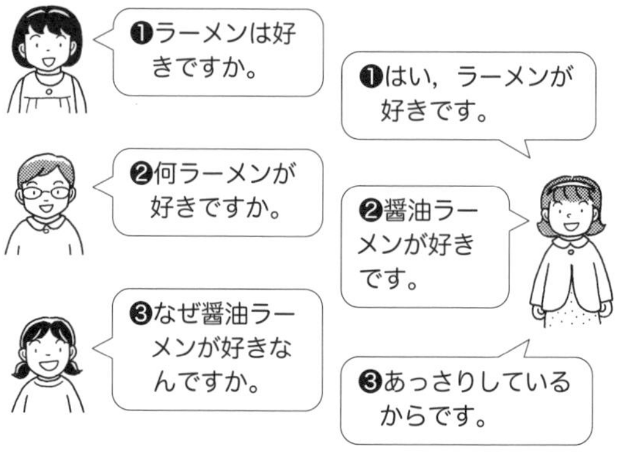

❶ラーメンは好きですか。
❶はい，ラーメンが好きです。
❷何ラーメンが好きですか。
❷醤油ラーメンが好きです。
❸なぜ醤油ラーメンが好きなんですか。
❸あっさりしているからです。

準備物

・教科書P45の表（黒板掲示用）

ICT

質問が上手な大人や友達の会話の様子を動画に撮り，それを全体で共有したり，提示したりする。どこがよいのか、どこをまねしたいのかを話し合わせたい。

もっと知りたい、友だちのこと

め しつもん名人になろう

1 〈しつもんのしゅるい〉

知りたいこと	きき方のれい
知らないことや、分からないこと	いつ・どこで・だれが・何を
物事の様子や、方法（ほう）	どのように
したことや考えたことなどの理由	なぜ・どうして

※ 教科書 P45 の表を掲示する。
または，簡略化して板書する。

3 質問名人になるポイントを出し合おう。

T　ゲームを通して質問名人になるためのポイントは，見つかりましたか。全体で確認していきましょう。

ポイントになると考えたことを，ノートに箇条書きで書かせた後，全体で意見を出し合わせる。

もっと知るために質問するのだから，よく聞いておかないといけないです。

先生がよく言うあいづちやうなずきをしてもらうと，とても話しやすかったです。

T　話し方や聞き方の他に，態度の部分も質問名人になるポイントのようですね。

板書する際は，「話し方・聞き方」と「態度」に分類しながら整理するとよい。出てきにくい場合は，よい例と悪い例を示して，児童と確認していくのもよい。

4 質問名人になるポイントを書き，今日の学習を振り返ろう。

T　今日の学習を振り返り，気づいたことや考えたことをノートにまとめましょう。

ぼくは，よく聞くことを大切にしていきたいです。今までは全然できていなかったからです。よく聞くと，楽しく質問できました。

振り返りを書かせる際は，質問名人になるポイントの中から，「これから自分が意識していきたいものはどれか」「一番大切なものはどれか。なぜそう思うのか」などの条件を与えるとよい。

T　質問の種類やしかたが分かって，質問名人になれそうですか。次の時間は，友達の話を聞いて質問してみます。

もっと知りたい，友だちのこと

第 4,5 時（4,5/6）

本時の目標　友達の伝えたいことに対して質問し，さらに詳しく話を聞くことができる。

板書例

2 3 〈活動のしかた〉

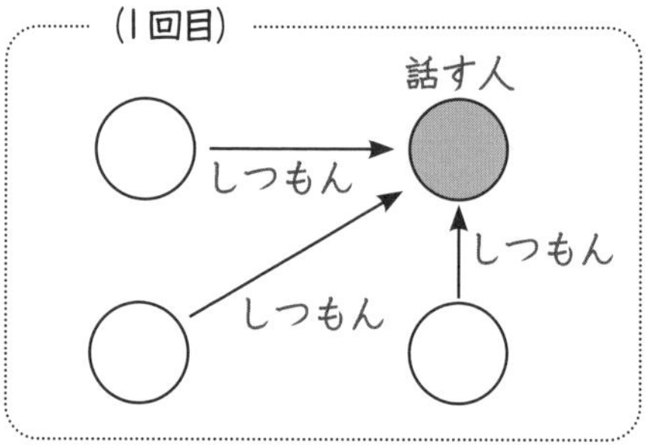

(1回目)
話す人
しつもん
しつもん
しつもん

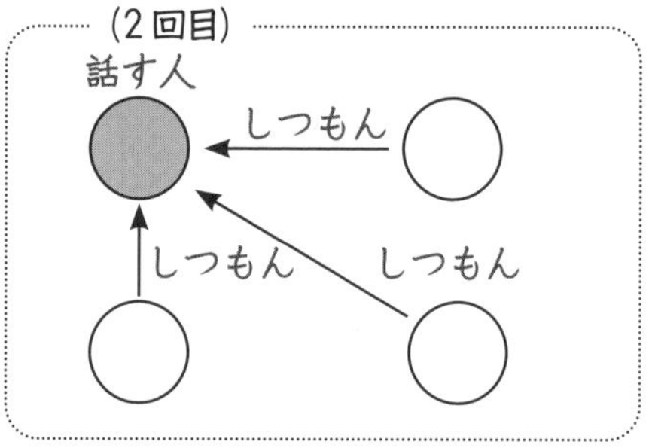

(2回目)
話す人
しつもん
しつもん
しつもん

4 ◇ふりかえろう

・話をよく聞いて、しつもんする

・前の人のしつもんにつなげると
もっとよく分かる

・しつもんして、もっとくわしく聞くと
友だちのことがよく分かる

※児童の発言を板書する。

POINT 友達が話したいことをよく聞いてメモを取らせ，さらに詳しく質問をさせていく。

1 聞き方や質問のしかたを確認しよう。

T　今日は，友達の話を聞いて質問をしてみましょう。

めあてを確認し，活動の流れを説明する。

T　グループになって，1人ずつ話をします。聞き手になった人は，質問をしましょう。質問するとき，気をつけることがあります。教科書 46 ページの「話を聞いて，しつもんするときは」を読みましょう。

C　特に知りたいことは何かを考えて，何を知りたいかが分かるように質問するんだね。

ここで，教科書 P46QR コンテンツの動画を見せるのもよい。

T　友達の話をもとにして，質問します。そのためには，メモを取りながら聞くことも大切ですね。

よし，友達の話を聞きながら，メモを取るぞ。
できるだけしっかり聞いて，友達の話をもっと知りたいな。

2 活動のしかたを知ろう。

T　それでは，活動を始めます。まず，どこかのグループに見本になってやってもらいましょう。

図を描きながら，やり取りの説明をする。

実際に活動する前に，どこかのグループに見本になってやってみてもらう。

わたしが大切にしているのは，クマのぬいぐるみです。クマのぬいぐるみは…。
ぬいぐるみの名前はどうして「らん」ちゃんなんですか。
そのぬいぐるみは，いつ，誰に買ってもらったのですか。

T　やってみてもらったグループの様子を見て，気づいたことを出し合いましょう。

C　話をしたことにつなげて質問できていました。

C　質問すると，詳しく知ることができています。

準備物	・教科書P46QRコンテンツの動画 （映せるようにしておく）

ICT	QRコードの入っている動画などは，ぜひ，児童のタブレットにも送信しておきたい。児童が自分のペースで動画を視聴して学び直すことができる。

もっと知りたい、友だちのこと

(め) 友だちにつたえたいことを聞いて、もっと知るためにしつもんをしよう。

1

〈話を聞いて、しつもんするとき〉

・話の中心は何かを考えながら聞く

・自分が知っていることとつなげながら聞く

・とくに知りたいことを考えて、何を知りたいのかが分かるようにしつもんする

3 話を聞いて，質問してみよう。

T　それでは，グループで順番を決めて，活動を始めましょう。

ぼくは，今，習いごとのサッカーをがんばっています。ポジションは，フォワードをしていて…。
サッカーを始めたきっかけは何ですか。
誰かあこがれの選手は，いますか。

1回目のやり取りが終わったら，振り返りの時間を取る。活動のしかたについて，どうすればよりよくなるのか，改善するところを出し合わせたい。

T　2人目の話を聞いて，質問をしてみましょう。1回目よりうまく質問できるように，注意点に気をつけてよく聞きましょう。

4 話を聞いて質問したことを振り返ろう。

T　話を聞いて，質問をした活動を通して，どのようなことができるようになったか，気づいたことなどをノートに書きましょう。

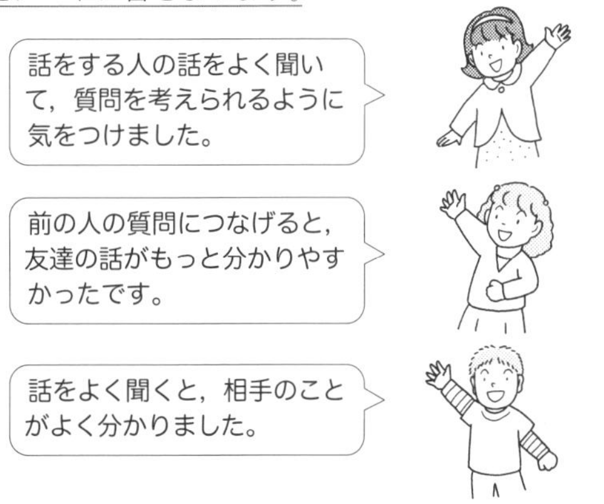

話をする人の話をよく聞いて，質問を考えられるように気をつけました。
前の人の質問につなげると，友達の話がもっと分かりやすかったです。
話をよく聞くと，相手のことがよく分かりました。

T　話を聞いて質問することで，友達のことをもっと知ることができますね。普段の生活の中でも，今日のように質問をして，友達とのつながりを強くしていきたいですね。

もっと知りたい，友だちのこと

第6時（6/6）

本時の目標 日常生活の中から話題を決め，伝え合うために必要な事柄を選ぶことができる。

板書例

2

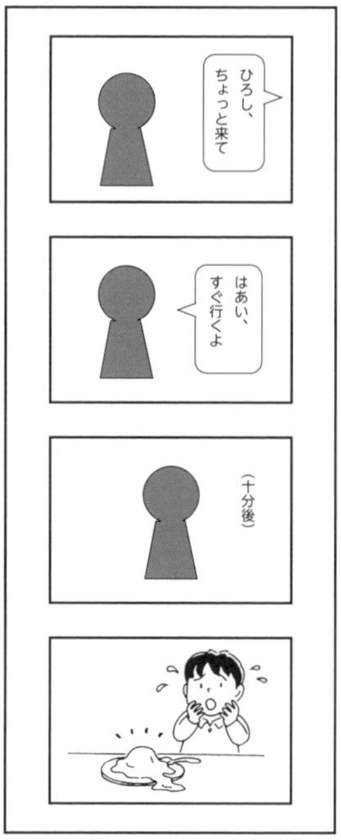

ひろし、ちょっと来て
はあい、すぐ行くよ
（十分後）

※教科書 P49 の 4 コマ漫画を1コマずつ掲示する。

どうすればよかったのか

・母……なぜ来てほしいのかをくわしく言う

・ひろし……よばれた理由をたずねる すぐに行く

3 4

きちんとつたえるために

・相手に分かるように、くわしくつたえる

・大事なことは落とさずに言う

・よく分からないことはその場でたずねる

※児童の発言を板書する。

POINT 2つのうまくいかない話題に，アドバイスをする形で改善点を考えさせる。

1 2人の話が食い違った原因を考えよう。

T　今日は，2つの困った場面を紹介します。どのように言えばよかったのか，アドバイスを考えましょう。では，1つ目の場面です。

4コマ漫画を1コマずつ貼りながら，状況を確認していく。すべて貼り終わったら，ノートにアドバイスを書かせる。その後，ペアで意見交流をする。（1人1台端末の場合は，切り抜いた1コマずつを送り，前にも1コマずつ映し出して確認していく）

T　どのようなアドバイスをするか，隣の人と話し合いましょう。

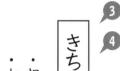

何が，かわいいのかを言わないと分からないよ。

何がかわいいのかを聞いてから，話を進めた方がいいよ。

T　どんなアドバイスをしますか。発表しましょう。

ペアで話し合ったことを交流させる。

2 ひろしさんとお母さんにアドバイスをしよう。

T　それでは，次の場面はどうでしょうか。どのように言えばよかったのかをアドバイスしてあげましょう。

最初の4コマ漫画と同様に進める。

お母さんは，ひろしさんになんでちょっと来てほしいのかをちゃんと言わないといけないね。

ひろしさんも呼ばれたときに「なんで呼んだの？」と尋ねたり，すぐ行ったりした方がよかったよね。

T　どのようなアドバイスを2人にしますか。

C　お母さんが「ひろし，アイスを用意したから，すぐに食べに来てね」と言ったら，伝わったと思います。

C　ひろしさんも「すぐ行くよ」と言わずに，「工作が終わってから行く」と言えばよかったと思います。

準備物	・教科書P48，49の4コマ漫画（1コマずつ）（黒板掲示用）

ICT	2つのうまくいかない話題を，どこを改善すればよくなるのかを考えて，タブレットのプレゼンアプリを使ってまとめ，全員で共有するとよい。

もっと知りたい、友だちのこと

め きちんとつたえるために大切なことは何かを考えよう

1

あっ、かわいい
女の子の洋服
犬のこと

※教科書 P48 の 4 コマ漫画を1コマずつ掲示する。

どうすればよかったのか

・「何が」かわいいのかをはっきりつたえる
・「何が」かわいいのか、たずねる

3 どちらにも共通することを考えよう。

T　2人の話が食い違った場面と，ひろしさんとお母さんのうまく伝わらなかった場面の2つに共通していることは何でしょうか。グループで考えましょう。

どちらにも共通することってどんなことかな？

自分は分かっているけど，相手は分かっていないと思って話せていないね。

聞いた方もちゃんと確認しないとね。

「何が」ということをはっきり言えていないところかな。

グループで話し合い，考えをまとめさせた後，全体で交流させる。

T　きちんと伝えるためには，どのようにすればよいでしょうか。

C　相手が分かるように詳しく伝えることが大切です。

C　正しく伝わったか，確認した方がいいです。

4 「きちんと相手に伝えるために」大切なことをまとめよう。

T　今日の学習を振り返り，「きちんと相手に伝えるために」大切なこととして，気づいたことや考えたことをノートにまとめましょう。

相手に伝えるときは，できるだけ詳しく話すようにします。自分で分かっているだけの話し方はよくないと思いました。

書いたことを数人に発表させる。

T　書いた人から発表しましょう。

C　大事なことを落とさないように言いたいです。

C　よく分からないことがあったら，質問して確認したいです。

漢字の音と訓

全授業時間 2 時間

◎ 指導目標 ◎

・第 3 学年までに配当されている漢字を読むことができる。

◎ 指導にあたって ◎

① 教材について

これまでの学習で，同じ漢字でも 2 つ以上の読み方があったり同じ読み方であっても意味や使い方が違ったりすることに気づいている児童も多いでしょう。ここでは，そうした気づきを整理し，漢字には音訓 2 種類の読み方があることを理解させます。また，「音には送り仮名がつかないが，訓には送り仮名のつく字がある」，「辞書では音の読み方はカタカナで表記し，訓の読み方はひらがなで表記される」，「音の読み方を聞いただけでは意味が分かりにくいが，訓の読み方は聞いただけで意味の分かるものが多い」など音と訓の特徴にも気づかせます。

漢字は，ただ読み方が分かるだけではなく，文の中で使えてこそ意味があります。音訓の漢字を使った文作りをしたり，教科書教材文の中から，音と訓の例を探すなどの活動も有効です。教科書巻末の 1 年 2 年で習った漢字表は，今後も度々活用していくことになるので，使い方に十分慣れさせておきます。

② 個別最適な学び・協働的な学びのために

児童が，漢字の学習に負担を感じることのないように，クイズやゲーム感覚で授業に取り組ませるなど楽しく学習できるように工夫したいものです。教科書巻末の「これまでに習った漢字」の表から漢字を調べたり探したりする場面が多くあります。まずは，自力で解決をさせていきますが，グループや周りの友達との対話を通しての相互援助も取り入れ，どの児童も分かることを大切にしていきます。

漢字の由来については，3 年生には難しい内容なので，深入りはせず，児童の知的好奇心をくすぐる程度に抑えておきます。漢字は中国から伝わった文字であることと，「音 = 中国，訓 = 日本の読み方」が分かれば十分です。音訓の識別は，時間をかけて多くの漢字を習う中で少しずつ慣れさせていきます。

◎ 評価規準 ◎

知識 及び 技能	第３学年までに配当されている漢字を読んでいる。
主体的に学習に取り組む態度	進んで第３学年までに配当されている漢字を読み，学習課題に沿ってよりよく漢字を学ぼうとしている。

◎ 学習指導計画　全２時間 ◎

次	時	学習活動	指導上の留意点
1	1	・教科書の例から，漢字には音と訓の読みがあることを知る。 ・音と訓の由来を知り，特徴を見つける。 ・今までに習った漢字で，音訓を確かめ，言葉作りをする。	・由来は，教科書の説明を読ませるが，「音は中国から伝わってきた読み方」「訓は日本の言葉にあてはめた読み方」程度の簡単な理解にとどめて，深入りはしない。 ・できる限り，自力で教科書を活用させ，自力で解決できないときや確かめのときにグループで活動させる。 ・訓の特徴は，児童に発見させる。 ・本時は，文字や言葉としての音訓の理解に重点をおく。
	2	・クイズで前時の復習と本時の導入をする。 ・教科書の問題を使って，文の中の音訓の判別や，音訓を使った文を作る。 ・多くの読み方がある漢字や，読み方によって意味が変わる漢字を見つける。	・ゲームかクイズ感覚で楽しく音か訓かを見つけさせたり，文を作る学習に取り組ませたりする。 ・本時は，文の中での音訓の理解に重点をおく。

漢字の音と訓
第1時（1/2）

本時の目標　漢字の読み方には音と訓があることを知り，それぞれの特徴が分かる。

板書例

中国　→　漢字　→　日本

（音）サン　←　山　→　やま（訓）

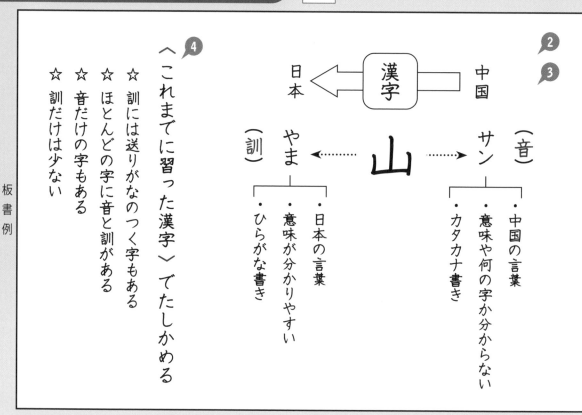

・中国の言葉
・意味や何の字か分からない
・カタカナ書き

・日本の言葉
・意味が分かりやすい
・ひらがな書き

〈これまでに習った漢字〉でたしかめる

☆訓には送りがなのつく字もある
☆ほとんどの字に音と訓がある
☆音だけの字もある
☆訓だけは少ない

POINT　音と訓の由来については教科書を読んで簡単に説明するにとどめる。特徴は，対話を通して児童に発見させる。

1　漢字には「音」と「訓」の２つの読み方があることを確かめよう。

T　チョウという漢字を書いてください。
　黒板に書きに来させる。「町」「朝」「鳥」「長」など。
T　実は今日使うのはこの字です。
　文字カード「朝」QRを黒板に貼る。
T　チョウの他に読み方はありませんか。
C　「あさ」と読めます。
T　「チョウ」と「あさ」のどちらの読み方をした方が意味が分かりやすいでしょう。

「あさ」の方が，聞いただけで意味が分かります。

「チョウ」では，いろいろあるから，どの字か分かりません。

T　「チョウ」のような読み方を「音」，「あさ」のような読み方を「訓」といいます。
C　漢字には２通りの読み方があるんだ。
C　訓の方が意味が分かりやすいね。

2　漢字はどのようにしてできたのだろう。

T　漢字は，どこで生まれたのでしょう。教科書で調べましょう。
C　中国で生まれました。
C　日本には，文字がなかったのです。
T　なぜ音と訓があるのか，教科書で調べて，班で確かめ合いましょう。

中国の漢字の読み方と同じ読み方をしていた。

漢字を，日本の言葉でも読んでいた。だから中国読みと日本読みの２つができたのだね。

文字がなかったから，中国の漢字を使って，日本の言葉を書き表したのか。

T　中国から伝わった読み方が「音」，日本の言葉での読み方が「訓」といいます。漢字の読み方は，１つではない理由が分かりましたか。

準備物	・文字カード（黒板掲示用） QR

ICT	中国とはどのような国なのか…，3年生の児童にとっては難しい場合もあるので，画像や動画を見せて，中国の様子を理解させたい。

漢字の音（おん）と訓（くん）

Ⓜ 漢字の音と訓について知ろう

1

チョウ

↓

町　朝　鳥　長

朝※

（音）チョウ
（訓）あさ

※ QR コンテンツの文字カードを貼る。

3 音と訓にはどのような特徴があるだろう。

T　漢字の音と訓の見分け方を，教科書の「朝」の音と訓から見つけましょう。

朝
（音）チョウ　朝食　早朝
（訓）あさ　朝　朝顔

意味が分かるのが訓，分かりにくいのが音です。

音の読み方はカタカナ，訓の読み方はひらがなです。

T　みんなから出た意見を，教科書の後ろに載っている「これまでに習った漢字」で確かめましょう。
C　ひらがなとカタカナで書いてある読み方がある。
C　カタカナはその字だけでは意味が分からない。
C　一，二，三…は例外かな？これで分かるよ。
C　訓には送り仮名のつく字もあるよ。引く，遠い…。

4 今までに習った漢字は，音と訓のどちらか確かめ，言葉を作ろう。

T　「これまでに習った漢字」の中から 10 文字選んで，音と訓を確かめ，ノートに書き出しましょう。
C　「花」は，音が「カ」，訓が「はな」。
C　「王」は音の「オウ」しかない。他にもあるかな？
C　「貝」は訓の「かい」しか読み方がない。
T　確かめをして，気づいたことを発表しましょう。

訓だけの字は，「貝」だけでした。

ほとんどの字が，音と訓の両方ありました。

音だけしかない字も，時々ありました。

T　では，確かめた字で言葉を作って発表しましょう。
C　夏で「夏休み」を作りました。
C　雨で「雨」の 1 文字です。
C　社で「社長室」の 3 文字の言葉ができました。

漢字の音と訓

第2時（2/2）

本時の目標　文の中で，音と訓の読み方の区別ができ，漢字の意味に合わせた文を作ることができる。

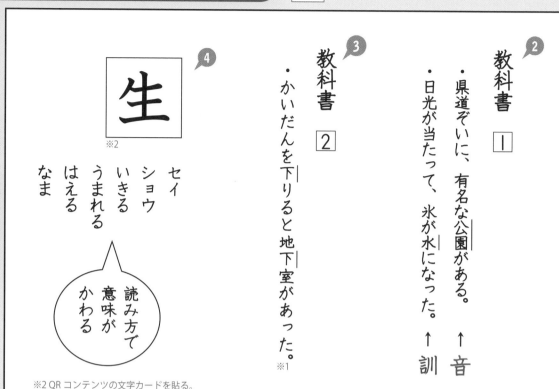

板書例

2 教科書 1

・県道ぞいに、有名な公園がある。
↑
音

・日光が当たって、氷が水になった。
↑
訓

3 教科書 2

・かいだんを下りると地下室があった。※1

4 生 ※2

セイ
ショウ
いきる
うまれる
はえる
なま

読み方で意味がかわる

※1 児童の作った文を板書する。

※2 QR コンテンツの文字カードを貼る。

POINT　音か訓かを教科書の既習漢字一覧表を使って見分けることに慣れさせる。読み方や意味の違いを理解して文の読み書きを

1 クイズで間違い探しをしよう。

ワークシート「まちがいさがしクイズ」QRを配る。

T　教科書の後ろの漢字表で調べて答えましょう。まずは自分でやってみて，分からなければグループの人と相談をしてもかまいません。

えっ，「本」って，ぼくは意味が分かるのだけど，訓かな？
漢字表にはカタカナで書いてあるから音だよ。
「聞こえる」は，訓だからひらがなに直したらいいね。

T　書けたら答えをみんなで確かめていきましょう。

C　①は，「聞こえる」のキをひらがなに直します。

C　②は，「楽しく」のタノをひらがなに直します。

ワークシートQRの問題（1）（2）の答え合わせをしていく。

2 文の中の漢字が音か訓かを見分けよう。

T　教科書 P51 の1の問題に答えます。まず，手を挙げて 1 つずつ文を読んでもらいます。

1 文ずつ音読させ，読みをみんなで確認させておく。

T　はじめは，漢字表を見ないで自分の力で答えましょう。全部書けたら教科書の漢字表で確かめましょう。

公も園も 1 字では意味が分からないから音だと思う。
近道は，音だと思ったけど，どちらも訓だった。キン，ドウが音の読み方だった。

T　では，書けたら発表してもらいます。みんなで合っているか確かめていきましょう。

C　「水」は訓です。

C　「一分」はどちらも音でした。

T　では，音の入っている文と訓の入っている文を 1 つずつ選んでノートに書き写しましょう。

準備物
・ワークシート QR
・文字カード（黒板掲示用） QR

ICT
問題が早く終わった児童には，教師のオリジナル問題をタブレットで作成しておき，児童の実態に合わせて，個人的に問題を送信するとよい。

漢字の音（おん）と訓（くん）

め 音と訓に気をつけて、文を読んだり書いたりしよう

1 （ワークシート）

音と訓　まちがいさがしクイズ

(1) ① お寺（てら）のかねの音（おと）が聞（~~キ~~ き）こえる。

② 楽（~~タノ~~ たの）しく本（ホン）を読（よ）む。

(2) ⑤ 社~~中~~（会）科の教~~歌~~（科）書を読む。

させる。

3 音と訓のどちらも使って文を作ろう。

T　教科書の[2]の例文を読みましょう。
C　小学校の「小」が音で，「小さな」が訓だから，音と訓のどちらも使った文になっている。
T　例を参考にして，まず下，回，切，楽のどれか1つを選んで文を作り，グループで交流しましょう。

回を使った文で，「鉄棒で，２回連続の後ろ回りができた。」

できた！
「音楽の授業は，いつも楽しみです。」

作った文はノートに書かせる。

T　1つ目ができたら，他の文字も使って，2つ目，3つ目…の文を作っていきましょう。できたら発表してもらいます。
C　階段を下りると地下室がありました。
C　大切にしていたベルトが切れてしまった。

4 読み方がたくさんある漢字や，意味が変わる漢字を探してみよう。

T　音や訓の読み方がたくさんある漢字を，漢字表の中から見つけてみましょう。
C　生は，セイ，ショウ，いきる，うまれる…。
C　上は，ジョウ，うえ，あげる，のぼる…。
T　「生」という字は，読み方がたくさんありますが，みんな同じ意味でしょうか。

似ているような気もするけど，「いきる」と「うまれる」は，違うよね。

「はえる」や「なま」も意味が違うと思う。

T　他にも，同じ字なのに読み方で意味が変わる字がないか，教科書の漢字表で探してみましょう。
C　「空」の「そら」と「あける」も違う。
C　「角」の「つの」と「かど」も違う。
C　「行」の「いく」と「おこなう」も違うね。
T　漢字も，いろいろ調べてみるとおもしろいですね。

漢字の広場 2

全授業時間 2 時間

◎ 指導目標 ◎

・第 2 学年までに配当されている漢字を書き，文や文章の中で使うことができる。
・接続する語句の役割について理解することができる。
・間違いを正したり，相手や目的を意識した表現になっているかを確かめたりして，文や文章を整えることができる。

◎ 指導にあたって ◎

① 教材について

前学年の配当漢字を，与えられた条件で使うことで漢字の力をつけようとする教材の 2 回目です。「漢字の広場 2」では，宝探しに出かけた男の子の話が 12 の場面で表されています。その中の 2 つの場面を取り上げ，提示された漢字と接続語を使って文を書かせます。

宝探しという楽しい場面設定とその中の絵からイメージを膨らませて，お話を作らせます。2 枚の絵のつなぎに接続語を上手に使って，文の表現力を高めることを目指します。

② 個別最適な学び・協働的な学びのために

イラストからお話を考えたり，想像を膨らませたりすることは，どの児童にとっても，楽しく活動することができるでしょう。今回の課題では，宝探しに出かけて様々な冒険をする話を作ることになります。児童がワクワクする話です。想像を膨らませて，考えたお話を友達と楽しみながら交流することによって，文章作りがスムーズになります。また，グループでよい文を検討する活動を取り入れることで，友達の作品のよさや自分の作品のよさにも気づくことができます。

◎ 評価規準 ◎

知識 及び 技能	・第2学年までに配当されている漢字を書き，文や文章の中で使っている。 ・接続する語句の役割について理解している。
思考力，判断力，表現力等	「書くこと」において，間違いを正したり，相手や目的を意識した表現になっているかを確かめたりして，文や文章を整えている。
主体的に学習に取り組む態度	積極的に第2学年までに配当されている漢字を書き，これまでの学習をいかして漢字を適切に使った文を作ろうとしている。

◎ 学習指導計画　全2時間 ◎

次	時	学習活動	指導上の留意点
1	1	・教科書P52を見て，2年生で習った漢字の読み方を確かめる。 ・絵を見て，宝物を探しに出かけた男の子の話を簡単に考える。 ・漢字の書き方を確認する。	・児童どうしの話し合いを通して，各場面のイメージを十分膨らませる。
	2	・教科書の例文を読んで，「そこで」「けれども」など接続詞の使い方を確認し，文の作り方を考える。 ・教科書の漢字を使って，文を書く。 ・書いた文を友達と読み合い，交流する。	・12の場面の中から，2つの場面を選ばせ，どんな接続語を使えばよいか考えて文を作らせる。

漢字の広場2

第1時（1/2）

本時の目標　宝探しの場面に出てくる，2年生で習った漢字を正しく読み，書くことができる。

板書例

1 地図（ちず）
2 家（いえ） 行く（い）
3 一本道（いっぽんみち） 元気（げんき） 方角（ほうがく）
4 親友（しんゆう） 会う（あ）
5 太い（ふと）
6 心細い（こころぼそ） 立ち止まる（た・と）
7 通る（とお） 谷（たに）
8 弓矢（ゆみや） 当たる（あ） 天才（てんさい）
9 岩（いわ） 戸（と） 丸い（まる）
10 引く（ひ）
11 光る（ひか）
12 帰る（かえ）

※ イラストの上の漢字カードを1～12の番号ごとに移動する。

3 ◇どんなお話かな？

・ひろったたからの地図を見て、お母さんにないしょでたからさがしへ
・とちゅうでたくさんのハプニング
・親友と二人で力を合わせる
　→そうだん・きょうりょく
・たから物を手に入れることができた
　→しあわせ

※ 児童の発言を板書する。

POINT　ペアやグループの人と宝探しの様子を想像する部分では，話し合いでイメージを十分膨らませる。書く時間も十分取って，

1　2年生の漢字を声に出して読もう。

T　2年生で習った漢字が出ています。ペアの人と読み方を確かめましょう。

　2年生で覚えられなかった児童，一度覚えても忘れてしまった児童がいると考えられる。読みの段階から，丁寧に取り組んでいく。

「地図」「行く」「家」は読めるぞ。でも，「方角」は「ほうかど…？」
「ほうがく」って読むんだったね。頑張って！

T　全体で漢字の読み方を確認します。声に出して読みましょう。

C　「ちず」「いく」「いえ」…。

　はじめから1つずつ漢字の読みを確認していく。

2　絵に番号を振り，どのようなお話なのか，順番に確認しよう。

T　教科書の絵に1～12の番号を書きましょう。

T　順に，12枚の絵を見ていきましょう。どのようなお話ですか。

1の場面では，男の子が宝の地図を拾っています。
それで，2の場面では，宝物を探しに，男の子が旅に出るんだね。

　順番に絵にどのようなものが出てくるかを，簡単に確認していく。

T　宝探しのお話になっているのですね。

　確認した内容は，次時の文作りにつなげる。そのためにも，まず絵をよく見ることから始める。

準備物	・漢字カード QR ・教科書の挿絵 または，黒板掲示用イラスト QR

ICT	タブレットのプレゼンソフトで，2年生までの漢字のフラッシュカードを作成し，国語の時間の最初に繰り返すと定着する。

漢字の広場２

(め) 二年生の漢字をふく習しよう

絵からそうぞうをふくらませよう

1

2

1
地図
2
家
行く
3
元気
一本道
方角
4
会う
親友
5
太い
6
心細い
立ち止まる
7
通る
谷
8
当たる
天才
引矢
9
丸い
月
岩
10
引く
11
光る
12
帰る

※ 教科書の挿絵（または，QR コンテンツのイラスト）を掲示し，イラストの上に QR コンテンツの漢字カードを貼る。

※ 1～12の番号をイラストに書く。

漢字の定着を図る。

3 1～12の場面を想像し，どのような場面なのかを話し合おう。

T　では，1～12の絵からみんなで見つけたことをもとに，お話の絵を見て，もっと想像してみましょう。

2の場面は，お母さんには宝探しの話は内緒にしていると思う。
分かる。きっと心配かけたくないから，うそをついて家を出発したよね。

C　いろいろとハプニングが起こる話だね。

C　9の場面は，大きな岩でふさがれているから，どうやって岩を動かすかを相談していると思います。

C　２人が協力したから宝物を見つけることができました。

C　12の場面の２人は，宝物を手に入れて，幸せになったと思います。

２人組で思いついたことを全体で交流する。

4 ２年生で習った漢字をノートに正しく書こう。

T　２年生で習った漢字を正しくノートに書く練習をしましょう。

次時の文作りで，この漢字を使って正しく書くために練習することを共通理解させ，目的意識をもたせる。

T　次の時間に，これらの漢字を使って，文作りをします。正しく書く練習をしましょう。

よし，間違えないように頑張って書こう！
「帰」の字は，どう書くのだったかな。

書いた漢字を隣の人と確認し合ったり，自ら確かめたりする時間も大切にする。

「帰」「家」「通」などの漢字は，高学年でも間違えやすい。丁寧に確認していく。

漢字の広場２
第２時（2/2）

本時の目標　提示された漢字を使って，宝探しの旅の様子を表す文を作ることができる。

板書例

（れい）まなぶくんは、たから物のある場所がかかれた地図を
見つけました。そこで、ぼうけんに行くことにしました。

2 〈つなぎことば〉

だから　そして　また　けれども　しかし
さらに　なぜなら　さて　それから　など

3 4 ◇文をつないで、たからさがしのお話を作ろう

3 そして、方角をたしかめながら、一本道を
元気に歩いて行きました。

4 すると、親友のたけしくんにばったり
会いました。

5 さて、二人が進んでいくと、木の上に
大きくて太いへびがあらわれました。
二人はびっくりしました。

……

11 そして、とうとう二人は、たからばこの中で
きらきらと光るたから物を見つけました。

12 二人は、たからばこをもって帰ることに
しました。それから、二人とその家族は
しあわせにくらしました。

POINT　ペアやグループの人と間違いがないかを確かめ合い，間違った字があれば書き直しをさせる。

1 教科書の例文を読んで，文作りのしかたを考えよう。

T　「れい」の文を読みましょう。この文にはどの場面のどの漢字が使われていますか。

C　1と2の場面で，「地図」と「行く」です。

T　文と文をつなぐ言葉に，何が使われていますか。

C　「そこで」で，1と2の場面をつないでいます。

T　このように２つの場面をつなぎ言葉を使って文を作ります。誰か文を考えられた人は言ってみましょう。

「れい」の続きを考えました。「そして，方角を確かめながら，一本道を元気に歩いて行きました。」

それから，4の場面で，「すると，親友のたけしくんに会いました。」

T　上手です。みんなも文作りのしかたが分かったかな。

共通理解できるまで，何人かを指名してもよい。

2 つなげる言葉を使って，主語と述語のある短い文作りをしよう。

T　他にどのようなつなぎ言葉があるかな。

発表させ，必要に応じてつけ加えて板書する。

T　これらのつなぎ言葉を使った文をノートに書きましょう。

どの場面を選ぼうかな？

6と7の場面を，「けれども」を使って文を作ろう。

T　使った漢字は，○で囲んでおくと分かりやすいですよ。教科書の漢字が全部使えたらすごいね。

文の始まりは中点（・）で始めることや箇条書きという言葉も教えておくと，様々な場面で活用できる。

書くことが遅い児童もいるので 15 分は時間を取りたい。早い児童には，２つ目の文を作らせたり，困っている友達のサポートに回らせたりする。

T　主語と述語が正しく書けているか確かめましょう。

準備物	・漢字カード QR ・教科書の挿絵 または，黒板掲示用イラスト QR

ICT	1人1文，タブレットのシートに文章を作成する。それを共有し，班や学級で絵の順番に沿って文章を合わせてみる。意外性があり盛り上がる。

漢字の広場 2

め 二年生の漢字を使って、たからさがしのようすを文に書こう

1

1
地図
2
家
行く
3
元気
一本道
方角
4
会う
親友
5
太い
6
心細い
立ち止まる
7
通る
谷
8
当たる
天才
弓矢
9
月
丸い
岩
10
引く
11
光る
12
帰る

※ 教科書の挿絵（または，QR コンテンツのイラスト）を掲示し，イラストの上に QR コンテンツの漢字カードを貼る。
※ 1～12の番号をイラストに書く。

3 考えた文をグループで交流しよう。

T　隣どうし（グループ）で交換して，間違いや直せばもっとよくなるところを伝え合いましょう。

交換して読み合い，文字・文・接続語の間違いや，直せば文がよりよくなるところがないか確かめ合わせる。

11の場面のつなぎ言葉は，「そして」でいいね。

「宝箱の中で光る」のところに，「きらきらと」を入れたらどうかな？

「二人は」の前に「とうとう」って入れるといい。

分かりやすい文になったね。

絵が 12 場面あるので，グループなどで全場面を分担して文章化させ，ストーリーを完結させるのもよい。

T　確かめ合えたら，グループの中で最もよいと思う文を選びましょう。

4 それぞれのグループで選んだ文を交流しよう。

T　グループで考えた文を発表してもらいましょう。

わたしたちが考えた5の文を発表します。
「さて，二人が進んでいくと，木の上に大きくて太いへびがあらわれました。二人はびっくりしました。」

場面の順に，グループで選んだ文を黒板やホワイトボードに書かせて，発表させる。

グループごとに発表させてから，時間があれば，各場面で作った他の文も発表させていくことも考えられる。

T　漢字を全部使って文を作れた人，10 個より多く使えた人はいますか。

最後に，文作りで使えた漢字数を確かめるとよい。

まとまりをとらえて読み，かんそうを話そう

［れんしゅう］文様／こまを楽しむ
［じょうほう］全体と中心

全授業時間８時間

◎ 指導目標 ◎

・全体と中心など情報と情報との関係について理解することができる。
・段落相互の関係に着目しながら，考えとそれを支える理由や事例との関係などについて，叙述を基に捉えることができる。
・段落の役割について理解することができる。
・目的を意識して，中心となる語や文を見つけることができる

◎ 指導にあたって ◎

① 教材について

児童にとって，見たことがある文様や身近なこま回しという「遊び」を取り上げた説明文であり，興味，関心をもたせやすい教材です。文章の組み立てだけでなく，書かれている内容もしっかりと読み取らせたいものです。文章の組み立ては，『文様』『こまを楽しむ』の２教材ともに，「はじめ＝問い」「中＝問いの答え」「おわり＝まとめ」という構成になっており，説明文の文章構成を学ぶには適した教材だといえます。本単元で，初めて段落についても学びます。形式的な特徴だけでなく「ひとまとまりの内容が書かれている（教科書『たいせつ』）」ところからも，理解させておきます。

② 個別最適な学び・協働的な学びのために

まず，『文様』で，段落の関係を捉え，大事な言葉や文を見つける練習をさせ，読み取りの見通しをもたせます。この経験をいかして『こまを楽しむ』を読ませることで，「できる」自信をもたせ，主体的に学習に取り組む意欲を引き出します。難しい場面では，対話を取り入れて相互に支援させ，どの児童も意欲をもって学習活動に十分参加していけるよう配慮をします。文章の組み立てや段落相互の関係などは，本文をしっかり読み，具体的に確認していくことで理解を深めさせていきます。遊んでみたいこまを選んだり，作りたいこまを考えたりする場面は，「楽しい遊び」の創造活動ですから，楽しく活動させましょう。

◎ 評価規準 ◎

知識及び技能	・段落の役割について理解している。 ・全体と中心など情報と情報の関係について理解している。
思考力，判断力，表現力等	・「読むこと」において，段落相互の関係に着目しながら，考えとそれを支える理由や事例との関係などについて，叙述を基に捉えている。 ・「読むこと」において，目的を意識して，中心となる語や文を見つけている。
主体的に学習に取り組む態度	進んで段落相互の関係に着目しながら内容を捉え，学習課題に沿って説明する文章を読んだ感想を伝え合おうとしている。

◎ 学習指導計画　全８時間 ◎

次	時	学習活動	指導上の留意点
1	1	・扉のページから学習課題をさぐる。 ・「文様」「こま」について話し合う。 ・学習のめあてと内容を確かめる。	・次の教材学習のための「練習文」であることを理解させる。 ・「文様」や「こま」に興味をもたせる。
	2	・「問い」と「段落」について知る。 ・問い，答え，まとめを確かめ，段落相互の関係や文章構成をつかむ。	・段落の中心となる文や言葉を見つけ，内容を読み取らせる。 ・はじめ＝問い，中＝答え，おわり＝まとめの段落構成を理解させる。
2	3	・全文を読んで概略をつかむ。 ・段落に分け,「はじめ」「中」「おわり」にまとめる。 ・問いを見つける。	・『文様』の例にならって，段落分けをし,「はじめ」「中」「おわり」にまとめ，中心になる文や言葉に注目して，問いの内容をつかませる。
	4	・②③④の段落から，問いの答えやその他の記述を読み取り，表に整理する。 ・３つの段落の共通点を見つける。	・まず，②の段落だけを読み，答えやその他の記述の見つけ方をつかませる。 ・②に準じて，③④も読み取らせる。
	5	・⑤⑥⑦段落から，問いの答えやその他の記述を読み取り，表に書き加える。 ・「中」の構成をまとめる。 ・気づいたことや感想を伝え合う。	・段落の内容は前時と同じだと想定し，その確認と合わせて読み取りをする。
	6	・「おわり」に書かれていることを読み取り,「中」の内容で具体的に確かめる。 ・文章の中での「おわり」の役割を考え，全体の構成をまとめる。	・こまの「共通点」「楽しみ方のための工夫」を確かめることで読みを深める。 ・「はじめ」「中」「おわり」で書かれている内容の関連をつかませる。
	7	・一番遊びたいこまを選び，理由を書く。 ・グループで話し合い，気づいたことを伝え合う。	・理由をしっかりとつけて，こまを選ばせる。 ・発表を聞いて，自分と比較させる。
3	8	・学習したことを振り返る。 ・作ってみたいこまを発表し合う。 ・昔から伝わる遊びの本について知る。	・教科書を基に学習の成果を確かめる。 ・作ってみたいこまや読みたい本などで，興味関心を広げる。

文様／こまを楽しむ

第1時（1/8）

本時の目標　大まかな学習内容をつかみ，学習の見通しをもつことができる。

板書例

3

こま ＝ ひもでまいて回す　手でまわす

・おもちゃはく物館で見た
・あつ紙で作った
・お店で見た
・おじいちゃんに聞いた

※児童の発言を板書する。

4

まとまりをとらえて読み、かんそうを話そう

「文様」でれんしゅうしたように
「はじめ」「中」「おわり」に分ける
①～　番号で分けていく

POINT 『文様』の文で練習をして『こまを楽しむ』の文を読むという関係をまず理解させる。文の組み立てだけでなく，「文様」や

1 扉のページから，何について学習するか知ろう。

T　扉のページを開けてみましょう。何について学習するのですか。

C　『こまを楽しむ』と書いてあるから，こまの楽しみ方について勉強するのだと思います。

C　だから，上にこまの絵が描いてあります。

C　紐の中に海と鳥の絵も描いてあるけど，どういう意味があるのかな。

横に『文様』と『全体と中心』と書いてある。これも学習するのかな。

『文様』は，「れんしゅう」と書いてあるから，『文様』で学習のしかたを練習してから『こま』の学習をするのだと思う。

「じょうほう」は，最後に１ページあるだけだから，学習した後の何かだね。

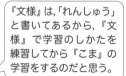

T　３行の文も読んでみましょう。

C　「二つの文章から，新しい発見はあるでしょうか。」と書いてあるから，何か見つかるのかな。

2 文様について知っていることを発表し合い，身のまわりから文様を探そう。

T　文様（もんよう）とは，何のことでしょう。

C　模様なら知っているけど，文様って何かな。

C　同じことじゃないのかな。服やバッグなどに描かれているものだろう。

T　じゃあ，教科書の次のページのはじめをちょっと読んで確かめましょう。

C　やっぱり，服やお皿に描いてある絵や形のことだ。

C　扉のページに描いてあったのも文様なのか。

T　他に，みんなの身の回りのどんなものに文様がついていますか。

お母さんが着ていた着物にもきれいな文様があったよ。

前に遊んだ千代紙にも文様がついていた。

テーブルにかけてある布にも文様があった。

そう言えば，レースの文様を見たことがある。

千代紙や和紙などの文様を画像や実物でいくつか見せる。

準備物	・文様の例（画像または実物）または，画像 QR ・こま（画像または実物）

ICT	実物のこまを用意することが難しい場合は，実際にこまが回っている動画を用意し，全体提示や共有をするとよい。実際にこまで遊んだ児童は少ない。

文様
こまを楽しむ

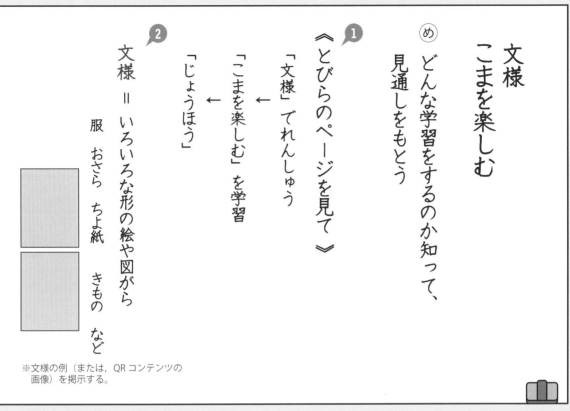

㋱ どんな学習をするのか知って、
見通しをもとう

❶ 《とびらのページを見て》
「文様」でれんしゅう
←
「こまを楽しむ」を学習
←
「じょうほう」

❷ 文様 ＝ いろいろな形の絵や図がら
服　おさら　ちよ紙　きもの　など

※文様の例（または，QR コンテンツの画像）を掲示する。

「こま」にも興味をもたせたい。

3 こまについて，知っていることを発表し合おう。

T　こまは，みなさん知っていますか。
C　知っています。
T　見たり触ったりしたことがある人はいますか。

昔のおもちゃの博物館に連れて行ってもらったときに見ました。

昔のおもちゃやお菓子を売っているお店で見ました。

学童で，厚紙でこまを作ったことがあります。よく回りました。

C　おじいちゃんに，こま回しをして遊んだ話をしてもらいました。手に載せて鬼ごっこをしたんだって。
C　ひもをぐるぐる巻いて，回すんだね。
C　手で回すこまもあるんだよ。

いろいろなこまの画像を見せて，興味をもたせる。実物があり，実演して見せられたらさらによい。

C　ぼくもこま回しをしてみたいな。
C　わたしもしてみたい。

4 学習のめあてと，どのように学習していくかを確かめよう。

T　扉のページに，学習のめあては何と書いてありますか。どんなことを学習していくか分かりますか。
C　「まとまりをとらえて読み，かんそうを話そう」です。まとまりごとに読んでいって，最後に，読んだ感想を話し合います。
T　れんしゅうの『文様』のページを見て，どのように学習していくのか見つけましょう。

文章を読ませるのではなく，どのように書かれているかを見させる。

「はじめ」「中」「おわり」に分けてあるから，次の文章も分けるのだね。

①〜⑤の番号がつけてある。こんなふうに分けていくのかな。

この「れんしゅう」でやったように勉強していけばいいんだよ。

線を引いて，問い，答えと書いてあるのは何かな。

T　では，次の時間に『文様』を読み学習しましょう。

文様

第2時（2/8）

本時の目標 文章の構成と段落相互の関係をつかみ，書かれている内容を確かめることができる。

板書例

3

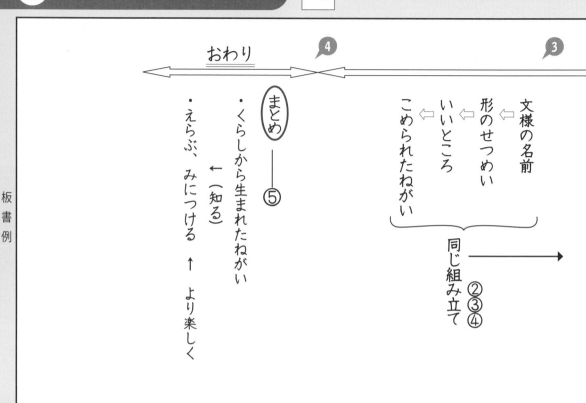

文様の名前 ⇦ 形のせつめい ⇦ いいところ ⇦ こめられたねがい

同じ組み立て ②③④ →

4

おわり

まとめ ―― ⑤

・くらしから生まれたねがい

←（知る）

・えらぶ、みにつける

↑ より楽しく

POINT 段落の中心となる言葉を見つけ，「問い」「説明」「答え」の内容を読み取らせる。はじめ＝問い，中＝答え，おわり＝

1 問いと段落の意味を知り，問いの内容を確かめよう。

「文様」を段落ごとに分担して音読させる。

T　まず，知っておきたい言葉の意味を確かめます。

教科書 P160 を見て「問い」「段落」の意味を確認させる。

C　「問い」は，ただの「尋ねる」じゃないんだ。これから何を書くかを表しているのか。

C　文章全体で書かれていることを見通せると書かれているね。大事なことを尋ねているんだ。

C　めあての「まとまりをとらえて」というのは，段落のことだったんだ。

C　①～⑤は，段落に分けてあったのか。

T　問いは，どの段落に書かれていますか。問いの文も見つけましょう。

問いは，①の段落に書いてあります。
「どんなことをねがう文様があるのでしょうか。」が問いです。
後の段落には，問いの答えが説明してあるんだ。

2 「答え」にあたる言葉や文を見つけ，「答え」を確かめよう。

T　問いの答えは，どの段落に書いてありますか。

各自で黙読してどの段落か探させる。

C　②の段落に答えが書いてあります。

C　③と④にも書いてあると思うんだけど。

T　そうですね。答えは1つじゃないのです。では，まず，②の段落で，答えを見つけましょう。

C　「元気で長生きをすることをねがう文様」です。

C　「つるかめ」といわれる文様のことです。

T　③の段落にある「答え」に，②と同じように線を引いて，隣どうしで確かめ合いましょう。どんな文様のことなのかも確かめましょう。

③の答えは「しあわせがやって来ることをねがう文様」だね。
「かりがね」という文様のことね。

④段落も同じように「答え」に線を引いて，確かめさせる。

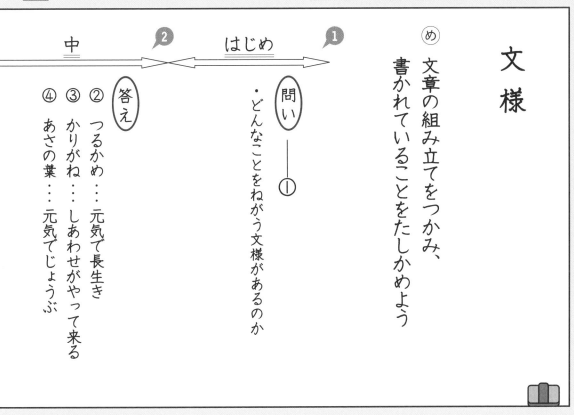

準備物		ICT	本来なら模造紙に全文を書いて，提示しながら学習を進めたいが，本文をタブレットに画像保存をして，共有し，教師が書き込みをしながら授業を進めても同等の効果が得られる。

文様

(め) 文章の組み立てをつかみ、書かれていることをたしかめよう

❶ はじめ

(問い)
・どんなことをねがう文様があるのか ―― ①

❷ 中

(答え)
② つるかめ…元気で長生き
③ かりがね…しあわせがやって来る
④ あさの葉…元気でじょうぶ

まとめの段落構成を理解させる。

3 「中」の３つの段落を比べてみよう。

T 「中」の３つの段落を比べてみましょう。書き方が同じところはありませんか。まず，はじめの文を比べましょう。

C はじめは，どれも「○は…といいます」という書き方で，文様の名前を書いています。

T 他にも似ている書き方はないか確かめましょう。

２つ目の文はどれも，何のどんな形を表しているのか書いてあるよ。
３つ目の文は，どんないいことを表しているのかを書いている。
そして，４つ目に，込められた願いが書いてある。

T 「中」の３つの段落を比べると，どうでしたか。

C どれも同じで「文様の名前」「形の説明」「いいこと」「込められたねがい」の順に書いてありました。

T ３つの文は，同じ組み立てで書かれていますね。

4 「まとめ」にあたる段落の内容を確かめ，全体の構成をつかもう。

T ⑤の段落の「このように」は何を指しているのでしょうか。

C ②③④に書いてあることです。

T ⑤では，文様について，何が書いてありますか。

人々のくらしから生まれた願いが込められていると書いている。
そのことを知ると，文様を選んだり，身につけたりすることがより楽しくなるとも書いている。
⑤は『文様』の文章のまとめになるのかな。
「そのこと」とは，くらしから生まれた願いが込められているということだね。

T では,「はじめ」「中」「おわり」の関係をまとめて，文章の組み立てを確かめましょう。

C 「はじめ」が問いで,「中」が答え,「おわり」がまとめになっています。

こまを楽しむ

第3時（3/8）

本時の目標　学習の見通しをもち，文章構成を確かめて，問いの内容をつかむ。

板書例

3 《文章の組み立て》

はじめ・・・①
中　・・・②③④⑤⑥⑦
おわり・・・⑧

4 《問い》

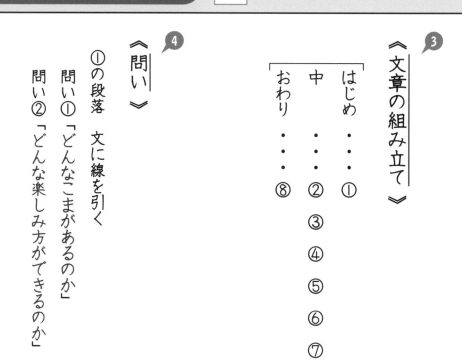

①の段落　文に線を引く
問い①「どんなこまがあるのか」
問い②「どんな楽しみ方ができるのか」

POINT 『文様』の例にならって，段落分けをし，「はじめ」「中」「おわり」にまとめ，中心になる文や言葉に注目して，問いの内容を

1 全文を読んで概略をつかもう。

T　今日から『こまを楽しむ』の学習を始めます。題名を見て，内容を予想しましょう。

C　「楽しむ」だから，こまを使った遊びが書いてあるのかな。

C　下にいろいろなこまの写真が載っているから，珍しいこまの紹介がありそうだな。

T　では，文章を読んでみましょう。

段落ごとに交代して音読させる。

T　何が書いてあったか，大体つかめましたか。グループで話し合いましょう。

いろいろなこまの説明がしてあったね。
こまの特徴や遊び方も書いてあった。
大体，予想していたことが書いてあったね。
知らないこまのことがいっぱい書いてあった。写真もあるのでよく分かる。

2 学習の見通しをもとう。

T　どんなことをどのように学習していくのか，見通しをもちましょう。教科書 62 ページの「問いをもとう」を見てください。

C　はじめて知ったこまや気になったこまはどれか，そのこまについて，どんなことが書かれているか見ていけばいいんだね。

T　同じページの「もくひょう」も見て下さい。

文章全体と，中心となる部分との関係も捉える。「じょうほう」の学習だね。
段落ごとに，こまの説明を丁寧に読むと書いてある。
遊んでみたいこまについて話す。話すだけかな。こまで遊ぶこともしたいな。
ぼくも絶対こまで遊んでみたいと思うよ。

準備物

ICT 教科書の本文だけで説明をすると，文字の細かな羅列が苦手で集中できない児童もいる。本文をタブレットに保存し，必要な本文を拡大しながら提示すると児童の負担が減る。

こまを楽しむ

め 段落（だん）に分けて「はじめ」「中」「おわり」にまとめ、「問い」をみつけよう

1 よそう

・こまを使った遊び？

・めずらしいこまのしょうかい？ ※

音読

・こまのせつめい、とくちょう、遊び

・知らないこまがいっぱい、しゃしんでわかる ※

2 学習の見通し

・はじめて知った、気になったこま

・段落ごとにていねいに読む

・遊んでみたいこま → 話す

※児童の発言を板書する。

つかませる。

3 段落に分け，「はじめ」「中」「おわり」にまとめよう。

T　文章を段落に分けます。段落の分かれめは，どうして見つけたらよかったでしょうか。

C　１文字下げて書いてあるところを見つけます。

T　『文様』と同じように，段落のはじめに番号を打っていきましょう。できたら発表してください。

C　①段落は，57 ページの１行目までです。

C　②段落は，57 ページの２行目から，同じページの８行目までです。

①から⑧段落までを発表させ，確認させる。

T　次は，段落を「はじめ」「中」「おわり」にまとめましょう。

「中」は，長いけど，②から⑦までだと思う。どうかな。
「はじめ」は，①の段落でいいわね。
「中」は，②から⑦でいいと思う。「おわり」が，⑧になるね。

4 問いの文を見つけ，内容を確かめよう。

T　問いはどの段落にありますか。

C　①の段落です。

C　『文様』と同じです。

C　問いの段落は，はじめの方にあるのだね。

T　問いが書かれている文を見つけて線をひき，引けたら，問いをノートに書きましょう。２つ以上あれば「問い①」「問い②」のように書きましょう。

線が引けた。①の段落の終わりの２つの文だね。問いは２つあるね。
問い①は，「どんなこまがあるのでしょう」だね。
問い②は，「どんな楽しみ方ができるのでしょう」だね。
この２つの問いの答えや説明が，②から⑦に書いてあるんだ。

教科書 P65「じょうほう：全体と中心」を読ませて，本時の学習を振り返らせる。

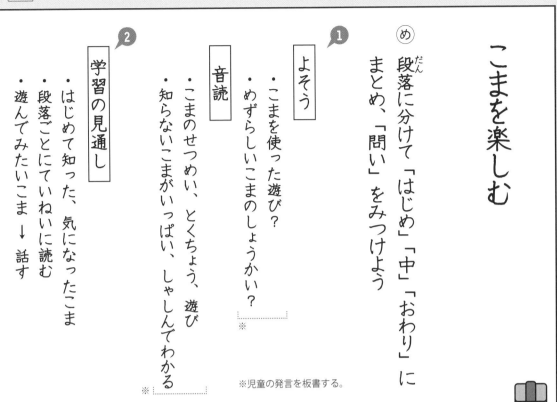

こまを楽しむ

第4時（4/8）

本時の目標　②③④段落から問いの答えを探し，文の内容や組み立てを確かめる。

板書例

2

③の段落
「鳴りごま」
「回っているときの音」

3

④の段落
「さか立ちごま」
「回り方がかわる動き」

4

《くらべて分かったこと》

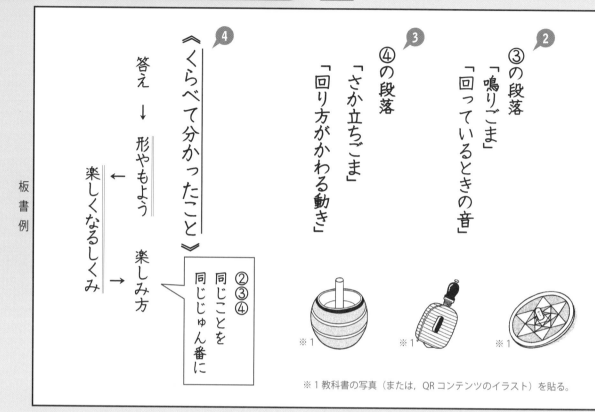

答え → 形やもよう ← 楽しくなるしくみ → 楽しみ方

②③④
同じことを
同じじゅん番に

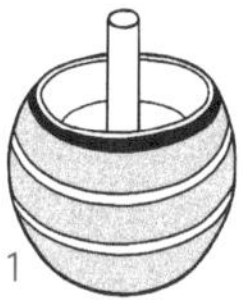

※1

※1

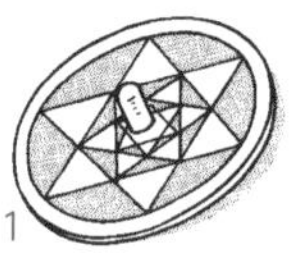

※1

※1 教科書の写真（または，QR コンテンツのイラスト）を貼る。

POINT　ひと段落ごとに読み取っていき，3つの段落の内容や文の組み立ての共通点にも気づかせる。教科書の写真も活用する。

1　②の段落から，問いの答えや書かれていることを見つけよう。

問い①②を再度確認してから，②段落を音読させる。

T　問い①の答えに一本線，問い②の答えには波線を教科書に引いてから，答えを言いましょう。

C　問い①の答えは「色がわりごま」です。

C　問い②は「回っているときの色を楽しむ」です。

T　どのように色を楽しむのかも書いてありますね。隣どうしで相談して答えましょう。

回ると，元の色と変わるんだ。

回す速さで見える色も変わる。いろいろ変化するとおもしろいね。

T　その他に，どんなことが書いてありますか。

C　こまの表面に模様が描かれている。

C　模様の色が混ざり合って，違う色に変わる。

教科書の色がわりごまの写真も見せる。
答えを確認してワークシート QR に書き込ませる。

2　③の段落から，問いの答えや書かれていることを見つけよう。

③段落を音読させる。

T　②の段落と同じように，答えに線を引いてから答えましょう。

C　問い①の答えは「鳴りごま」です。

C　問い②は「回っているときの音を楽しむ」です。

T　では，どのような音を楽しむのかも言いましょう。隣どうしで確かめあってからでもいいです。

回すとボーッという音が鳴る。聞いてみたいね。

うなりごまとも呼ばれているそうね。

T　その他は，どんなことが書いてありましたか。

C　胴が大きく，中が空洞，横に細長い穴が空いています。穴から風が入って音が鳴ります。

教科書の鳴りごまの写真も見せる。
答えを確認してワークシート QR に書き込ませる。

準備物	・教科書の写真 または，黒板掲示用イラスト QR ・ワークシート QR

ICT	段落に分けた本文をタブレットのシートに保存し，それぞれを児童に送信する。また，教科書のイラストも別々に送信しておく。それぞれをタブレット上で結びつける活動も効果がある。

こまを楽しむ

め ②③④の段落から、問いの答えを見つけ、書かれていることや きょうつう点をたしかめよう

1 《答えの言葉や文を見つける》

問い①「どんなこまがあるのか」
答え——を引く

問い②「どんな楽しみ方ができるのか」
答え〰〰を引く

ワークシート（れい）

段落	問い①の答え 問い②の答え	そのた（　）	くわしい楽しみ方
2	①色がわりごま ②回っているときの色	・表面にもよう ・もようの色がまざり合う色	・回ると元の色とちがう色にかわる ・回す速さて、見える色がかわる

※大型テレビなどに映して，ワークシートの書き方を示す。

3 ④の段落から，問いの答えや書かれていることを見つけよう。

④段落を音読させる。

T　では，同じように線を引いて答えましょう。
C　問い①は「さか立ちごま」です。
C　問い②は「回り方が変わる動きを楽しむ」です。
T　もう慣れましたね。こまの楽しみ方を詳しく言いましょう。

回っているうちに傾いていきます。
最後は逆さまに起き上がります。教科書の写真を見たら本当に逆立ちしています。

T　その他に書いてあることも言いましょう。
C　ボールのような丸い胴をしています。
C　いきおいよく回すと傾いていきます。

答えを確認してワークシート QR に書き込ませる。

4 3つの段落を比べて，書き方や内容の共通点を見つけよう。

T　②～④の段落について整理した表を見比べて，書き方や内容がよく似ている点を見つけましょう。

②～④段落を黙読させ，自分の意見を確かめさせてから話し合わせる。

T　それぞれの段落のはじめの文には，何が書いてありますか。問いの答えの他は，何が書かれていますか。

はじめの文には，どれも問い①と問い②の答えが書いてあったね。
他には，こまの模様や形と楽しく回るしくみが書いてある。
どのように楽しむのか詳しく説明しているわ。
どれも，同じことが同じ順番に書いてある。

T　答え以外は，何のために書かれているのでしょう。
C　こまの楽しみ方を詳しく説明しています。
C　こまが楽しくなるしくみも説明しています。

こまを楽しむ
第5時（5/8）

本時の目標 ⑤⑥⑦段落で書かれていることを確かめ，「中」の文章の組み立てについてまとめて，分かったことや感想を伝え合う。

板書例

3 《ほかに書かれていること⑤⑥⑦》

こまの形　楽しくするしくみ

⇨ ②③④と同じ書き方

段落	問い①の答え 問い②の答え	そのた （もよう、形、しくみ）	くわしい楽しみ方
5	①たたきごま ②たたいて回しつづける	・どうは細長い形 ・どうの下をたたいて、かいてんをくわえる	・上手にたたいて力をつたえ、長く回す

※1

※大型テレビなどに映して，ワークシートの「そのた」の書き方を示す。

4 「中」の文章の組み立て②～⑦

・問い①②の答え
・こまの形やもよう
・楽しくするしくみ
・くわしい楽しみ方
←

POINT ②③④段落の書き方と類似していることを確かめさせ，前時の学習内容を踏まえて，⑤⑥⑦段落に書かれていることを

1 ⑤⑥⑦の段落で，②③④の段落と比べながら，問いの答えを見つけよう。

T　前の時間に学習した段落には，何が書かれていましたか。

C　こまの名前と楽しみ方，模様・形・回し方，楽しみ方の詳しい説明でした。

T　⑤⑥⑦の段落は，どうでしょうか。

C　多分同じように書いてあると思います。

⑤⑥⑦段落を音読させ，答えに線を引かせて発表させる。

T　②③④の段落と同じように書かれているか比べながら読んで，問いの答えを確かめましょう。

問い①の答えは，「たたきごま」「曲ごま」「ずぐり」でした。
問い②の答えは，「たたいて回し続ける」「驚くようなところで回す」「雪の上で回す」です。
問いの答えの書き方は，②③④の段落と同じで，文のはじめに書いてあります。

答えを確かめ，前時のワークシートの続きに書き込ませる。

2 ⑤⑥⑦の段落で，②③④の段落と比べながら，楽しみ方を確かめよう。

T　詳しい楽しみ方も，同じ書き方か確かめながら，グループで話し合って答えを見つけましょう。

C　文だけじゃなくて，前の時間と同じように，教科書の写真も見ていったら，よく分かるね。

T　そうですね。写真も参考にしたらいいですよ。

⑤は「上手にたたいて力を伝え，長く回す」でいいのじゃないかな。
⑥は「細い糸や，棒の先のような回しにくいところへ移しかえて回し続ける」で，どうかな。
⑦は「雪が降ってもこまが回せる」だと思う。
楽しみ方も，②③④と同じような書き方だね。

T　どんなこまで，どんな楽しみ方ができるか，分かってきましたね。ワークシートに書き入れましょう。

準備物
・ワークシート（前時の続き）
・教科書の写真 または，黒板掲示用イラスト QR

ICT
段落に分けた本文をタブレットのシートに保存し，それぞれを児童に送信する。また，教科書のイラストも別々に送信しておく。それぞれをタブレット上で結びつける活動も効果がある。

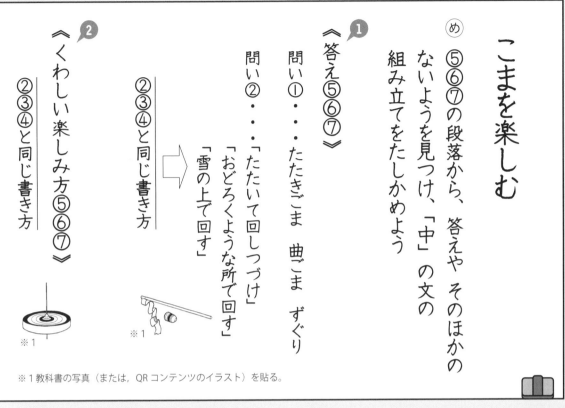

こまを楽しむ

(め) ⑤⑥⑦の段落から、答えや そのほかの ないようを見つけ、「中」の文の組み立てをたしかめよう

1
《答え⑤⑥⑦》
問い①・・・たたきごま　曲ごま　ずぐり
問い②・・・「たたいて回しつづけ」
「おどろくような所で回す」
「雪の上で回す」

②③④と同じ書き方

※1

2
《くわしい楽しみ方⑤⑥⑦》
②③④と同じ書き方

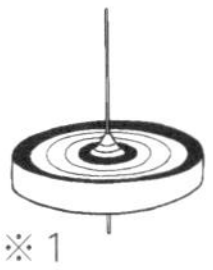
※1

※1 教科書の写真（または，QR コンテンツのイラスト）を貼る。

読み取らせていく。「中」全体のまとめもさせる。

3 ⑤⑥⑦の段落から，答えの他に書かれていることを見つけよう。

T　問いの答えや詳しい楽しみ方の他に書いてあることは，何でしょう。②③④と同じでしょうか。違うでしょうか。

「胴は細長い形」「心棒が鉄で，広く平らな胴」「心棒の先が太く，丸く」は，どれも形のことだね
「胴の下をたたいて回転を加える」や「他のこまと比べて安定したつくり」「雪に小さなくぼみを作り…」，どれも楽しくするしくみだね。
形と楽しくするしくみが書いてあるから，これも②③④と同じような書き方だね。

T　前の時間の内容と合わせて考えたら，ワークシートの「そのた」の隣の（　）の中にどんな言葉を入れたらいいですか。
C　模様や形と，楽しくするしくみです。
ワークシートに書き入れさせ，記入を完了させる。

4 「中」の構成を確かめ，文や写真から気がついたことや感想を伝え合おう。

T　「中」の文章の組み立てを，まとめてみましょう。

②〜⑦のどの段落も，問い①と問い②の答えから書き始めている。
その次は，こまの形や模様の説明をしている。

次は，その形や模様から，楽しい回り方ができるこまのしくみを説明している。
最後に，楽しみ方の詳しい説明があります。

T　文や教科書の写真から，気づいたことや感想を発表しましょう。
C　こまがどうして逆立ちになるのか不思議です。
C　鳴りごまの形がおもしろいです。こまじゃないみたいです。
C　曲ごまがすごいです。わたしにはできないけど。

こまを楽しむ
第6時（6/8）

本時の目標
「おわり」の部分に書かれていることを読み取り，その内容について「中」の事例で読みを深め，「おわり」の役割を考える。

板書例

3
《「おわり」のやくわり》
文章のまとめ
・こまのしょうかい
→「ちがい」と「同じ」でまとめる
・ひっしゃの考えでまとめる

4
「はじめ」＝問い・・・何を書くか表す
「中」＝問いの答え・・・れいをあげてせつめい
「おわり」＝まとめ・・・ないようをまとめる
考えをしめす

POINT こまのつくりについては写真も使いながら，書かれていることを確認させる。「はじめ」「中」「おわり」で書かれている

1 「おわり」を音読し，文中の「このように」が指す内容について話し合おう。

「おわり」を音読させる。

T　文中の「このように」は，どんなことを指していますか。
C　②から⑦までの段落に書いてあることです。
C　６つのこまのことです。
T　６つのこまについて，どのように述べていますか。
C　色も形も違います。
C　じくを中心にバランスを取りながら回るというつくりは同じです。
T　６つのこまの同じ点について，「中」に書かれていたことで確かめてみましょう。

どれも軸がこまの真ん中にあるね。
だから，軸を中心にバランスをとって回ることができるのか。
鳴りごまやたたきごまは分かりにくいけど，こまの真ん中のところが軸だと思う。

2 筆者が伝えたいことについて話し合おう。

T　「おわり」の中で，筆者が言いたかった考えはどの文に書かれていますか。
C　「人々は，このつくりにくふうをくわえ，…さまざまな楽しみ方のできるこまをたくさん生み出してきたのです。」
T　この「くふう」について，「はじめ」で何と言っていたか，もう一度確かめましょう。
C　「長い間，広く親しまれるうちに，様々な工夫が積み重ねられてきた」です。
T　６つのこまの工夫を，もう一度確かめましょう。

色がわりごまは表面の模様，鳴りごまは，胴の空洞に穴から風が入るようにした。
さか立ちごまは，丸い胴。たたきごまは，細長い胴をむちでたたいて回す。
それぞれ，回る様子で楽しめるようになっている。

準備物

ICT 教科書の写真のみを児童のタブレットに送信して，その写真を見ながら，教科書の記述に即して，こまの説明をしても理解が深まる。

こまを楽しむ

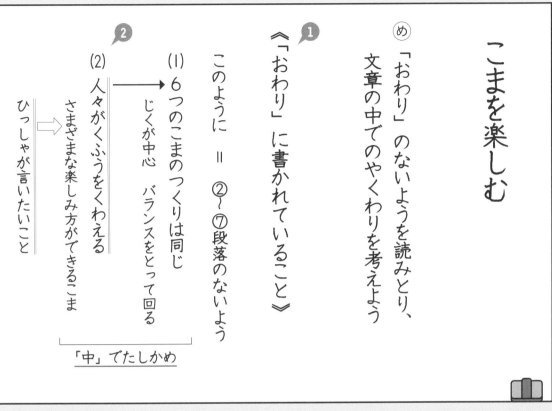

㋱「おわり」のないようを読みとり、
文章の中でのやくわりを考えよう

❶《「おわり」に書かれていること》

このように ＝ ②～⑦段落のないよう

(1) 6つのこまのつくりは同じ
じくが中心　バランスをとって回る

❷(2) 人々がくふうをくわえる
さまざまな楽しみ方ができるこま

ひっしゃが言いたいこと

「中」でたしかめ

内容の関連をつかませる。

3 文章の中での「おわり」の役割を考えよう。

T　『こまを楽しむ』の文章をもう一度振り返りましょう。文章は，大きくは，いくつに分けられますか。

C　3つです。

C　「はじめ」「中」「おわり」です。

T　「はじめ」「中」には，何が書かれていましたか。

C　「はじめ」は，問いです。

C　「中」は，問いの答えです。

T　では「おわり」には何が書かれていますか。それは文章の中でどんな役割を果たしているのでしょう。

「おわり」は，やはり，まとめだと思います。書いた人の意見も入っています。

日本にあるこまの紹介や楽しみ方の説明をしてきたことを，最後に，違いと同じところでまとめている。

『文様』でも，「おわり」がまとめだったよね。

「はじめ」「中」で書いてきたことをまとめ，自分の考えも伝えている。

4 文章全体の組み立てを確かめながら，全文を音読しよう。

T　『こまを楽しむ』の文章の組み立てと，それぞれがどんな役割を果たしているかをまとめましょう。

「はじめ」が問いで，この文章で何を書くかを表しています。

「中」は，問いに対する答えです。例を挙げながら，詳しく説明しています。

そして，「おわり」がまとめ。「はじめ」「中」で書いてきたことをまとめ，筆者の考えを表しています。

T　文章の組み立てを確かめながら音読をしましょう。

全文を音読させる。児童にどんな読み方をしたいか希望を聞くのもよい。

C　班で一緒に読みたいです。

C　1文ずつで交代して，みんなが読めるようにするのがいいです。

こまを楽しむ
第7時（7/8）

本時の目標 一番遊んでみたいこまを選んで理由を書き，友達と比べて気づいたことをまとめ，話し合う。

板書例

作って遊びたいこまを考えよう

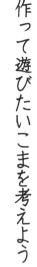

4 ☆つたえ合う
・曲ごまは、やりがいがある
・自分で作って回したいのがいい
・ずぐりをえらぶ人がいてよかった

※児童の発言を板書する。

3 ☆自分とくらべる
（にている　ちがい　気づき）
【れい】色がわりごま
・回る速さをかえる ↑ にている
・形をかえる ↑ ちがい

POINT 自分がこまを選んだ理由の発表を意識して，しっかりと書かせる。友達との交流では，相手の発言をしっかりと聞き取らせ，

1 一番遊んでみたいこまを選び，理由を書こう。

T　教科書に出てきた6つのこまの中で，一番遊びたいこまを選びましょう。
C　ぼくは，曲ごまがいいな。
C　わたしは，色がわりごまがいい。
T　選んだ理由を隣どうしで話し合います。質問やつけ足したらよいことなどを伝えましょう。

曲ごまがいい。教科書に載っていない別の回し方もしてみたい。
曲芸で使われるのに回せるの？別の回し方って，どんな回し方なの？

T　隣の人の質問や意見も参考にして，選んだこまの名前と，自分が選んだ理由をノートに書きましょう。
C　曲ごまでも，普通に回すだけなら回せそうな気がする。手に持ったお皿の上で回したりしたい。いくつか回し方の例も書いていこう。
C　ぼくは，ずぐりを砂の上で回してみたい。

2 一番遊んでみたいこまについて，グループで発表し合おう。

T　選んだこまと選んだ理由をグループの中で発表し合います。後で気づいたことも書いてもらいますから，しっかり聞きましょう。

グループ（班）の全員発表で話し合わせる。話すルール（順番，進行係など）は，グループで相談して決めさせる。聞くときは，簡単なメモを取らせるとよい。

ぼくは，ずぐりで遊んでみたいと思いました。名前がおもしろいのが気に入りました。雪の上で回せるのなら，砂の上でも回せないか，試してみたいです。
司会はわたしです。はじめに，吉田君から発表してください。
まず，何を選んだか話してから，理由を言えばいいんだね。
砂の上で回せるか試すという思いつきがいい。メモしておこう。

教師は，各グループを回って，発表内容や特徴をできる限りつかんでおく。

準備物

ICT　一番遊んでみたいこまの名前と理由をタブレットのシートにまとめ，教師に送信しておく。それを児童全体で共有すると，効率的に全員の文章を読み，意見をもつことができる。

こまを楽しむ

(め) いちばん遊んでみたいこまについて発表し、気づいたことをつたえよう

《いちばん遊んでみたいこま》

1 ☆こまの名前と理由を書く

【れい】　ずぐり

・すなの上で回してみたい

2 ☆グループで発表

・進め方はグループでそうだん

・メモをとる

自分の意見をもたせる。

3 友達の発表を聞いて気づいたことを書こう。

T　友達の話を聞いて，気づいたことをノートに書きましょう。

「誰の話」の「どんなところ」が自分と似ているのか，違っているのか，その他気づいたことをノートに書かせる。

C　さっき発表を聞いたときのメモを見直そう。

T　自分の選んだこまや理由と比べて，どこが似ているのか，違うのかよく考えましょう。

色がわりごまで，回る速さを変えるのは同じだったけど，市川さんはこまの形も考えていた。

みんなは，どんなふうに遊びたいか言っていた。ぼくは「おもしろいから」だけの理由だった。

T　書けたら，もう１つ書いてもいいですよ。できれば，似ているところを書いた人は，違うところが書ければ一番いいですね。

C　同じこまを選んだのに，理由は全然違っていた。

4 気づいたことを友達に伝えよう。

T　友達の発表を聞いて，気づいたことや感想を伝え合いましょう。

ずぐりを選ぶ人は，いないかもしれないと思っていたけど，いてよかった。

色がわりごまを選んだのは同じだったけど，自分で作って回したいと考えているのがとてもいい。

曲ごまは難しいけど，わたしは，その方がやりがいがあって，できたときは嬉しいかなと思いました。

T　他に言っておきたいことはありませんか。

C　意見を言うだけじゃなくて，本当に遊んでみたい。

T　では，次の時間までに，自分で作って遊んでみたいこまを考えてきましょう。

C　おもしろそう。どんなこまがいいかな。

こまを楽しむ

第8時（8/8）

本時の目標 学んだことを確かめ，いかしてみようとすることができる。「昔からの遊び」の本に興味をもち，読んでみたいと思える。

板書例

3

☆作ってみたいこま

ひらひらごま ー リボンの動き

ヘリコプターごま ー 回ると うき上がる

※

4

《この本、読もう》

『こども文様じてん』

『くらしのなかの伝統（でんとう）文化』

『昔の子どものくらし事典（てん）』

読みたい本 ――→ 図書館

・自然の中での遊びの本

・おおぜいでの遊びの本

※

POINT 学んだことを「ふりかえろう」や「たいせつ」で整理して確かめさせ，創作へもつなげる。「昔からの遊び」の本に興味を

1 学習したことを振り返ろう。

T 『こまを楽しむ』は，どんなことを中心に書かれた文章でしたか。

C いろいろなこまの種類を説明していました。

C それらのこまの楽しみ方が書かれていました。

C 人々の工夫で生み出されてきたのです。

T 文章全体の組み立てを捉えるとき，どんなことに気をつけましたか。

「れんしゅう」の『文様』の組み立てを参考にしました。

問いの答えがどれか，まとめや筆者の考えが書かれているのはどこか探しました。

T 「はじめ」「中」「おわり」が捉えられると，どんなときに役立ちそうですか。

C 何について書いてあるのかを知りたいときです。

C 話したり聞いたりするときにも中心が分かります。

2 どんなことが，これからいかせそうか考えよう。

T 教科書 64 ページの「たいせつ」を読みましょう。どんなことがまとめられていますか。

C 文章は 3 つの大きなまとまりに分けられ，それぞれが，1 つ，またはいくつかの段落でできています。

C 段落は，ひとまとまりの内容でできています。

C 「問い」と「答え」から，文章の組み立てや段落の中心が分かります。

T これから，自分が知識や科学の本を読むときに，いかせそうですか。

段落は，1 文字下げて書き始めて，ひとまとまりになっているところを見つけたらいいので分かると思う。

「問い」「答え」「まとめ」は分かると思うので，3 つに分けられる。文章で何が書かれているかもよく分かると思う。

「問い」と「答え」が分かればいいから，これから本を読むときに気をつけよう。

準備物　・（あれば）「この本，読もう」の本

ICT　作ってみたいこまの名前と理由をタブレットのシートにまとめ，教師に送信しておく。それを児童全体で共有すると，効率的に全員の文章を読み，意見をもつことができる。

こまを楽しむ

㋱『こまを楽しむ』で学んだことをたしかめ、
これからにいかせるようにしよう

1 《学んだことをふりかえる》
・こまのしゅるい、楽しみ方　↑　人々のくふう
・「問い」「答え」「まとめ」をさがす
・3つのまとまり　↓　何が書いてあるか　中心

⇦

2 ☆いかす
・段落は見つけられそう
・文章の組み立てを考えて読む
・「問い」と「答え」に気をつけて読む
※

※児童の発言を板書する。

もたせ，読書への意欲を引き出す。

3 自分が作ってみたいこまを発表し合おう。

T　「自分が作りたいこま」を「中」の段落の書き方を参考にしてノートに書きましょう。
C　どんなこまか考えてきたよ。
T　「中」の段落には，何が書かれていましたか。
C　こまの名前と楽しみ方，模様や形などです。
C　楽しみ方の詳しい説明も書いてありました。

上記の3点をふまえてノートに書かせる。グループで相談させてもよい。実際に作れなくてもよいので，楽しんで考えさせ，どんなこまか，どんな楽しみ方をするのかを書かせることが目的となる。

T　書けたら発表しましょう。

ひらひらごまは，リボンの動きを楽しむこまです。細い色リボンをこまの軸に取りつけます。

ヘリコプターごまは，回ると浮き上がるのを楽しむこまです。軸の上に…。

4 昔から伝わる遊びについて書いた本を知ろう。

T　64ページの「この本，読もう」を見ましょう。もし読むとしたら，どの本が読みたいですか。

ぼくは「こども文様じてん」が読みたいです。どんな生き物の文様があるのか楽しみです。

「くらしのなかの伝統文化」です。本の表紙を見て，読みたいと思いました。

わたしは「昔の子どものくらし事典」です。昔の子どもの遊びをいっぱい知りたいです。

T　他に，昔から伝わる文様や遊びについて書かれた本なら，どんな本を読みたいですか。
C　山や野原など，自然の中での遊びの本がいいです。
C　運動場などで，大勢で遊べる遊びの本がいいです。
T　読みたい本を図書館で探してみましょう。

QRコンテンツ（画像） 第1時 QR

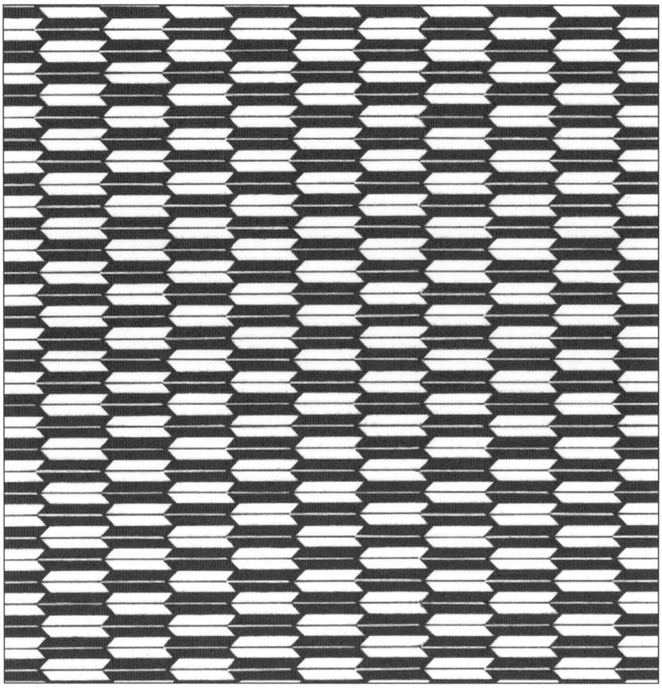

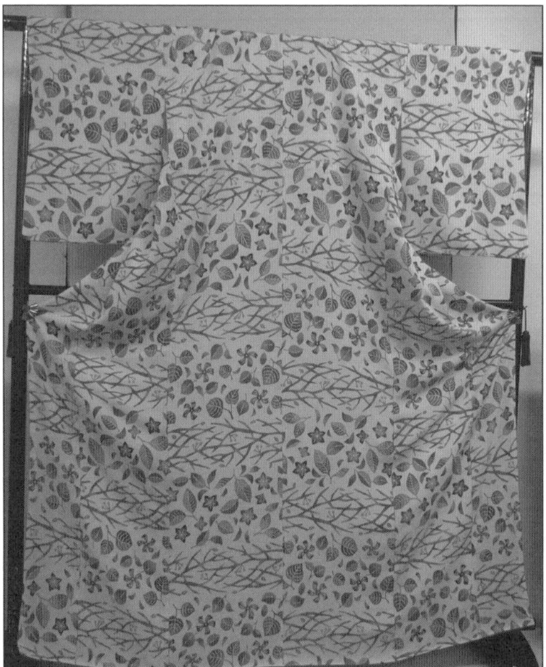

QRコンテンツ（画像）　第1時 QR

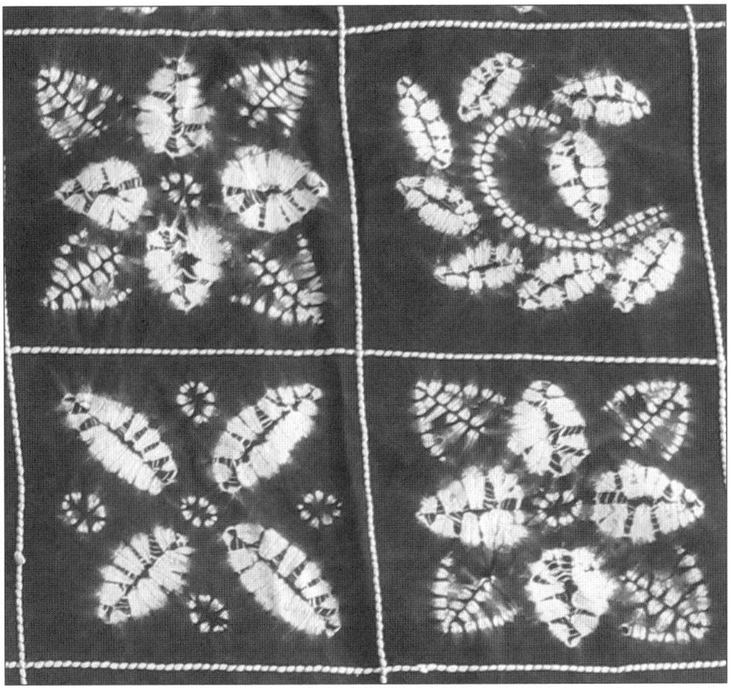

相手に分かりやすいように，あんないの手紙を書こう

気持ちをこめて，「来てください」

全授業時間４時間

◎ 指導目標 ◎

・丁寧な言葉を使うとともに，敬体と常体との違いに注意しながら書くことができる。
・間違いを正したり，相手や目的を意識した表現になっているかを確かめたりして，文や文章を整えることができる。
・言葉には，考えたことや思ったことを表す働きがあることに気づくことができる。

◎ 指導にあたって ◎

① 教材について

児童は，1，2 年の学習で簡単な手紙を書くことは経験しています。ここでは，「学校行事の案内の手紙」を出すという場面設定で，書き方や内容を学習し，実際に手紙を届けるところまで取り組みます。

「案内状」という特殊な手紙の書き方を学ぶことになります。学習課題の中の「相手に分かりやすいように」とタイトルの「気持ちをこめて」をキーワードとして，必要な内容や分かりやすい書き方を習得させていきます。この学習を通して，実際に誰かを学校にお誘いして，児童の発表を見てもらったり交流ができたりすれば，意味のある教材であると考えられます。

② 個別最適な学び・協働的な学びのために

手紙を書くための内容を「メモ」に整理し，それを基に手紙を書くという作業を，児童は日常生活ではほとんど行っていないでしょう。何をどのように書けばよいのか児童が考える材料になるのが，土川さんの「メモ」と「手紙」です。この２つをしっかり読み，自分たちが書こうとしている「メモ」と「手紙」のイメージ作りをさせます。さらには，これを基に，自分なりの内容を考えたり，書き方の工夫ができたりすれば，学習は深まります。これからも様々な手紙を書いていこうとする意欲と自信（見通し）を，この教材を通して児童がもってくれることを願います。

◎ 評価規準 ◎

知識 及び 技能	・言葉には，考えたことや思ったことを表す働きがあることに気づいている。 ・丁寧な言葉を使うとともに，敬体と常体との違いに注意しながら書いている。
思考力，判断力，表現力等	「書くこと」において，間違いを正したり，相手や目的を意識した表現になっているかを確かめたりして，文や文章を整えている。
主体的に学習に取り組む態度	粘り強く，間違いを正したり，相手や目的を意識した表現になっているかを確かめたりして，文や文章を整え，学習の見通しをもって行事を案内する手紙を書こうとしている。

◎ 学習指導計画　　全 4 時間 ◎

次	時	学習活動	指導上の留意点
1	1	・学習のめあて（課題）をつかむ。 ・学習の見通しをもつ。 ・どんな行事の案内が出せるか話し合い，案内を出す行事を決める。 ・誰に何を伝えるのか，話し合う。	・「問いをもとう」「もくひょう」を基に，学習課題を設定し，見通しをもたせる。 ・誰に何の案内を出すか決める際に，児童の生活体験や意見を出し合わせることでイメージを膨らませる。
2	2	・「土川さんのメモ」を読み，どんな内容をメモに整理すればよいかをつかむ。 ・メモを書く。 ・書いたメモを見合って，意見を出し合う。	・教科書の例を参考にして，どんなメモを書けばよいかイメージを確かにさせる。 ・書いたメモに対する意見を出し合わせ，補完させていく。
	3	・「土川さんの手紙」を読み，「メモ」とも比較しながら，どのように手紙を書けばよいかつかませる。 ・メモを基に案内の手紙を書く。 ・書いた手紙を読み返して確かめる。	・「土川さんの手紙」から，手紙の内容や書き方を学ばせる。 ・前時に書いた「メモ」に肉付けする形で手紙を書かせる。 ・読み返して確かめる作業は，本人→友達と 2 段階でさせる。
3	4	・書いた手紙を届ける。 ・封書の表裏の書き方を知る。 ・学習を振り返り，「ふりかえろう」で学んだことを振り返るとともに，「たいせつ」「いかそう」で身につけた力を押さえる。	・封書の書き方は，P147「手紙を送ろう」を参考にさせる。 ・手紙を出してみたいという意欲，書けるという自信をもたせたい。

気持ちをこめて,「来てください」

第1時（1/4）

本時の目標 「案内の手紙を書く」学習について，学習課題を設定し，学習の見通しをもつことができる。また，案内の内容や伝える相手について考え，決めることができる。

板書例

◇相手を決め、つたえることを考えよう

2 〈学校の行事〉
見に来てほしい行事
・運動会
・学習発表会
・作ひんてん

※児童の発言を板書する。

3 〈知らせる相手〉
・おじいちゃん、おばあちゃん
・一年生のときの先生
・お世話になった人
・ようち園の先生

※児童の発言を板書する。

4 〈つたえること〉
・いつ、どこで、何をするのか
・行事のせつめいや、自分がすること
・来てほしい気持ち

POINT 学校行事の案内の手紙を書いて届けるという目標に向かって学習することを把握させる。

1 どんな学習をするのか見通しをもとう。

教科書 P66 の上段の 4 行を読ませる。

T　これから，どんなことを学習していくのですか。教科書から分かることを言いましょう。

案内の手紙の書き方をこれから勉強します。
運動会や学習発表会の案内の手紙を書きます。
見に来てほしい人に，書いて届けます。

教科書 P66 の下段を読ませる。

T　何が書いてありますか。
C　「見通しをもとう」が書いてあります。
C　まず，相手を決めて，伝えることを考えます。
C　決めよう・あつめよう→組み立てよう→書こう→つなげよう，になっています。
C　最後には，手紙を届けます。

2 何の行事の案内を出したいか決めよう。

T　では，何の行事に来てほしいか話し合いましょう。

音楽発表会をして，見に来てもらったらどうかな。
ぼくは絶対運動会がいいな。一番盛り上がる行事だから。
でも，運動が苦手な人は，他の方がいいと思うんじゃない？
来てもらった人も一緒に楽しめる行事がいいね。

グループごとに，来てほしい行事を発表させる。

T　案内を出す行事を２つか３つ決めましょう。その中から，それぞれが１つ選んで案内を出しましょう。
C　運動会と音楽会か学習発表会がいい。スポーツの行事と他の行事だから，どちらか選べるから。
C　図工の作品展なら，みんなの作品が同じように出ているからいいんじゃないかな。

クラスで２～３の行事に絞る。

準備物

ICT　招待したい行事に向けての練習の様子や昨年度の様子を画像で見せると，どのようなことを書いたらよいのか，想像しやすくなる。

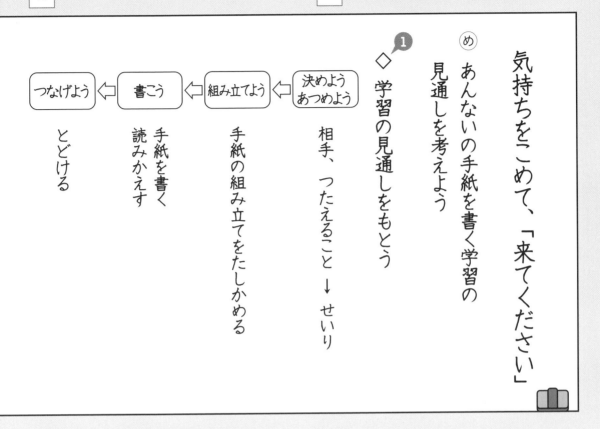

気持ちをこめて、「来てください」

(め) あんないの手紙を書く学習の見通しを考えよう

1 ◇学習の見通しをもとう

決めよう あつめよう　相手、つたえること ↓ せいり

⇦ 組み立てよう　手紙の組み立てをたしかめる

⇦ 書こう　手紙を書く　読みかえす

⇦ つなげよう　とどける

3 案内の手紙を出したい相手を決めよう。

T　誰に案内を出したいですか。

そうか。わたしもおばあちゃんに案内を出したら喜んでくれると思う。
退職された１年生のときの先生に来てほしい。
ぼくは，いなかのおじいちゃんに来てほしい。
わたしは，誰に来てもらおうかな。

T　案内状を出す相手は，一人一人違ってもいいですよ。一番来てほしい人に決めましょう。

4 案内するときに必要なことを考えよう。

T　行事を案内するときに必要なことは何でしょう。どんなことを伝えたらよいでしょう。

T　まず，相手にとって必要なことは何でしょうか。

いつ，どこで，何をするのかが大事です。
行事の説明や自分が何をするのかも必要です。

T　どうして手紙を書こうと思ったのかも必要ですね。

C　ぼくは，自分の出る行事に来てほしい気持ちも伝えたいです。

気持ちをこめて，「来てください」

第 2 時（2/4）

本時の目標　伝えることをメモに整理し，交換して確かめ合うことができる。

板書例

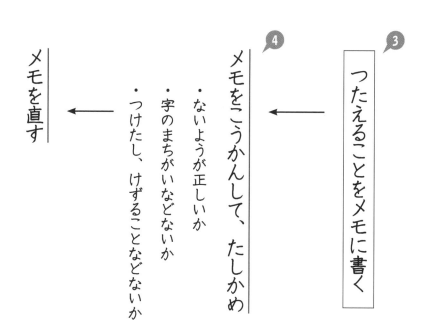

③ つたえることをメモに書く

→

④ メモをこうかんして、たしかめ

・ないようが正しいか

・字のまちがいなどないか

・つけたし、けずることなどないか

→

メモを直す

POINT　教科書の例を参考にして，行事の内容と相手に合わせて，伝えたいことをメモに整理させる。確かめ合いは，班などの

1 「土川さんのメモ」を読み，必要なことが入っているか確かめよう。

教科書 P67 の①を読ませる。

C　今日は，知らせる相手を決め，手紙に書く内容をメモに書くんだね。

「土川さんのメモ」を各自で黙読させ，書き方や内容を確認させる。

T　何が書いてありますか。必要なことが書いてあるか確かめましょう。

日時，場所がはじめに書いてある。
自分のすることも気持ちも書いてあるので，必要なことは全部あります。
行事の説明が書いていない。どんな運動会か分かるように説明した方がいいと思う。

2 「土川さんのメモ」で気づいたことや思ったことを話し合おう。

T　土川さんのメモについて，教科書の女の子は何と言っていますか。

C　終わる時間も知らせておくと予定が立てやすい。

C　ぼくも，そう思います。

T　みなさんも気づいたことや，もっとこうしたらいいと思うことはありませんか。

案内を出す相手は，２人だったらだめなのかな？
短い言葉で書いてあるのがいい。気持ちは，書いた方が絶対いいな。
自分がすることだけじゃなくて，一番のおすすめは何かも書いた方がいいんじゃないかな。

教科書のメモ例と対話からメモに書く内容を確定させる。

C　ぼくのメモに書く内容は決まったよ。

準備物　・ワークシート QR

ICT　メモをどのように書くのかを学ぶことも大切な学習である。それぞれのメモの様子をタブレットで撮影して，皆で共有し，比べてみるとよい。

気持ちをこめて、「来てください」

(め) あんないの手紙でつたえることを
メモにせいりしよう

1 2 《「土川さんのメモ」を読む》
・日時、場所がはじめ
・ひつようなことは書いてある
（自分のすること、気持ち）

※児童の発言を板書する。

気づいたこと　意見

・運動会のせつめいもほしい
・みじかい言葉がいい
・気持ちは、ひつよう
・いちばんのおすすめも入れる

※児童の発言を板書する。

グループで行う。

3 自分が伝えたいことをメモに書こう。

ワークシート QR を配る。

T　では，みなさんもメモを書きましょう。教科書より枠を１つ増やしてあります。先ほどの「一番おすすめ」のように，つけ足したいことがあれば，それも書き入れましょう。

時間を決めて取り組ませる。

わたしは出ないけど，最後の選手リレーが見どころだと書こうかな。

作品展の案内だから，自分のすることではなくて，自分の作品の見てほしいところを書こう。

T　書けたら，間違いや抜けているところはないか，まずは自分で確かめましょう。

4 メモを交換して，間違いや足りないところがないか確かめ合い，書き直そう。

T　メモを交換して，内容や文字は正しいか，つけ足したり削ったりした方がよいことはないか，確かめて，相手に伝えましょう。

同じ行事を選んだ者どうしでメモを交換させる。できれば，1対1ではなく，数人のグループで，複数の目で確かめられるようにする。

気持ちはしっかり書いているけど，始まる時間が抜けているよ。

こっちのは，長く書きすぎている。手紙を書くときに大事なことがどれか分かりにくくなる。

どうせなら，予定でいいので，終わりの時間も入れた方がいい。

作品展の案内は，どんな作品があるのかも知らせた方がいいと思う。

T　出された意見を参考にして，書き直すところがあれば書き直しましょう。

気持ちをこめて，「来てください」

第3時（3/4）

本時の目標 案内の手紙を書き，内容を確かめることができる。

板書例

3

手紙を書く

相手が気持ちよく読めるように
☆ていねいな言葉
☆正しく、読みやすい字
☆気持ちをこめて
☆書き方のくふう

4

読みかえす（声に出す）→

たしかめ
（ないよう）いつ、どこで、何をするか
来てほしい気持ち
分かりにくいところ
（書き方）言葉づかい
正しく、読みやすい字

POINT 「土川さんの手紙」を参考にして，自分はどのような手紙を書くか考えさせる。

1 「土川さんの手紙」には何が書かれているだろう。

教科書 P68 の「土川さんの手紙」を一斉音読させる。

T　土川さんの手紙は，どのような組み立てになっていますか。「はじめ」「中」「おわり」で確かめましょう。
C　「はじめ」は，あいさつが書いてあります。
C　「中」は，伝えることが書いてあります。
C　「おわり」は，書いた日や自分の名前，相手の名前です。
T　何が書かれているか，詳しく見ていきましょう。

はじめのあいさつは，季節のことと，元気か尋ねています。
「中」は，行事，日時と場所，自分がすること，来てほしいという気持ちが書いてあります。
自分の名前は下に書いて，最後に相手の名前を上に書くのだね。

2 「土川さんの手紙」を読み，「メモ」と比べてみよう。

T　土川さんの「メモ」と「手紙」を比べて，気づいたことや思ったことを話し合いましょう。

メモにはなかったはじめのあいさつが，手紙には書いてある。
いきなり伝えたいことを書くのじゃなくて，あいさつをはじめに書くのって大事だと思う。
季節のことを書いたり，相手の人のことを聞いたりしていて，相手の人も気持ちよく読めるね。

C　メモでは簡単に書かれていた，自分がすることや気持ちなども，きちんと文にしてあります。
C　「です」「ます」を使って，丁寧な文にしている。
C　メモには，自分の名前は必要ないから書いてなかったけど，手紙のときはいるよね。
C　書いた日も入れてあるけど，これも必要だね。

準備物

・ワークシート QR

ICT

案内の手紙を書き，タブレットで共有するとよい。クラス全体で見比べて，よいところや改善点を話し合うとよい。

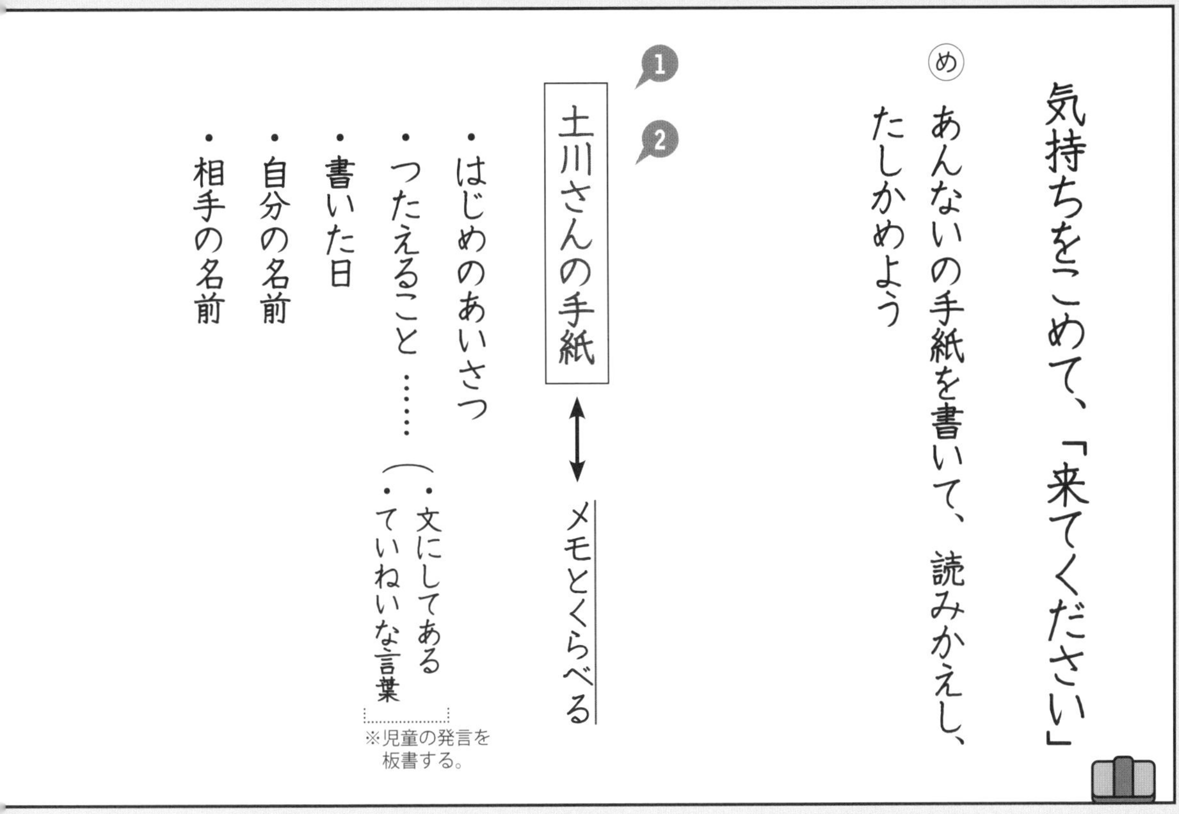

気持ちをこめて、「来てください」
め
あんないの手紙を書いて、読みかえし、
たしかめよう
1
2
土川さんの手紙
メモとくらべる
・はじめのあいさつ
・つたえること ……
・文にしてある
・ていねいな言葉
※児童の発言を板書する。
・書いた日
・自分の名前
・相手の名前

3 案内の手紙を書こう。

T　いよいよ案内の手紙を自分で書いてもらいます。その前に，教科書 68 ページ左下の「書き方をたしかめる」も読んでおきましょう。

C　土川さんの手紙と同じように，「です」「ます」でそろえて書くといいね。

C　字を間違えないように気をつけて，読みやすい字で書くのがいいね。

C　相手が気持ちよく読めるように書けばいい。

T　気持ちを込めて手紙を書きましょう。書き方や内容は自分なりの工夫をしてみましょう。

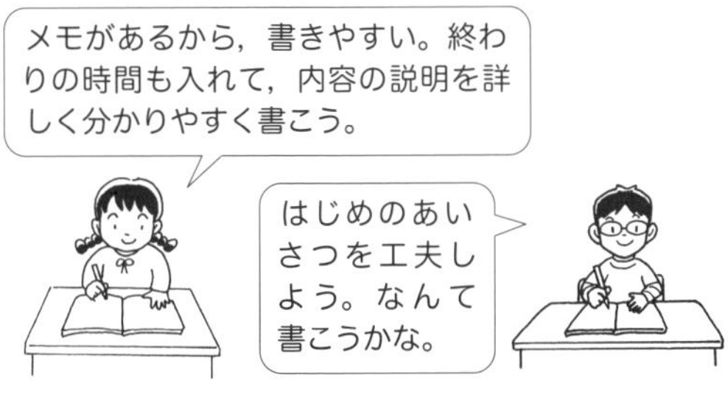

メモがあるから，書きやすい。終わりの時間も入れて，内容の説明を詳しく分かりやすく書こう。
はじめのあいさつを工夫しよう。なんて書こうかな。

教師は，机間指導で書いている状況を把握しておく。

4 手紙を読み返して声に出して確かめ，友達に見せて感想を伝え合おう。

T　書けたら，声に出して読み返して，読みにくいところがないか確かめましょう。

各自で一斉に音読するので，教室が騒がしくなるが，自分の読む声が聞こえたらそれで構わない。

C　ちょっと文が長いので読みにくいな。2 つの文に分けよう。

T　次に，内容や，言葉遣い，漢字などの書き方の間違いがないか確かめましょう。

C　「来てください」が「来てね」になっていた。直しておこう。

T　最後に隣どうしで見せ合って，間違いがないか確かめ，感想を伝え合いましょう。

「来てほしい」って気持ちがすごくよく出ていていいね。
ここが漢字で書けるから書いた方がいいよ。

気持ちをこめて，「来てください」

第4時（4/4）

本時の目標　手紙を届け，学習を振り返ることができる。

板書例

③
◇学習をふりかえる
・言葉づかい
・読みかえす
・今までの手紙とあんないの手紙をくらべる

④
◇分かったこと・できるようになったこと
・気持ちをつたえることが大切
・読みかえす
　ていねいな言葉になっているか
　ひつようなことが書かれているか
・あんないの手紙が書ける
→ 相手が知りたいことを考える

※児童の発言を板書する。

POINT　これまでの学習を振り返り，学んだことを確かめさせる。手紙の書き方や案内状と普段の手紙との違いも考えさせる。

1 書いた手紙の届け方を考えよう。

T　書いた手紙を相手の人に届けます。まず，教科書69ページの④を読みましょう。
C　封筒に入れて渡すところまでするのだね。
C　地図やプログラムを入れるのは，いい考えだ。相手の人も，よく分かると思う。
T　他にも入れたいものがあれば，入れてもいいですよ。
C　去年の写真を入れたら，もっとよく分かるね。
T　相手の人に，どうやって届けますか。

久しぶりに保育園に行って，先生に渡してこよう。
おじいちゃんの田舎は遠いので，郵便で出さないと届けられない。
近所だから，ポストに入れておこうかな。

2 手紙の封書の書き方を調べ，書いてみよう。

T　郵便で送らないといけない人もいますね。教科書の147ページ「手紙を送ろう」を見ましょう。郵便で出さない人も一緒に見て，分かったことを発表しましょう。

相手の住所は封筒の表の右側に書きます。
相手の名前は，真ん中に少し大きめに書きます。名前の下に様をつけます。

自分の住所と名前は，封筒の裏の左下に，相手の住所，名前より小さく書きます。
郵便番号も調べて書かないといけません。

封筒を全員に配り，郵送しない児童にも練習させる。（ワークシート QR で練習させてもよい）相手の住所と宛名，郵便番号は，前日に予告して調べてくるように伝えておく。

T　では，封筒の表と裏を書く練習をしましょう。郵便で案内を出す人は，その封筒を使います。

準備物
・封筒
・ワークシート QR

ICT
封筒の書き方の理解を助けるために，きちんと必要なことを書いた封筒の表裏の画像をタブレットで全員に送信しておくと，いつでも参考にできる。

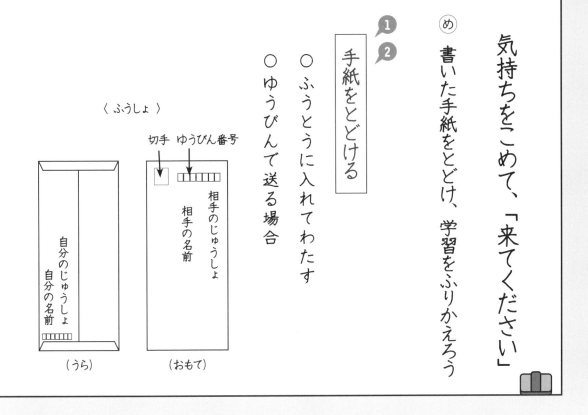

気持ちをこめて、「来てください」

(め) 書いた手紙をとどけ、学習をふりかえろう

1 2 手紙をとどける

○ ふうとうに入れてわたす

○ ゆうびんで送る場合

〈ふうしょ〉

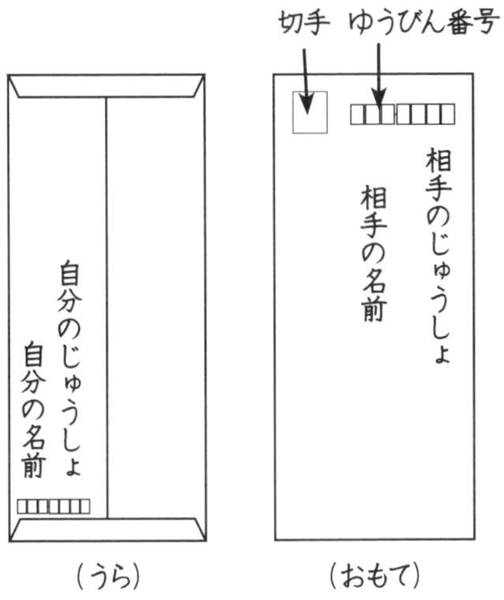
切手
ゆうびん番号
相手のじゅうしょ
相手の名前
自分のじゅうしょ
自分の名前
（うら）
（おもて）

3 学習を振り返り，これまでに書いた手紙との違いを考えよう。

教科書 P69「ふりかえろう」を読ませる。

T　言葉の使い方で気をつけたのはどんなことですか。

C　文の終わりの言葉を「です」「ます」にして，丁寧な言葉にしました。

C　「ください」と書いたところもありました。

T　案内の手紙を，どのようなことに気をつけて読み返しましたか。

C　いつ，どこで，何をするかが、正しく書けているかです。自分の気持ちや，行事の説明などが書かれているかにも気をつけて読み返しました。

T　今までに書いた手紙と案内の手紙とでは，どんな違いがありましたか。

今まで友達に書いた手紙は，書きたいことを自由に書いた。丁寧な言葉も使わなかった。
案内の手紙は，書き方や内容が決まっているね。ちょっと改まった感じ。

4 学習して分かったことやできるようになったことを確かめよう。

T　学習してきて，分かってよかったことやできるようになったことはありますか。まず，教科書 69 ページの「たいせつ」を読んで，確かめましょう。みんなできるようになりましたか。

日時や場所などがちゃんと書けているか読み返しました。これからも，思い出してできると思います。
丁寧な言葉づかいで文が書けているかも確かめました。
気持ちを伝えることが，来てもらうために大事だと分かりました。

C　「いかそう」に書いてあるように，相手が知りたいことは何かを考えることも案内の手紙では大事です。

T　また機会があれば案内の手紙を書いてみましょう。

ワークシート 気持ちをこめて、「来てください」

名前（　　　　　　）

● つたえることを、メモにせいりしましょう。

行事	
相手	

日時	
場所	
自分がすること	
気持ち	

喜楽研

QRコンテンツ（ワークシート） 第3時 QR

ワークシート 気持ちをこめて「来てください」

漢字の広場３

全授業時間２時間

◎ 指導目標 ◎

・第２学年までに配当されている漢字を書き，文や文章の中で使うことができる。
・間違いを正したり，相手や目的を意識した表現になっているかを確かめたりして，文や文章を整えることができる。

◎ 指導にあたって ◎

① 教材について

前学年の配当漢字を，与えられた条件で使うことで漢字の力をつけようとする教材の３回目です。「漢字の広場３」では，「時を表す言葉」を使って，日曜日の出来事と今週の予定を書きます。児童の日常生活と直結した教材です。漢字の復習や文作りだけでなく，自分の生活をちょっと振り返ってみる機会としても利用できます。

「時を表す言葉」のように，対象を限定していろいろな言葉を考えたり，書いたりすることで，語彙を豊かにすることもできます。教科書に載っている以外にも，時を表す言葉はないかを考えさせてみるのもよいでしょう。文作りも３回目です。よりよい文作りを意識して書くことができるよう，書いた文を読み返させるようにしましょう。

② 個別最適な学び・協働的な学びのために

イラストからお話を考えたり，想像を膨らませたりすることは，どの児童にとっても，楽しく活動することができるでしょう。特に，日常生活から想像しやすい今回の場面設定のイラストからは，児童は容易に想像を膨らますことができます。考えたお話を友達と楽しみながら交流し，スムーズに文章作りに取り組めるでしょう。また，グループでよい文を検討する活動を取り入れることで，友達の作品のよさや自分の作品のよさにも気づくことができます。

◎ 評価規準 ◎

知識 及び 技能	第2学年までに配当されている漢字を書き，文や文章の中で使っている。
思考力，判断力，表現力等	「書くこと」において，間違いを正したり，相手や目的を意識した表現になっているかを確かめたりして，文や文章を整えている。
主体的に学習に取り組む態度	積極的に第2学年までに配当されている漢字を書き，これまでの学習をいかして，漢字を適切に使った文を作ろうとしている。

◎ 学習指導計画 全2時間 ◎

次	時	学習活動	指導上の留意点
1	1	・教科書P70を見て，2年生で習った漢字の読み方を確かめる。 ・絵を見て，日曜日の出来事と家の人の今週の予定を簡単に考える。 ・漢字の書き方を確認する。	・ペアやグループの人と日曜日の出来事と家の人の今週の予定を想像する部分では，話し合いでイメージを十分膨らませる。 ・書く時間も十分取って，漢字の定着を図る。
	2	・教科書の例文を読んで，文の作り方を知る。 ・「時を表す言葉」を確認し，提示された漢字を使って，日曜日の出来事や今週の予定について文を書く。 ・書いた文を友達と読み合い，交流する。	・ペアやグループの人と間違いがないかを確かめ合い，間違った字があれば書き直しをする。

漢字の広場３

第１時（1/2）

本時の目標
日曜日の出来事と家の人の今週の予定を簡単に考え，2年生で習った漢字を正しく読み，書くことができる。

板書例

1 日曜日（にちようび） 朝（あさ） 顔（かお）
2 人形（にんぎょう） 室内（しつない） 妹（いもうと）
3 午前（ごぜん） 外（そと） 何回（なんかい）
4 午後（ごご） 来る（く） 半分（はんぶん）
5 父（ちち） 母（はは） 肉（にく）
6 夜（よる） 思い出す（おも） 日記（にっき）

7 今週（こんしゅう） 弟（おとうと）
当番（とうばん） 毎日（まいにち）
8 兄（あに） 小刀（こがたな） 作る（つく）
9 姉（あね） 楽しみ（たの）
テレビ番組（ばんぐみ）
10 東京（とうきょう） 行く（い）

※ イラストの上の漢字カードを1～10の番号ごとに移動する。

3 ◇どんなお話かな？

日曜日
・午前になわとびをした
・午後に友だちが来た

今週
・兄…小刀で船を作る
・姉…テレビ番組を楽しみにしている
・弟…うさぎ小屋の当番のしごとをする
・母…東京に遊びに行く

※ 児童の発言を板書する。

POINT ペアやグループの人と日曜日の出来事と家の人の今週の予定を想像する部分では，話し合いでイメージを十分膨らませる。

1 ２年生の漢字を声に出して読もう。

T　２年生で習った漢字が出ています。ペアの人と読み方を確かめましょう。

２年生で覚えられなかった児童，一度覚えても忘れてしまった児童がいると考えられる。読みの段階から，丁寧に取り組ませる。

「日曜日」「朝」「顔」…，前の「漢字の広場２」で頑張ったから読めるようになってきたよ。
たけしくん，漢字をちゃんと読めるようになっているね。すごい！

T　全体で漢字の読み方を確認します。声に出して読みましょう。

C　「にちようび」「あさ」「かお」…。

はじめから１つずつ漢字の読みを確認していく。

2 絵に番号を振り，どのようなお話なのか，順番に確認しよう。

T　教科書の絵に1～10の番号を書きましょう。

T　次は，10枚の絵を見てみましょう。どのようなお話ですか。

2では，わたしが，室内で妹と人形で遊んでいます。
室内
2
妹
人形

外
午前
3
何回
3では，午前中に，外でなわとびを何回とべるか，チャレンジしているね。

順番に絵にどのようなものが出てくるかを，簡単に確認していく。

T　ある女の子（わたし）の日曜日の出来事と，家の人の今週の予定の絵になっているのですね。

確認した内容は，次時の文作りにつなげる。そのためにも，まず絵をよく見ることから始める。

準備物	・漢字カード QR ・教科書の挿絵 または，黒板掲示用イラスト QR	ICT	タブレットのプレゼンソフトで，2年生までの漢字のフラッシュカードを作成し，国語の時間の最初に繰り返すと定着する。

漢字の広場 3

1
2

(め) 二年生の漢字をふく習しよう
絵からそうぞうをふくらませよう

1
朝
日曜日
顔
2
室内
人形
妹
3
外
午前
何回
4
午後
来る
半分
5
母
父
肉
6
夜
思い出す
日記
7
毎日
今週
弟
当番
8
作る
小刀
兄
9
テレビ番組
姉
楽しみ
10
行く
東京

※ 教科書の挿絵（または，QR コンテンツのイラスト）を掲示し，イラストの上に QR コンテンツの漢字カードを貼る。
※ 1～12の番号をイラストに書く。

書く時間も十分取って，漢字の定着をはかる。

3 1～10の場面を想像し，どのような場面なのかを話し合おう。

T　では，1～10の絵から見つけたことをもとに，お話の絵を見て，もっと想像してみましょう。

弟は，今週うさぎ小屋の当番になっていて，毎日お世話をしに行くんだね。

えさをあげたり，そうじをしたり，毎日頑張るなんてえらいね。

T　日曜日の出来事と今週はどのような予定なのかを確認しましょう。
C　お兄さんは，おじいちゃんと一緒に小刀を使って，船を作ります。
C　お姉さんは，楽しみにしている歌のテレビ番組を見るそうです。
C　おばあさんは，東京に行くのを楽しみにしています。

4 2年生で習った漢字をノートに正しく書こう。

T　2年生で習った漢字を正しくノートに書く練習をしましょう。

次時の文作りで，この漢字を使って正しく書くために練習することを共通理解させ，目的意識をもたせる。

T　次の時間に，これらの漢字を使って，文作りをします。正しく書く練習をしましょう。

よし，間違えないように頑張って書くぞ！

「曜」の字は，難しいから，自信がないな。

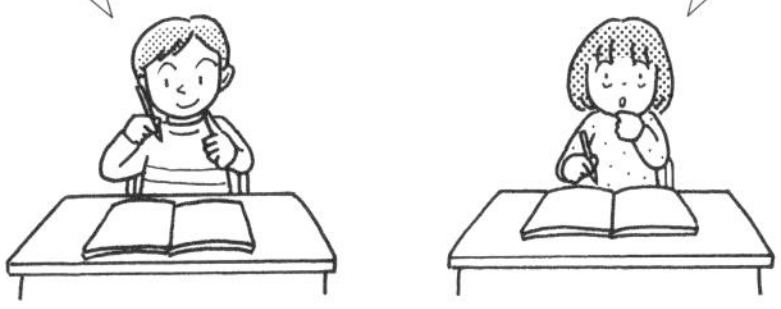

書いた漢字を隣の人と確認し合ったり，自ら確かめたりする時間も大切にする。
「曜」「室」「番」などの漢字は，高学年でも間違えやすい。丁寧に確認していく。

漢字の広場 3
第 2 時（2/2）

本時の目標 提示された漢字を使って，日曜日の様子と今週の予定を表す文を作ることができる。

板書例

2
室内
妹
人形

わたしは、室内で
妹と人形をつかって
遊びました。

3
外
午前
何回

わたしは、午前中に
外でなわとびを
何回とべるか、
お母さんに
見てもらいました。

4
午後
来る
半分

わたしは、午後から
友だちが来るので、
おやつを半分に
切りました。

5
母
父
肉

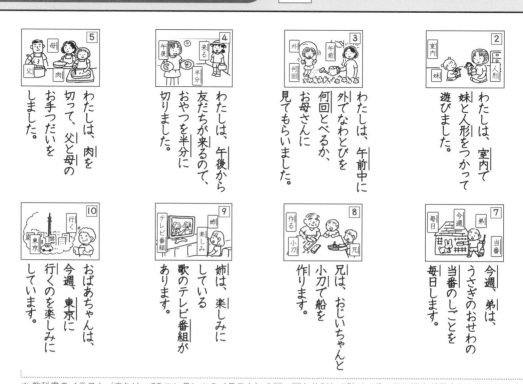

わたしは、肉を
切って、父と母の
お手つだいを
しました。

7
今週
毎日
弟
当番

今週、弟は、
うさぎのおせわの
当番のしごとを
毎日します。

8
作る
小刀
兄

兄は、おじいちゃんと
小刀で船を
作ります。

9
テレビ番組
姉
楽しみ

姉は、楽しみに
している
歌のテレビ番組が
あります。

10
行く
東京

おばあちゃんは、
今週、東京に
行くのを楽しみに
しています。

※ 教科書のイラスト（または，QR コンテンツのイラスト）の1～10を分割して貼り，その下に児童が発表した文を板書する。

POINT ペアやグループの人と間違いがないかを確かめ合い，間違った字があれば書き直しをさせる。

1 時を表す言葉を集めよう。例文を読んで，文の作り方を知ろう。

T　教科書の挿絵の中に，時を表す言葉があります。どれでしょうか。

午前と午後は，2 年生の算数で習ったから，時を表す言葉です。

日曜日とかも時を表す言葉だと思います。

T　今までに学習したことを思い出して，探している人がいましたね。

児童から出される言葉を分類しながら，板書する。

T　「れい」の文を読みましょう。この文には，どの場面のどの漢字や時を表す言葉が使われていますか。

C　1の場面の「日曜日」，2の場面の「妹」と「人形」，3の場面の「午前」です。「日曜日」と「午前」が時を表す言葉です。

T　今日は時を表す言葉と漢字を使って文を作ります。

2 時を表す言葉を使って，短い文作りをしよう。

T　では，時を表す言葉を使った文をノートに書きましょう。

1の場面から，順番に考えよう。

「わたしは」で書き始めればいいのかな。

T　使った漢字は，○で囲んでおくと分かりやすいですよ。教科書の漢字が全部使えたらすごいですね。

文の始まりは中点（・）で始めることや箇条書きという言葉も教えておくと，様々な場面で活用できる。

書くことが遅い児童もいるので 15 分は時間を取り，たくさん文を作らせる。全場面の文を作り終えた児童には，困っている友達のサポートに回らせたりする。

T　1～6は，「わたしは」で書き始めましょう。但し，教科書の例文のように，主語の「わたしは」を書かなくても文は作れます。7～10の主語には気をつけましょう。

準備物	・漢字カード QR ・教科書の挿絵 または，黒板掲示用イラスト QR ・ホワイトボード（グループ数）

ICT	教科書の絵から想像させて，絵の続きを考え，時を表す言葉を使って文を書き，タブレットで共有し，紹介し合ってもよい。

漢字の広場 ３

(め) 時を表す言葉を使って、文を書こう

1 ◇時を表す言葉を集めよう

いつ … 朝・昼・夜・午前・午後・毎日 など

曜日 … 月・火・水・木・金・土・日

2 3 4 ◇文作りをしよう

（れい）日曜日の午前は、妹と人形で遊びました。

1
朝
顔
日曜日

わたしは、日曜日の朝早くに、顔をあらいました。

6
夜
日記
思い出す

わたしは、夜に今日あったことを思い出して、日記に書きました。

3 考えた文をグループで交流しよう。

T　隣どうし（グループ）で交換して，間違いや直せばもっとよくなるところを伝え合いましょう。

交換して読み合い，文字や文の間違いや，直せば文がよりよくなるところがないか確かめ合わせる。自分でも必ず読み直しをさせる。

【3の場面についての話し合い】

「わたしは，午前に外でなわとびを十回とびました。」にしたよ。

お母さんもいるから，「お母さんに見てもらった」にしよう。

午前中にしたら，いいと思うよ。

T　確かめ合えたら，グループの中で最もよいと思う文を選びましょう。

各グループに，どの絵の文を発表するか決めて分担させる。

4 それぞれのグループで選んだ文を交流しよう。

T　グループで考えた文を発表してもらいましょう。

わたしたちの考えた3の文を発表します。「わたしは，午前中に外でなわとびを何回とべるか，お母さんに見てもらいました。」にしました。

場面の順に，グループで選んだ文を黒板やホワイトボードに書かせて，発表させる。

グループごとに発表させてから，時間があれば，各場面で作った他の文も発表させていくことも考えられる。

T　教科書の絵を見て上手に今週の予定を書けましたね。

最後に，時を表す言葉を使って自分のことを文にして発表させてもよい。

登場人物のへんかに気をつけて読み，すきな場面について話し合おう

まいごのかぎ

全授業時間６時間

◎ 指導目標 ◎

・登場人物の気持ちの変化や性格，情景について，場面の移り変わりと結び付けて具体的に想像することができる。
・様子や行動，気持ちや性格を表す語句の量を増し，語彙を豊かにすることができる。

◎ 指導にあたって ◎

① 教材について

主人公の「りいこ」は，いつも「よけいなこと」をしては失敗をしています。その主人公が，学校からの帰り道に見つけた「かぎ」で，様々な不思議な出来事に出会い，そのことを通して変化していく姿を読み取る物語です。

この教材では，文中の言葉を手掛かりにして，出来事と主人公の様子や気持ちを捉え，考えを書いて伝え合います。不思議な出来事に児童は引きつけられ，楽しみながら読み取って友達と話し合うことができるでしょう。

② 個別最適な学び・協働的な学びのために

物語の最初と最後で主人公がどのように変化したのかを考えます。その「かぎ」となるのが，不思議な出来事との出会いとそのときの主人公の気持ちです。指導計画では，その場面を１時間多く設定し，丁寧に読み取っていくようにしました。

出来事や主人公の行動などは，できる限り個々の児童の力で見つけさせ，後で交流をして確かめていかせます。主人公の気持ちや変化の読み取りは，グループでの対話を重視して，話し合いの中で，より深い認識を目指していきます。

「好きな場面」はどこか，また，その理由を書くことによって，物語を振り返りながら自分の考えをもち，話し合いによって，友達の考えについても分かることができるようにします。

◎ 評価規準 ◎

知識 及び 技能	様子や行動，気持ちや性格を表す語句の量を増し，語彙を豊かにしている。
思考力，判断力，表現力等	「読むこと」において，登場人物の気持ちの変化や性格，情景について，場面の移り変わりと結び付けて具体的に想像している。
主体的に学習に取り組む態度	登場人物の気持ちの変化について，進んで場面の移り変わりと結び付けて具体的に想像し，学習課題に沿って物語の好きな場面について話し合おうとしている。

◎ 学習指導計画　全 6 時間 ◎

次	時	学習活動	指導上の留意点
1	1	・扉のページから，どんな話か想像する。 ・学習の目標を確かめ，見通しをもつ。 ・出来事を想像しながら音読を聞く。 ・初発の感想を交流する。	・扉のページから想像を膨らませて，作品に興味をもたせる。 ・出来事ごとに区切りながら音読し，出来事を想像させ，作品の世界に入り込ませる。
	2	・場所と出来事で場面に分ける。 ・はじめ～公園の場面で起こったことと，そのときの主人公の様子や気持ちを確かめていく。	・「場面」「主人公がしたこと，起こったことと，その様子」「主人公の様子や気持ち」をワークシートに書き出していかせる。
2	3	・後半の場面を音読する。 ・あじの開きの場面～終わりで起こったことと，そのときの主人公の様子や気持ちを確かめていく。	・バス停とバスが出てくる場面で，それまでとの違いが大きくなることに気づかせ，主人公の変化が確かなものになる最後の場面へつなげていく。
	4	・最初の場面，途中の場面，最後の場面での，主人公の考えや気持ちの変化を見ていく。 ・主人公がどのように変化したのか，その理由は何か話し合う。	・前時に作成した表や文中の言葉などを手掛かりにして，主人公の変化を確かめていく。 ・なぜ変わったのかについても，十分話し合わせる。
3	5	・出来事や主人公について「好き」と思ったところを選び，選んだ理由をまとめる。 ・選んだことを題材にして，好きな場面と理由をノートに書く。	・いきなり書かせるのではなく，「好き」なところやその理由などを十分話し合わせてから書かせる。
	6	・ノートの文を発表し合い，話し合う。 ・学習を振り返る。 ・不思議な出来事の物語の本について知り，読み聞かせを聞く。	・前時に書いた文を読み，話し合いをする。 ・考えが同じところ，違うところ，思ったことなどを伝え合う。 ・本の紹介だけでなく，1 冊読み聞かせをして，読んでみたいという意欲をもたせる。

まいごのかぎ
第1時（1/6）

本時の目標

学習の目標を確かめ，見通しをもつ。不思議な出来事を想像しながら物語を読み，感じたことを発表することができる。

板書例

3 4

ふしぎな出来事

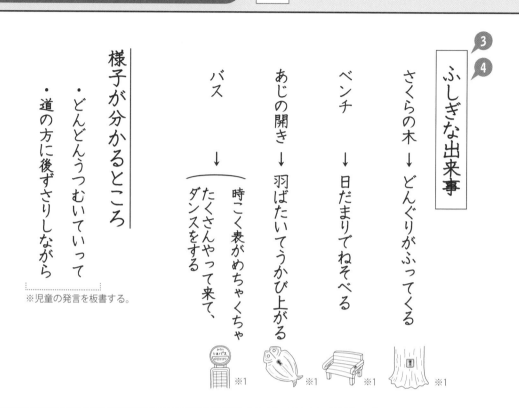

さくらの木 → どんぐりがふってくる

ベンチ → 日だまりでねそべる

あじの開き → 羽ばたいてうかび上がる

バス → 時こく表がめちゃくちゃ
たくさんやって来て、ダンスをする

※1

※1

※1

※1

様子が分かるところ

・どんどんうつむいていって

・道の方に後ずさりしながら

※児童の発言を板書する。

POINT 展開３の場面に時間をかけ，次にどんな出来事が起こるか想像しながら物語を読ませる。

1 題から，どんな話か想像して話し合おう。

教科書の扉のページ（P71）を開けさせる。

T どんなお話なのか，題の『まいごのかぎ』から想像してみましょう。

C かぎが，まいごになった？

C まいごの子どもが持っていたかぎ？

T 上の絵や左の４行の文からも考えてみましょう。

絵を描いているけど，この絵と『まいごのかぎ』と，どんな関係があるのかな？

「ふしぎな出来事に出会います」と書いてあるから，『まいごのかぎ』で，何かが起こるんだよ。

この女の子が主人公の「りいこ」だろうね。

ここでは，いろいろと想像を巡らせて話し合わせ，物語に興味をもたせていく。

2 学習の目標（課題）を確かめ，見通しをもとう。

T どんな学習をしていくのか，目標や進め方を確かめます。扉のページの右上の文を見ましょう。

C 「読む」のマークがついている。

C 「登場人物のへんかに気をつけて読み，すきな場面について話し合おう。」これが学習の目標になるんだ。

C 「登場人物のへんか」って，何だろう？

T 88ページの「見通しをもとう」も見ておきましょう。

登場人物の変化というのは，不思議な出来事で変化が起きるのね。

登場人物の様子を表す言葉に気をつけて，お話を読んでいくのだね。

お話の中で不思議な出来事が出てくる。『まいごのかぎ』と関係あるのかな。

T 大体どのように勉強していくのか分かりましたか。

準備物 ・黒板掲示用イラスト QR

ICT 教師の範読をタブレットで録音しておき，児童のタブレットに送信しておく。読むことが苦手な児童も，自分のペースで繰り返し，範読を聞くことができる。

まいごのかぎ

(め) 様子や気持ちを表す言葉に気をつけ、ふしぎな出来事をそうぞうしながら物語を読もう

1 ◇どんな話かそうぞうしよう

・絵とかぎのかんけいは？
・かぎで何かがおこる？
・女の子がふしぎな出来事に出会う

※児童の発言を板書する。

※1

2 学習のもくひょう

「登場人物のへんかに気をつけて読み、すきな場面について話し合おう」

※1 QR コンテンツのイラストを貼る。

3 不思議な出来事を想像しながら範読を聞こう。

T　はじめに先生が読んでみますから聞いてください。

教科書は開かずに聞かせる。不思議な出来事の前で範読を中断し，児童に想像させてから読み進めることを繰り返していく。

T　「…回すと，ガチャンと，音がしました。『あっ。』思わず，さけびました。」さあ，どんな不思議な出来事が起きたのでしょう。

え～，何だろう。木の幹にドアがあらわれて，開いた？

「木が動き出した」かな？まさか。

T　何が起きたかというと，「木が，ぶるっと…」。
C　桜の木から，どんぐりが降ってきた。
C　わたしだったら，かぎを捨てて逃げるよ。
T　続きを読んでいきます。「さらに下っていくと…カチンとかぎを回す音が，あたりにひびきました。」今度は何が起きたのでしょう。

以下，同様のやり取りを繰り返していく。

4 登場人物の様子を表す言葉を見つけ，読んで感じたことを発表しよう。

T　では，今度は，みなさんに読んでもらいます。登場人物の様子を表す言葉はないか，気をつけて読みましょう。

1ページずつぐらいで交代しながら，音読させる。教師は不思議な4つの出来事を簡単に確かめながら板書する。

T　登場人物の様子を表す言葉は見つかりましたか。

「どんどんうつむいていって」

「道の方に後ずさりしながら，言いました。」

T　読んで感じた簡単な感想を言いましょう。
C　まいごのかぎで，いろいろ不思議なことが起きておもしろかった。
C　まいごのかぎは，りいこが消したうさぎがくれたのかな。

まいごのかぎ

第 2 時（2/6）

本時の目標　場所と出来事に気をつけて，場面に分け，前半の場面のりいこの様子や気持ちを確かめることができる。

板書例

≪ワークシート≫ 2 3 4

※ 　※ 　※ 

場面（場所・出来事）	りいこがしたこと、おこったこと、その様子	りいこの様子や気持ち
① 学校の帰り道　かぎを拾う	・しょんぼりとうつむいて歩く ・図工の時間を思い出す ・かぎを拾う	・よけいなことをしたと後かい、元気をなくす ・うさぎの絵をけしてわるかった ・「へんなかぎ」、少し元気に
② 交番に向かう坂道　さくらの木にかぎをさしこむ	・かぎあなを見つける ・かぎをさしこんで回す ・つぼみがふくらみどんぐりがふる ・かぎをぬいたら、元にもどる	・まさか、さくらの木のかぎ？ ・すごくびっくり ・あわてる ・とんでもないことがおきた
③ 公園　ベンチにかぎをさしこむ	・かぎあなを見つけて回す ・ベンチが歩きだし、公園のまん中でねる ・しのびよってかぎをぬきとる ・ベンチは、うらめしそうにもどる	・もしかして→大あわて ・ひっくりかえりそう ・びっくり ・歩くなんて、おかしい ・ためいき二つ

一人で書く ← グループでたしかめる

グループで話し合う ← 書く

※ QR コンテンツのイラストを貼る。

POINT　場面ごとに，起こった出来事とそのときのりいこの様子や心情をグループで話し合わせ，全体で交流させる。

1　場所と出来事に気をつけて，場面に分けよう。

T　場所と出来事を確かめながら，お話を場面に分けましょう。

各自で黙読させ，場面が変わったところに印をつけさせる。

T　分けられたら，みんなで確認していきましょう。

最初は学校での出来事を思い出している場面で，その次がガードレールの近くでかぎを拾った場面だよ。

でも，学校のことを思い出しているのは出来事ではないから，かぎを拾うまでだよ。

最初は学校からの帰り道で，かぎを拾った場面です。

T　2つに分けることもできそうですが，今回は帰り道でかぎを拾う場面としましょう。

C　次は，交番に向かう坂道で，桜の木にかぎを差し込んだらどんぐりが降ってきた。

前時の板書も参考にして，場面を確かめていく。文のどこが切れ目になるかは，あまりこだわらなくてもよい。

2　はじめの場面で起こったこと，りいこの様子や気持ちを確かめよう。

ワークシート QR を配る。

T　かぎを拾った最初の場面で，りいこがしたことや起こったことと，その様子を順にワークシートに書き込みましょう。

C　しょんぼりと，うつむいて歩いていた。

C　図工の時間を思い出していた。

C　こがね色のかぎを拾った。

T　このときのりいこの様子や気持ちを話し合い，ワークシートに書き込みましょう。

かぎを見つけたときは，変なかぎだと思った。でも交番に届けようと元気が出てきた。

また余計なことをしたと後悔して，だんだん元気をなくしている。

うさぎの絵を消して，悪かったと思っている。

ワークシートに書き込んだことを発表させて，全体で交流させる。

準備物
・黒板掲示用イラスト QR
・ワークシート QR（ノートに書かせてもよい）

ICT
ワークシートに書く内容をタブレットに書かせることも考えられるが，ワークシートにきちんと書く経験も積ませたい。内容を書いたワークシートをタブレットで撮影し，教師に送信しておくと評価に役立つ。

まいごのかぎ

め 場面に分け、おこったことと、りいこの行動、様子、気持ちをたしかめよう

1 《場面》→ 場所・出来事

① かぎを拾う
② さくらの木にかぎをさしこむ
③ 公園のベンチにかぎをさしこむ
④ あじの開きにかぎをさしこむ
⑤ バスていのかんばんにかぎをさしこむ
⑥ バスが帰っていく

3 桜の木の場面で起こったこと，りいこの様子や気持ちを確かめよう。

T　次の場面で，りいこがしたことや起こったことと，その様子を，ワークシートに書き込みましょう。
C　桜の木の根元に，かぎ穴を見つけた。
C　かぎを差し込んで回したら，つぼみがみるみるふくらんで，どんぐりが雨のように降ってきた。
C　かぎを抜いたら，桜の木は元に戻った。
T　同じように，りいこの様子や気持ちを話し合ってワークシートに書き込みましょう。

どんぐりが降ってきたときは，すごくびっくりしたと思う。
まさかそんなことはないだろうと思いながらかぎを差し込んだ。
とんでもないことが起こったと慌てただろうな。

ワークシートに書き込んだことを発表させて，全体で交流させる。

4 ベンチの場面で起こったこと，りいこの様子や気持ちを確かめよう

T　今度は，どんな場面ですか。
C　公園のベンチの手すりに，かぎを差し込む。
C　同じように，ワークシートに書き込みましょう。
C　通り過ぎようとしたけど，かぎを回してしまった。
C　ベンチが歩き出し，公園の真ん中で寝てしまった。
C　かぎを抜かれたベンチは，うらめしそうに振り返ってから，元の場所に戻った。
T　同じように話し合って，ワークシートに書き込みましょう。

もしかしてと思ったのが本当になって大慌て。
ベンチが動き出して，ひっくり返りそうになるほど驚いた。
うらめしそうに振り返ったベンチのことをどう思ったのかな？

ワークシートに書き込んだことを発表させて，全体で交流させる。

まいごのかぎ

第3時（3/6）

本時の目標 後半の場面の「りいこ」の様子や気持ちを確かめることができる。

板書例

❹ ❸ ❷

場面（場所・出来事）	りいこがしたこと、おこったことと、その様子	りいこの様子や気持ち
④ 国道のわき あじの開きにかぎをさしこむ	・すいこまれるようにかぎをさして回す ・開きが羽ばたきうかび上がる ・あわててとびつき、かぎをぬく	・ただのあなではなさそう ・あっけにとられて見ている ・またよけいなことをした ・悲しくなった
⑤ 海岸通り バスていのかんばんにかぎをさしこむ	・まよったけど、かぎを回す ・時こく表の数字が動く ・かぎをぬいても元にもどらない ・たくさんのバスが、がっそうとダンス	・これでさいごにしよう ・ほっとしたけど、がっかり ・「すごい」目をかがやかせる ・すぐに、わくわくした自分がいや ・こわくなった ・おまわりさんにしかられる ・ダンスに見とれる「楽しい」
⑥ 石だんの下 バスが帰っていく	・バスはまんぞくして帰っていく ・うさぎが、バスのまどから手をふる ・りいこも手をふりかえす ・かぎはなくなっている	・みんな楽しめたと気づいた ・よろこんでくれてよかった ・けしたうさぎがいてよかった、うれしい ・いつまでも手をふりつづけた

→（⑤では、今までとちがう）
・かぎをぬいても、元にもどらない
・目をかがやかせて
・とても楽しそう

POINT バス停の場面が，それまでの不思議な出来事が起こった場面と違うことに気づかせ，最後の場面へとつなげていく。

1 前時の学習を振り返り，後半の場面確認をして音読をしよう。

T　前の時間の復習をしましょう。どんな出来事が起こったのですか。

りいこが，学校の帰り道でかぎを拾った。そのかぎで不思議な出来事が起こっていった。

桜の木のかぎ穴に入れて回したら，みるみるつぼみがふくらみ，どんぐりがいっぱい降ってきた。

次は，公園のベンチが歩きだして，寝てしまった。

自分の言葉で，前時の出来事を発表させる。

T　それでは，後半の部分を音読しましょう。
教科書 P79 の 8 行目から，一斉読みをさせる。

T　今日勉強するのは，どんな場面ですか。
C　次は，あじの開きにかぎを差し込む場面です。
C　その次は，バス停の看板のかぎ穴です。
C　最後は，バスが帰っていく場面です。

2 あじの開きの場面で起こったこと，りいこの様子や気持ちを確かめよう。

T　では，前の時間の続きでワークシートに書き込んでいきます。あじの開きを見つけた場面で，りいこがしたこと，起こったことと，その様子を書きましょう。
C　あじの開きの穴にかぎを差し込んで回した。
C　あじの開きが羽ばたいて浮かび上がった。
C　慌ててかぎを引き抜いたので，元に戻った。
T　りいこの様子や気持ちを話し合い，ワークシートに書き込みましょう。

ただの穴ではなさそうだと思って吸いこまれるようにかぎを差し込んでいる。

干物が羽ばたくので，驚くより，あっけにとられている。

やっぱり自分は余計なことをしてしまう，と悲しくなった。

ワークシートに書き込んだことを発表させて，全体で交流させる。

準備物
・黒板掲示用イラスト QR
・ワークシート（前時に使用したものを続けて使う）

ICT
前時の黒板などの内容を写真に撮っておき，毎時間，児童に送信しておくと，授業に入るときに，前時のことを効率的に思い出すことができる。

まいごのかぎ

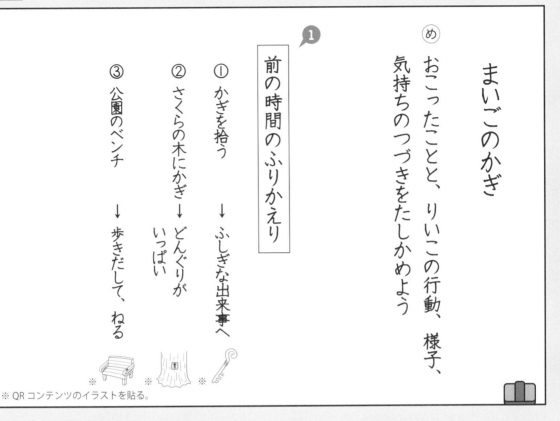

(め) おこったことと、りいこの行動、様子、気持ちのつづきをたしかめよう

1 前の時間のふりかえり

① かぎを拾う → ふしぎな出来事へ

② さくらの木にかぎ → どんぐりがいっぱい

③ 公園のベンチ → 歩きだして、ねる

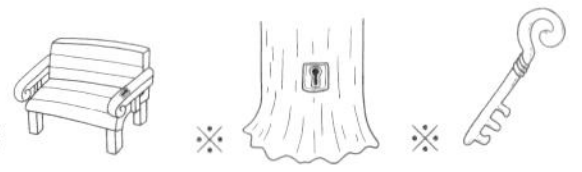
※　※　※

※ QR コンテンツのイラストを貼る。

3 バス停の場面で起こったこと，りいこの様子や気持ちを確かめよう。

T　では，次の場面です。今度は，今までとちょっと違うところがありますね。それも気をつけましょう。
C　迷ったけど，バス停のかぎ穴でかぎを回した。
C　時刻表の数字が動いた。
C　かぎを抜いても元に戻らない。今までと違う。
C　バスがたくさんやってきて，合奏とダンスをした。
T　ここでは，りいこの様子や気持ちが，たくさん出てきましたね。

かぎ穴に誘われて，これで最後にしようと思ってかぎを回した。
自分がやったことが怖くなってきて，どうしていいか分からなくなった。
何も起こらないときにがっかりしたのは，期待していたから。
でも，何か起きるのを期待したり，見とれたりもしている。今までと違う。

ワークシートに書き込んだことを発表させて，全体で交流させる。

4 最後の場面で起こったこと，りいこの様子や気持ちを確かめよう。

T　いよいよ最後の場面です。どんなことが起きたのでしょう。りいこはどうしたのでしょう。
C　バスは満足して帰っていった。
C　図工の時間に消したうさぎが，バスの窓から嬉しそうに手を振っていた。りいこも手を振り返し続けた。
C　かぎはいつの間にかなくなっていた。
T　ここも，りいこの気持ちがいろいろ考えられそうですね。

みんなが，したいことができて喜んでいたのだろうと気がついた。
楽しんでくれてよかったと思ったのだね。
うさぎも，消えてなくて嬉しそう。よかった。
りいこもすごく嬉しかった。だから，いつまでも手を振っていた。

発表と全体での交流をさせて，ワークシートへの書き込みを完了させる。

まいごのかぎ

第4時（4/6）

本時の目標 物語の最初と最後で，りいこはどのように変わったのか確かめ，その理由を考えることができる。

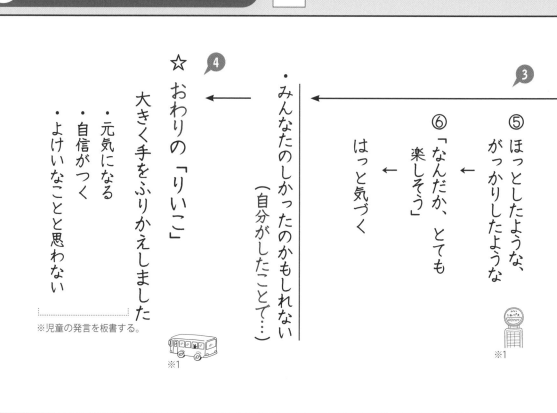

板書例

3

⑤ ほっとしたような、
がっかりしたような

⑥「なんだか、とても
楽しそう」

←

はっと気づく

※1

←

・みんなたのしかったのかもしれない
（自分がしたことで…）

←

4

☆おわりの「りいこ」
大きく手をふりかえしました
・元気になる
・自信がつく
・よけいなことと思わない

※児童の発言を板書する。

※1

POINT 前時に作成した場面ごとに読み取ってまとめた表と，文中の言葉を手掛かりにして考えさせる。文章の全体の中で，りいこの

1 本時のめあてをつかみ，「りいこ」のはじめの考えや気持ちについて話し合おう。

T　前の時間にまとめた表で，お話の全体の流れを確かめておきましょう。

第２・３時にまとめたワークシートを見返しさせる。

C 「りいこ」が，かぎを拾って，それを使うと不思議な出来事が次々と起こった。

C　桜の木からどんぐりが降ってきたり…。

T　こんな出来事に出会った「りいこ」の考えや気持ちの変化を，文中の言葉から確かめていきましょう。

T 「りいこ」は，はじめ何を考え，どんな気持ちだったのでしょう。文中のどの言葉からそれが分かるかも答えましょう。

「よけいなことをしなければよかった」と考えているのが「りいこ」の言葉から分かります。

「しょんぼりと歩き」「どんどんうつむいて」から，だんだん落ち込んでいることが分かりました。

2 ふしぎな出来事に対する「りいこ」の考えや気持ちの変化をみよう。

３つの出来事に対する考えや気持ちの変化を見ていく。

C 「もしかして…」の言葉から，軽い気持ちで桜の木にかぎをさしている。

C　後ずさりしながら「びっくりした」と言っているから，すごくびっくりしている。

ベンチでは，「でも，もしかして－」から，ひょっとしたら何か起きるかもしれないと思い始めている。

「しのびよって」だから，恐る恐るかぎを抜いている。

「わあ。」と言ってひっくり返りそうになったから，すごく驚いた。

早くかぎを抜かないと大変だと思った。

あじの開きの場面でも，同様に見ていく。

T 「りいこ」に何か，変化は出てきていますか。

C　だんだん興味がわいてきているみたいだね。

C　でも，「よけいなことばかりしてしまう」と悲しくなっている。

準備物	・第2・3時でまとめたワークシート ・黒板掲示用イラスト QR

ICT	物語の最初と最後の時間の板書の画像を保存しておき，それぞれ，どのような学習だったのかを画像を見ながら，振り返るとよい。

まいごのかぎ

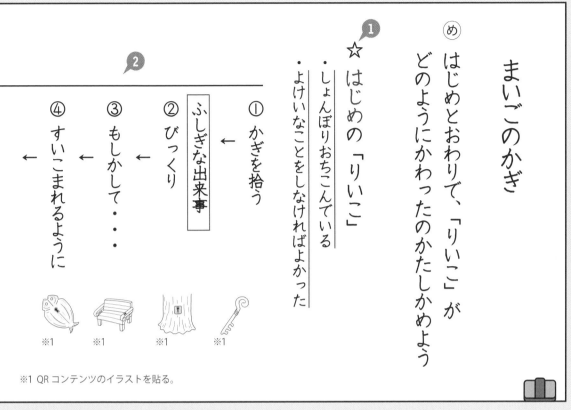

㋱ はじめとおわりで、「りいこ」がどのようにかわったのかたしかめよう

1

☆ はじめの「りいこ」

・しょんぼりおちこんでいる

・よけいなことをしなければよかった

2

① かぎを拾う ←

ふしぎな出来事

② びっくり ←

③ もしかして・・・ ←

④ すいこまれるように ←

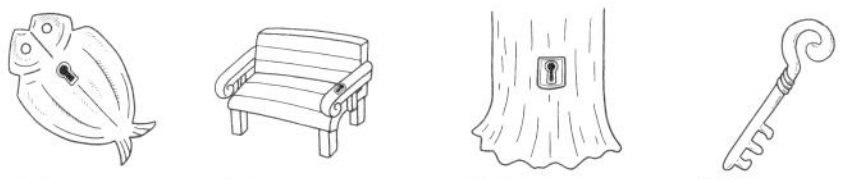

※1 ※1 ※1 ※1

※1 QR コンテンツのイラストを貼る。

変化を捉えさせる。

3 おわりの場面の「りいこ」の考えや気持ちを話し合おう。

T　バス停での出来事で，「りいこ」は，どう変化したか，見ていきましょう。

C　「ほっとしたような，がっかりしたような」から，何も起こらなくてよかった，期待外れだという２つの気持ちが分かります。

C　「目をかがやかせました」から，わくわくしている。でも，すぐにそんな自分が嫌になった。

T　「りいこ」は，はっと何に気づいたのでしょう。そのきっかけは何でしょう。

C　バスのダンスが楽しそうだったので，他も楽しかったのではないか，自分がかぎを回したので，みんな楽しかったのだと考えました。手を振っているところから嬉しくて満足もしていることが分かります。

言葉に着目して考えさせる。

「りいこ」の言ったこと「なんだか，とても楽しそう。」

「りいこ」の様子を表す言葉「目をぱちぱちしながら」，「大きく手をふりかえしました」など。

4 「りいこ」はどのように変化したのか，また，それはなぜか話し合おう。

T　「りいこ」は，はじめとおわりでどう変わってきたか，自分の言葉でまとめましょう。

はじめは，落ち込んで元気がなかったけど，おわりでは，元気になった。
余計なことをしたと思っていたのが，思わなくなったと思う。
ふしぎな出来事も，だんだん驚かずに，期待するようになった。
自分のすることに自信がなかったのが，自信がもててきた。

T　りいこは，なぜ変われたのでしょう。

C　かぎのおかげで，不思議な出来事に出会えたから。

C　かぎやバス停の看板が，誘っているように思えた。

C　うさぎが，りいこのためにしてくれたのかな？

C　やっぱり，りいこが「よけいなことはやめよう」と思わずにやってきたから気づけたんだよ。

まいごのかぎ
第5時（5/6）

本時の目標 出来事や「りいこ」について，好きな場面とその理由が書ける。

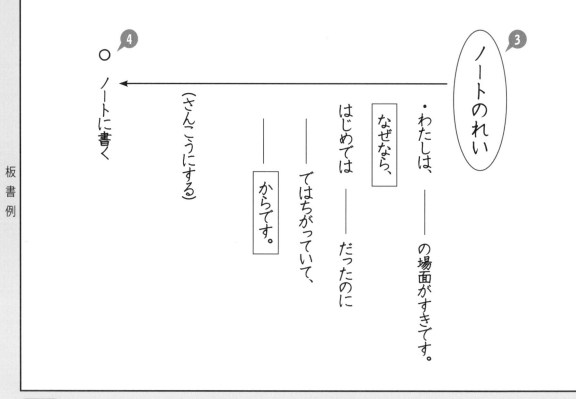

板書例

3 ノートのれい

・わたしは、――の場面がすきです。

なぜなら、

はじめでは――だったのに

――ではちがっていて、

――からです。

（さんこうにする）

4 ○ノートに書く

POINT 話し合いを通して「りいこ」の人物像を深めさせ，書きたい文の内容を考えさせる。

1 この物語で，好きだと思ったところはどこだろう。

T 好きだと思ったところはどこでしょう。まず，起こった出来事についてどうですか。

C ベンチが歩きだして寝てしまったのがおもしろくて好きです。バスの合奏も好きです。

T 「りいこ」については，どうですか。

C かわいいうさぎを書き足したところが好きです。

C 「まさか」と思いながらかぎを回してみて，驚いているところが好きです。

できるだけ大勢の児童に発表させる。

T 出し合った中で，自分が書きたいことを1つ選びましょう。

時刻表の数字が動き出したことが書きたいな。
「よけいなこと」をすぐしてしまう「りいこ」が好きです。
みんな好きなことができたんだと思えたりいこが好き。

出し合った以外のことを選んでもよいことにする。

2 好きだと思った理由をまとめよう。

T 「すきだ」と思った理由や，選んだことについて考えたことをノートに箇条書きにしましょう。

〈ノート例〉
- クラクションの合奏がどんなのか知りたい。
- あじの開きが羽ばたいて飛ぶという発想がおもしろい。
- わたしなら，「りいこ」のようにはできない。りいこがうらやましい。
- ふしぎな出来事を起こしていく「りいこ」が好き。
- おわりの場面は，わたしも嬉しくなった。

書けたら，隣どうしで見せ合って意見を聞き，理由や考えをつけ足したり，修正したりさせる。

なぜ「りいこ」のようにできないと思うの？
こわいから。

もし，かぎを抜かなかったらどうなったのかな？
そうだね。

準備物	ICT	ノートに書くことは大切であるが，3年生なので，タブレットで入力することも認め，児童の実態に合わせて，ノートかタブレットかを選択させる。

まいごのかぎ

(め) すきな場面とその理由を考え、ノートに書こう

1 すきな場面

・ベンチが歩きだし、ねてしまう
・バスのがっそう
・よけいなことをすぐにしてしまう「りいこ」
・だんだん元気になっていく「りいこ」
・りいこもうれしくなって、大きく手をふりかえしました

※児童の発言を板書する。

3 「ノートのれい」を読んで，自分の考えの書き方を考えよう。

T　教科書89ページの「ノートのれい」を読みましょう。
音読させる。
T　文は，どんな組み立てになっていますか。
C　まず，どこが好きな場面かが書いてあります。それから，その理由が書かれています。
C　理由の書き出しは「なぜなら」で始まっています。
C　最後は「…からです。」になっています。
T　「はじめは…だったのに，…」と，「りいこ」の変化との関わりも考えながら，書いてもいいですね。

まず，自分が好きな場面について書くんだね。
「なぜなら」を使って，理由を書くといいね。

4 好きな場面について，どこが好きなのか，それはどうしてかをノートに書こう。

T　箇条書きした文の中から選んで，文章にまとめて書きましょう。

＜児童の文章例＞
わたしは，「りいこ」も嬉しくなって，大きく手を振り返した場面が好きです。なぜなら，図工の時間に消してしまったうさぎが嬉しそうに「りいこ」に手を振っているところが，とても心に残ったからです。「りいこ」が元気になってよかったと思いました。

T　好きな場面と，その理由が書けましたね。
T　書けたら，字や文の間違いがないか確かめましょう。
C　あっ，漢字が間違っていた。
見直し後，書き直しをさせる。

まいごのかぎ
第6時（6/6）

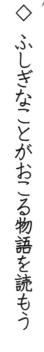

本時の目標　好きな場面を友達と伝え合い，話し合うことができる。学習を振り返る。

板書例

2
○ 思ったことをつたえる
（考えは同じ？
ちがう？）
○ グループで話し合う
（進行役　）

3
◇ 学習をふりかえろう
・言葉に着目　「またよけいなことをしちゃったな。」
「なんだか，とても楽しそう。」
・みんな　→　やりたいことができた
・りいこ　→　よけいなことではなかった
・話し合いで新しく発見したこと

4
◇ ふしぎなことがおこる物語を読もう

POINT　前時に書いたノートを読み，話し合いをさせる。主として自分の考えと同じところや違うところを伝え合わせる。

1 ノートを読んで考えを発表し，グループで話し合おう。

T　グループで話し合いをしましょう。

グループで，１人ずつ，好きな場面を発表し合い，話し合いをさせる。

わたしは，バスがリズムに合わせてダンスをする場面が好きです。なぜなら，とても楽しそうだからです。
「りいこ」が，何度もかぎをさしてしまう場面が好きです。なぜなら，…。

T　自分の考えと同じところ，違うところ，思ったことなどをメモしておくといいですね。

メモ用紙は，ワークシート QR を使用してもよい。

C　わたしは，山田さんの発表した場面と同じところが好きです。

2 発表を聞いて，思ったことを伝え合おう。

T　メモをもとにして，思ったことを伝え合いましょう。

１人ずつの発表に対して思ったことを伝え合わせる。グループの中で，進行役を作ってもよい。

ぼくが進め役をします。はじめに，大谷くんの発表で思ったことを言ってください。
好きな場面が数字がありのように動くところなのは，わたしも同じです。数字が動くところが目に浮かんできます。
「りいこ」が変われたのは，かぎのおかげじゃなくて，自分からかぎをさそうと思ったからだと思います。

T　友だちの意見を聞いて，どう思いましたか。

C　他にも同じことを思う人がいて，よかったです。

C　自分とは違う考えを聞いて，「なるほど，そんな考え方もあるのか」と思いました。

準備物

・ワークシート QR

ICT

友達全員と交流する時間が足りないのであれば，書いたノートの画像や記入したタブレットのシートを教師に送信し，全員で共有すると効率的に交流できる。

まいごのかぎ

(め) 書いたことをつたえ合い、考えの同じところやちがうところについて話し合おう

1 ◇話し合い

○すきな場面について書いたノートを読んで考えを発表する

・自分の考えと同じところ
・自分の考えとちがうところ
・そのほかに思ったこと　など

←メモに書いておく

3 学習してきたことを振り返ろう。

T　教科書 89 ページの「ふりかえろう」を読んで，学習してきたことを振り返りましょう。

C　「りいこ」の様子や気持ちを表す言葉はいろいろあったね。

C　しょんぼりと歩き，どんどんうつむいて，とか。

C　悲鳴，後ずさり，ため息を一つついて，もだよ。

C　かぎがまばたきするようにとか，点の一つが，ぱちっとまたたいた，も気になった言葉だった。

T　主人公の変化と出来事は，どう関わっていたのでしたか。

「りいこ」が，かぎをさしたから，桜の木も，ベンチもみんな，やりたいことができた。
「りいこ」だって，そのおかげで，自分のしたことが「よけいなこと」じゃないと分かって，嬉しくなれた。

4 不思議な出来事が起こる本の読み聞かせを聞こう。

教科書 P90 の「たいせつ」を読ませて，自分たちがしてきたことを再確認させておく。

T　教科書 90 ページの「この本，読もう」を見てください。どれか読んだことのある本はありますか。

C　ありません。

C　『とくんとくん』を読んだことがあります。

T　他に，不思議なことが起こる本を読んだことがありますか。

C　読んだことがあります。そういう本は好きだから。

T　今日は，不思議なことが起こる物語を 1 冊読んでみます。

わあ，うれしい。どんなお話かな。
おもしろかったら，ぼくも図書館で別な本を探してきて，読んでみようかな。

短い本 1 冊の読み聞かせをして終わる。

声に出して楽しもう

俳句を楽しもう

全授業時間１時間

◎ 指導目標 ◎

・易しい文語調の俳句を音読したり暗唱したりするなどして，言葉の響きやリズムに親しむことができる。

◎ 指導にあたって ◎

① 教材について

本教材は，俳句６句からなっています。学習の主たる目標は，音読を通して言葉の響きやリズムを楽しみ，伝統的な言語文化である俳句を味わい親しむことです。季語は，比較的分かりやすい俳句が選ばれていますので，児童にも見つけやすいでしょう。秋や冬の季語が入った俳句も入っていれば，もっと，季語のイメージがわいたかもしれません。音読すれば，大体の意味は説明がつけ加えられているため，それを手がかりにして情景を想像することができます。文語の表現や，短い言葉の中に情景や感情を凝縮した俳句に，関心をもたせることを大切にします。

② 個別最適な学び・協働的な学びのために

俳句のリズムのよさに気づかせ，その形式や，俳句には季語があることを理解させます。本時や今後の学習の中で，俳句を作ったり五七調・七五調のリズムをいかした文作りをしたりなど，機会を見つけて取り組ませてみることも，日本語独特の言語表現の力をつけるためには大切なことです。俳句からどのような様子が思い浮かべられるのかは，作品理解にとって大事なことであり，音読の質にも関わってきます。児童どうしの対話を通して情景のイメージを広め深めさせていきます。言葉の調子や響きに「親しみ」「楽しむ」ことがこの教材では大切です。音読や暗唱を数多くさせて，耳でリズムを覚えさせていきます。音読も，様々な形態で楽しく学習させましょう。

◎ 評価規準 ◎

知識及び技能	易しい文語調の俳句を音読したり暗唱したりするなどして，言葉の響きやリズムに親しんでいる。
主体的に学習に取り組む態度	進んで言葉の響きやリズムに親しみ，学習課題に沿って俳句を音読しようとしている。

◎ 学習指導計画　全１時間 ◎

次	時	学習活動	指導上の留意点
1	1	・五・七・五の十七音から成り立っていることや季語があることなど俳句の決まりや特徴を知る。 ・どこで切れば調子よく読めるか確かめて音読をする。 ・どんな様子が想像できるか話し合い，音読をする。 ・身のまわりから七五調の詩歌を探す。	・どこで区切って読むと調子よく読めるか考え，1音ずつ手をたたくなどして，言葉のまとまりやリズム感を楽しみながら音読させる。 ・情景を思い浮かべ，俳句の内容を把握して音読にいかす。 ・何度も繰り返して音読し，文語独特の表現にも親しませる。

俳句を楽しもう

第1時（1/1）

本時の目標 情景を想像し，言葉の調子を楽しみながら俳句を音読できる。

板書例

3 《思いうかぶ様子　感じられること》
・子どもたちがいっぱい外に
楽しそう
作者（しゃ）も楽しく見ている
・広いはたけいっぱいに菜の花
きれいだろう
※

4 「うみ」　――　七・五・七・五
「ふじ山」　――　七・五・七・五
五音や七音を組み合わせた歌や詩
かるた
音楽教科書の歌
※

※児童の発言を板書する。

POINT 言葉のリズム感を楽しみながら音読をさせる。情景は，教科書に書かれた大意も参考にして想像させる。

1 俳句を読み，決まりを知ろう。

T　どんなことを学習するのか，めあてを確認します。教科書 91 ページの右下を見ましょう。
C　声に出して，言葉の調子や響きを楽しむ。
C　どこで区切って読むと調子よく読めるか考える。
T　俳句って何ですか。教科書で調べましょう。

五・七・五の十七音で作られた短い詩です。
自然の様子や感じられることを俳句に書くのね。
季語という季節を表す言葉が入っています。教科書の俳句のどれが季語なのかな。

T　教科書の俳句から季語を見つけてみましょう。
C　はじめの季語は，すみれ草。すみれは春に咲く。
同様にして，6つの俳句から季語を見つけさせる。
C　「雪とけて」は，雪だから冬だね。
C　違うよ。雪がとけるから春だよ。

2 言葉のまとまりや調子を確かめながら音読しよう。

T　言葉のまとまりに気をつけて黙読をして，どこで区切れば調子よく読めるか考えましょう。
C　「山路きて」で一度区切る。それから，…。
T　1句ずつどこで区切るか，話し合いましょう。

教科書に「五・七・五の十七音で作られた」と書いてあったから，そこで区切ればいいよ。
わたしも，いくつか試したけど五・七・五が一番よかった。
じゃあ，「山路来て・何やらゆかし・すみれ草」になるね。うん，調子よく読める。

話し合えたら，1音ずつ手をたたいて読み，五・七・五音を確認させる。

T　では，五・七・五音のまとまりと調子を確かめながら，6つの句を音読しましょう。
C　はい。1番目の俳句を読みたいです。
C　わたしは，「菜の花や…」が読みたいです。

準備物

ICT　教師があらかじめ，自然の様子の写真を撮影したり，ネットで検索したりして保存しておく。適時，児童の実態に合わせて提示したり共有したりすると，作品理解の手助けになる。

俳句を楽しもう

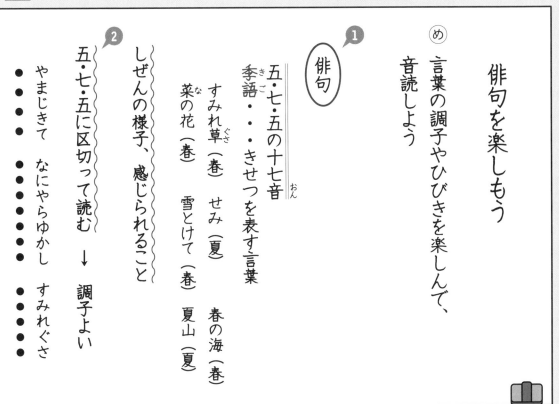

め　言葉の調子やひびきを楽しんで、音読しよう

1 俳句

五・七・五の十七音（おん）

季語（きご）・・・きせつを表す言葉

すみれ草（ぐさ）（春）　せみ（夏）　春の海（春）

菜（な）の花（春）　雪とけて（春）　夏山（夏）

しぜんの様子、感じられること

2 五・七・五に区切って読む　→　調子よい

やまじきて　●●●●

なにやらゆかし　●●●●●●●

すみれぐさ　●●●●●

3 どんな情景が思い浮かぶか話し合い，気に入った俳句を音読（暗唱）しよう。

T　俳句は，十七音の中にたくさんの様子や作者が感じたことが読み込まれています。

T　みなさんも，一つ一つの俳句から，どんな様子が想像できるか話し合いましょう。

教科書の俳句の横に書いてある大まかな意味も手がかりにして，様子（情景）や作者の感じたことを想像させる。

遊んでいる声が聞こえてきそうな気がするね。それを作者が楽しんで見ているんだ。

「雪とけて…」は，子どもたちが，いっぱい外に出てきて，楽しそうに遊んでいる。

「菜の花や…」は，とっても広い畑一面に菜の花が咲いていて，きれいだろうね。

T　一番気に入った俳句を選んで音読しましょう。

教科書の６句を順に音読させていく。（できれば暗唱させる）時間があれば，2，3人ずつ音読させていってもよい。

4 「うみ」「ふじ山」の歌詞を読み，身の回りから五七・七五調の詩歌を探そう。

T　教科書の「うみ」と「ふじ山」の歌を声に出して読んでみましょう。何か気づきませんか。

C　うみは　ひろいな…。

C　あたまを雲の　上に出し…。

「うみは　ひろいな」で七音，「大きいな」で五音になっている。

何か調子がいい感じだね。

「あたまを雲の」で七音，「上に出し」で五音だ。

教科書上段の解説を読ませる。

C　昔から，五音と七音の組み合わせがあったんだ。

C　五音と七音は調子がいいんだね。

T　他にも五音や七音の詩や歌はありませんか。

C　かるたも七音や五音が多いよ。

C　音楽教科書に載っている歌にも五音，七音がある。

C　「春の小川」は，七音，七音…。

こそあど言葉を使いこなそう

全授業時間２時間

◎ 指導目標 ◎

・指示する語句の役割について理解することができる。

◎ 指導にあたって ◎

① 教材について

「こそあど言葉」という用語に児童は初めて出会います。教科書の説明や表から，その意味と特徴をまず理解させておきます。これらの指示語は，「こそあど言葉」として認識はしていなくても，児童は，普段の生活の中で無意識に様々な場面で使っています。そのことに気づかせ，毎日の生活の中にある身近な言葉として学習させていきます。指示語は，うまく使いこなせば，文章を短く表現することができ，的確なコミュニケーションが図れます。指示語の特徴や便利さを学び，日常生活や文章表現で使いこなせることを目指します。

② 個別最適な学び・協働的な学びのために

２時間の学習計画です。第１時では，「こそあど言葉」についての基本的な知識を理解させ，自分たちの生活との関わりにも目を向けさせておきます。第２時は，いわば応用の場面になります。教科書の練習問題や教材などを使って，「こそあど言葉」を見つけ，何を指示しているか考え，実際に使ってみるという学習活動をできるだけ多く体験させます。その際には，まずは自分で考え，対話を通して確かめ，より深く認識するという道筋を大切にしていきます。「使いこなす」という目標を児童にも意識させて学習に取り組ませましょう。

◎ 評価規準 ◎

知識 及び 技能	指示する語句の役割について理解している。
主体的に学習に取り組む態度	積極的に指示する語句の役割について理解し，学習課題に沿って使おうとしている。

◎ 学習指導計画　　全２時間 ◎

次	時	学習活動	指導上の留意点
1	**1**	・日常生活で「こそあど言葉」を使ってうまく伝わらなかった経験を話し合う。 ・「こそあど言葉」について知る。 ・正しく伝えるためには，何に気をつければよいか考える。 ・こそあど言葉を使って，やりとりをする。	・日常生活の中で,「こそあど言葉」を何気なく使っていたことに気づかせる。 ・「こそあど言葉」を使いこなせていない（正しく伝えられない）場面を想起して，話し手と聞き手が同じものを思い浮かべていることが大事だと気づかせる。
2	**2**	・教科書の２つの例文を比べ，違いを見つける。 ・教科書の練習問題②に取り組む。 ・これまでに習った国語教材（春風をたどって）で，「こそあど言葉」を見つける。 ・「こそあど言葉」を使った文章を作る。	・様々な形の練習を，できるだけ数多く体験させて，「こそあど言葉」に慣れさせ，使いこなせるようにする。

こそあど言葉を使いこなそう
第1時（1/2）

本時の目標　「こそあど言葉」がどんな言葉か分かり，使い分けや使う場合の注意点が理解できる。

板書例

（相手近く）　（はっきりしない）
それ　どれ
そこ　どこ
そちら　どちら
そんな　どんな

③ ☆うまくつたえるには
指しているもの
話す人 → 聞く人
同じ
思うもの

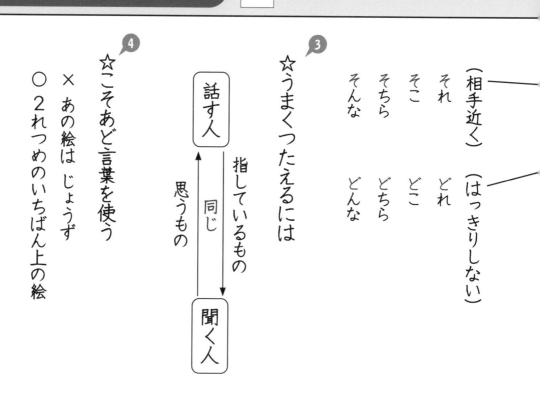

④ ☆こそあど言葉を使う
× あの絵は　じょうず
○ 2れつめのいちばん上の絵

POINT 日常での生活経験とも結びつけて，「こそあど言葉」の特徴や使い方を捉えさせる。

1 こそあど言葉を使って，うまく伝わらなかった例を話し合おう。

教科書「問いをもとう」の下の絵を見て話し合わせる。

T　４人の言葉の使い方に，どんな特徴がありますか。
C　みんな「あの」「どの」「この」「その」という言葉を使っています。
T　この会話では何がうまく伝わらなかったのですか。
C　「あの本」というのが，どれか分かりませんでした。
T　みなさんも，このように「何かを指し示す言葉」を使って，うまく伝わらなかったことはありませんか。

「昨日見たあのテレビ番組おもしろかったね。」と話していたけど，お姉ちゃんは全然違う番組のことだと思っていた。
お母さんに「それ取って」と言われたけど，何を取ったらいいのか分からなかった。
お店で，「あれを下さい」と言ったときに，違う品物を持ってこられたことがあった。

2 こそあど言葉とはどんな言葉で，どのように使うのだろう。

T　教科書の題から，学習のめあてが分かりますね。何ですか。
C　こそあど言葉を使えるようになることです。
T　こそあど言葉とはどんな言葉か，調べましょう。
C　この，その，あの，など何かを指し示す言葉です。
C　尋ねるときは，どの，どれ，などを使うね。
T　先の発表では，どんな言葉がありましたか。
C　あの，それ，あれ。

教科書の４人の会話も声に出して読ませて，使い方を確認させる。

T　教科書の表で使い分けを確かめましょう。

話し手に近いと「こ」，相手に近いと「そ」，両方遠いと「あ」，はっきりしないと「ど」で始まります。
物事，場所，方向，様子で「こそあど」から下の言葉が変わるのね。

準備物	
ICT	教室の様子を撮影し，画像を手元のタブレットで共有しながら，わざと分かりにくく「こそあど言葉」を使っていくと，児童の興味がわく。

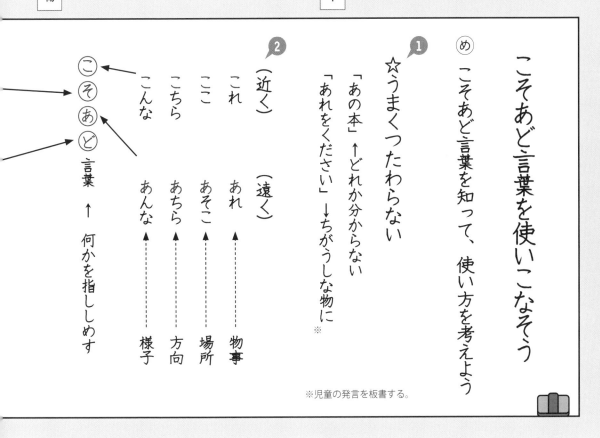

こそあど言葉を使いこなそう

㋱ こそあど言葉を知って、使い方を考えよう

1

☆うまくつたわらない

「あの本」↑どれか分からない

「あれをください」↓ちがうしな物に ※

2

（近く）	（遠く）	
これ	あれ	↑ 物事
ここ	あそこ	↑ 場所
こちら	あちら	↑ 方向
こんな	あんな	↑ 様子

㋙㋞㋐㋨言葉 ↑ 何かを指ししめす

※児童の発言を板書する。

3 こそあど言葉で正しく伝えるには，どうすればよいのだろう。

T　教科書の会話で「あの本」が伝わらなかったのは，なぜでしょう。

C　遠いところから「あの本」と言われても，本がたくさんあったら，聞いた人はどれか分からない。

C　話す人と聞く人の思っていることが違うと，指し示すものが違ってくる。

T　こそあど言葉を使って正しく伝えるためには，どんなことに気をつければよいのでしょう。教科書の4人の中でうまく伝わっているのはどの子でしょう。

「あの昆虫の本」のように，指し示す本が分かるような言い方をすればいい。
話す人と聞く人の思うことが，同じになるように言葉をつけ足したりして伝えることが大事なんだ。
近くで指さして，「この本」と言ったら伝わるね。

4 こそあど言葉を使って，教室の中にある物についてやりとりをしよう。

T　それでは，実際にこそあど言葉を使って，やりとりをしましょう。教室にある物を指し示してください。

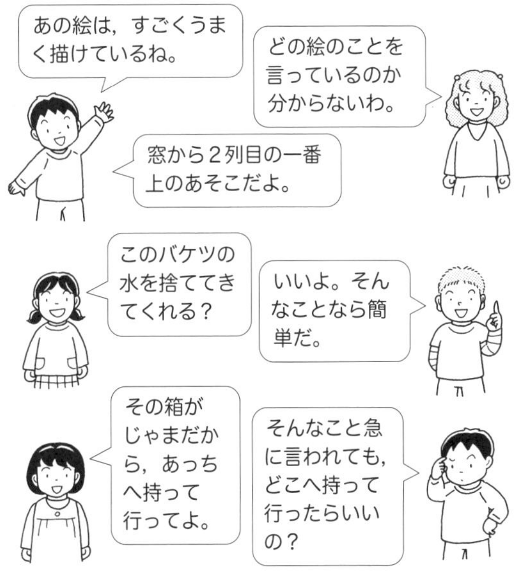
あの絵は，すごくうまく描けているね。
どの絵のことを言っているのか分からないわ。
窓から２列目の一番上のあそこだよ。
このバケツの水を捨ててきてくれる？
いいよ。そんなことなら簡単だ。
その箱がじゃまだから，あっちへ持って行ってよ。
そんなこと急に言われても，どこへ持って行ったらいいの？

こそあど言葉を使いこなそう
第2時（2/2）

本時の目標 こそあど言葉の特徴が分かり，文中からこそあど言葉を読み取ったり，文章で使ったりできる。

板書例

3 《『春風をたどって』から》

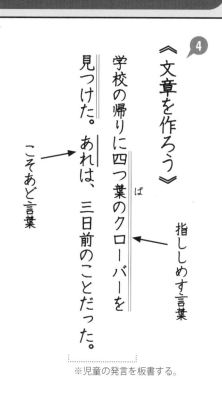

そんなことばかり → 「旅に出たいなあ。」

それなのに・・・　どれもルウが・・・

それにくらべて・・・　それらがどこに・・・

4 《文章を作ろう》

学校の帰りに四つ葉（ば）のクローバーを見つけた。あれは、三日前のことだった。

指ししめす言葉

こそあど言葉

※児童の発言を板書する。

POINT 前時の学習をもとにして，文章の中で，こそあど言葉を使いこなせるように練習させる。

1 文の中での「こそあど言葉」の働きを確かめよう。

T　前の時間の復習です。こそあど言葉は，どんなものを指し示していましたか。

C　物事，場所，方向，様子です。

T　いろいろな物を指し示すときに使われていますね。

教科書 P95 上段の 2 つの囲みの中の文を音読させる。

T　2つの文を比べて，違っているところを言いましょう。

右の文の「おばあさんからもらった赤いぼうし」が，左の文では「それ」になっています。
右の文より，左の文の方が，短くなっていて，読みやすいです。

T　2つの文から，こそあど言葉について分かったことは何ですか。

C　身の回りのことだけでなく文中の言葉も指し示す。

C　文章を短くすることができます。

2 こそあど言葉を見つけ，何を指し示しているか探そう。

教科書 P95 の2の問題を読み，こそあど言葉には線を引き，それが指している言葉を□で囲ませる。

T　隣同士で相談して，答えを見つけましょう。

こそあど言葉は「そこ」で，「次の土曜日」を指しているのかな。
違うよ。「そこ」は場所を表す言葉だから，「新しいプール」を指しているでしょ。
そうか。どんなことを示すかを考えて答えたらいいんだね。

T　書けたら，線を引いた言葉と□で囲んだ言葉を発表しましょう。

C　線を引いた言葉が「そこ」で，囲んだ言葉が「新しいプール」です。

T　残りの2問は，相談しないで1人で答えましょう。

答えを書き終わったら，発表させて確かめ合わせる。

準備物

ICT　日常の様子を写真に撮っておいて，ランダムに児童のタブレットに送信する。送られた写真で文章を作ると，盛り上がる。

こそあど言葉を使いこなそう

㋱ 文中からこそあど言葉を見つけたり、使って文章を書いたりしよう

1 おばあさんからもらった赤いぼうし

それ・・・・・文がみじかく

2 《そうだんして見つける》

近所に新しいプールが・・・そこで泳ぐ・・・・。

《自分で見つける》

しあいの・・・するとよい。・・・そんな助言・・・。

3 既習の文章の中からこそあど言葉を見つけ，発表しよう。

T　もう少し，練習をしましょう。『春風をたどって』のはじめの２ページから「こそあど言葉」を見つけて線を引き，何を指しているのか考えましょう。

教科書の『春風をたどって』を黙読させ，グループで話し合わせる。

はじめのページの２，３行め「そんなことばかり」の「そんな」がこそあど言葉だね。
次のページの４行目「どれもルウが…」の「どれ」もこそあど言葉だ。
「旅に出たいなあ。」というりすの言葉を指している。
「青くすき通った海」から「黄金にかがやくさばく」までを指している。

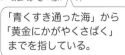

T　では，グループで見つけた「こそあど言葉」とそれが指し示すことを発表しましょう。

各グループから，１例ずつ発表させ交流させる。

4 こそあど言葉を使った短い文章を作ろう。

T　教科書の2の文章をまねして，こそあど言葉を使った短い文章を作りましょう。

再度，2の文章を読んでから文章を作らせる。

昨日の算数のかけ算の練習問題は難しかった。あんな問題はもういやだ。
学校の帰りに四つ葉のクローバーを見つけた。あれは三日前のことだった。

書けたら発表させ，そこからこそあど言葉を見つけさせる。

C　近くの林で友達がカブト虫をとってきた。ぼくも，日曜日にそこへ虫とりに行くつもりだ。

T　今の発表のこそあど言葉と何を指し示しているかを言いましょう。

C　こそあど言葉が「そこ」，「近くの林」を指し示しています。

T　こそあど言葉をうまく使いこなせそうですね。

あつめて整理してつたえよう

［じょうほう］引用するとき

全授業時間３時間

◎ 指導目標 ◎

・引用のしかたや出典の示し方を理解し使うことができる。
・自分の考えとそれを支える理由や事例との関係を明確にして，書き表し方を工夫することができる。

◎ 指導にあたって ◎

① 教材について

調べたことをまとめたり，何かを紹介したり，様々な文章の中で，他の資料などから引用する場合がよくあります。児童も経験したり目にしたりしている場合もあるでしょう。そうしたことも振り返りながら，正しい引用のしかたについて学習していきます。漢字，ひらがな，カタカナの使い方も含めて元の文をそのまま抜き出さねばならないことなどは，児童にとって新たな知識です。その意味も理解しながら，今後活用していけるようにします。

② 個別最適な学び・協働的な学びのために

引用についての基本的な知識を得て，実際に引用を用いた文章を書くのが，ここでの学習です。基本的な知識については，教科書を読めば分かりますが，対話を取り入れることで，より確かな理解と，なぜこんな決まりが必要なのかなど，より深い理解を目指して学習させることができます。また，引用の入った例文に少しでも多く触れさせ，「引用」のイメージを豊かにするために教科書以外の例文も資料として用意しました。自分が，引用を使った文章を書く活動では，ただ引用が使えればよいというだけでなく，どこを引用し，どのように使うかをしっかり考えて，一番伝えたいことを明確にした文章を書かせるようにします。

◎ 評価規準 ◎

知識 及び 技能	引用のしかたや出典の示し方を理解し使っている。
思考力，判断力，表現力等	「書くこと」において，自分の考えとそれを支える理由や事例との関係を明確にして，書き表し方を工夫している。
主体的に学習に取り組む態度	積極的に引用のしかたや出典の示し方を理解し使い，学習課題に沿って本などから調べたことを引用して文章を書こうしている。

◎ 学習指導計画　　全３時間 ◎

次	時	学習活動	指導上の留意点
1	1	・教科書の４コマ漫画を読み,「引用」について知る。 ・引用した経験や知っていることを交流する。 ・例文で引用の使われ方を確かめる。	・教科書，資料，身の回りの事例から引用とは何かを具体的につかませる。 ・最後に例文で練習をする。
	2	・引用に決まりがあることを知り，話し合う。 ・「出典」「奥付」について知る。 ・引用の決まりやつけ加えることを再度確認する。	・引用のための決まりや留意点は，正しく引用するために必要なことであることを理解させる。 ・例文，資料，４コマ漫画などで具体的に確かめさせる。
2	3	・学習したことを振り返る。 ・「こまを楽しむ」から引用して，興味があるこまとその遊び方を紹介する文章を書く。 ・書いた文章を読み合い，正しく引用できているか確かめる。	・対話の中で，自分が伝えたいことを明確に認識させて文章を書かせる。 ・引用する言葉の選び方や使い方を工夫させる。

引用するとき
第1時（1/3）

本時の目標　引用とは何かを知り，引用した言葉と自分の言葉は区別しなければならないことが理解できる。

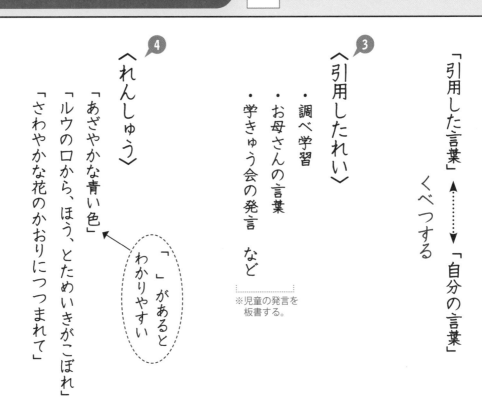

板書例

「引用した言葉」
くべつする
「自分の言葉」

3 〈引用したれい〉
・調べ学習
・お母さんの言葉
・学きゅう会の発言　など

※児童の発言を板書する。

4 〈れんしゅう〉
「あざやかな青い色」
「ルウの口から、ほう、とためいきがこぼれ」
「さわやかな花のかおりにつつまれて」

「　」があるとわかりやすい

POINT　自分の生活体験や身の回りの具体的な事例から，引用とはどのようなことで，何に気をつけなければならないのかを

1　教科書の4コマ漫画を読んでみよう。

教科書 P96 の 4 コマ漫画を読ませる。

T　これは，何を描いた漫画ですか。

文様について，本から写したことを描いている。

どこが写したところか，本の名前は何かと聞かれているが答えられない。

題の「引用するとき」のことを描いているのでしょうね。

T　どこが写したところか，教科書 54，55 ページで確かめましょう。

C　「『いいことがありますように。』…こめられて」のところです。

C　「子どもたちが元気で…ねがう文様」のところもそうだよ。

2　引用とはどんなことなのだろう。

T　この教材の題にもなっている「引用」とは，どんなことをするのでしょう。教科書で調べましょう。

他の人の言葉を，自分の文章や話の中で使うことを引用といいます。
自分の言葉と区別しなければならないと書いてあります。

本に書いてあることを写すのも 引用なのだね。
4コマ漫画の「子どもたちが…ねがう文様」も引用なのね。

T　どうして引用した言葉と自分の言葉を区別しないといけないのでしょう。

C　他の人の言葉が自分の言葉みたいに思われてしまうから，言葉の横取りみたいでよくないです。

C　自分の言葉みたいに使ったら，その人に悪いです。

C　他人の言葉を自分の言葉だと思われるのも嫌です。

準備物	・資料『春風をたどって』の感想 QR

ICT	引用とは何かを説明するときに，いろいろな本や資料の引用を記載している部分を写真に撮り，全体提示しながら説明すると理解しやすい。

引用するとき

め 引用とはどんなことかを知ろう

1 4コマまんが
・本からうつした
・どこをうつした？　本の名前は？
→ 自分ならどうする？

2 「引用」
ほかの人の言葉
本などに書いてあること
← 自分の話や文章で使う

つかませる。

3 引用した経験や知っていることはないだろうか。

T　自分も，何か引用したことはありませんか。自分はなくても，周りでそんな例はありませんか。

グループで話し合わせる。

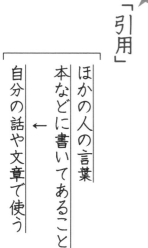

お兄ちゃんが，社会科の調べ学習で，本に書いてあること写して書いていた。
作文にお母さんから言われたことを，自分の考えみたいに書いたことがあったなあ。
生活科の勉強で，図鑑に書いてあったことを写したことがある。
学級会で「わたしも林さんと同じで『クラス遊びをした方がいい』と思います。」と言ったことがある。

グループで話したことを全体でも少し交流させる。

T　今まで，引用したことを自分の言葉と区別していましたか。

C　全然，気にしていなかった。

C　これからは，できると思う。

4 引用の使われ方を例文で確かめてみよう。

T　『春風をたどって』の感想文で，引用がどのように使われているか，確かめてみましょう。

資料「『春風をたどって』の感想」QR を読ませる。

T　引用されているのは，どこでしょう。

「ルウの口から，ほう，とためいきがこぼれ」も引用だよ。
「あざやかな青い色」という，花畑の様子のところだね。
「　」がついていると，引用だと分かりやすいね。

T　実は，あと１か所，引用があるのです。それはどこか見つけて「　」をつけましょう。

教科書を読んで確かめさせる。

C　分かった。「さわやかな花のかおりにつつまれて」です。教科書 29 ページにありました。

「　」をつけさせ，引用を意識しながら音読させる。

引用するとき

第2時（2/3）

本時の目標　言葉や文を引用する場合の決まりや書き加える内容が分かる。

板書例

3
出典（てん）…引用先の本やしりょう
読む人が分かるように
①書いた人
②題名
③出版（ぱん）社（発行所）
④発行年
⑤書かれていたページ

（調べる）

奥付（おくづけ）…本の最後　①～④

4
《たしかめよう》
「4コマまんが」「しりょう　感そう文」
ポイント
・引用に「　」は？
・元の文章そのまま？
・文字もそのまま？
・出典は？

POINT　引用するときの決まりやつけ加える内容を教科書から読み取らせる。これらは，自分と他人の言葉や文を区別し，正しく

1 文章の引用には，どんな決まりがあるか調べて話し合おう。（1）

T　引用した言葉と自分の言葉を区別しなければいけませんが，みなさんならどんな区別のしかたをしますか。

C　「　」や（　）でくくるか，横に線を引きます。

C　色を変えるか，字の大きさを変えるか，します。

T　文章での引用には，決まりがあります。どんな決まりがあるか，教科書で調べましょう。下の例文でも確かめ，何か意見があれば，それも言いましょう。

はじめの2項目について調べ，話し合わせる。

本などの題名を示します。「文様」が題名だね。

「　」をつけるなどして，自分の言葉と区別する。

4コマ漫画でも，題名を知りたいと言っていたね。これは大事だね。

引用と分かればいいんだから，（　）や線を引くのでもいいと思うけど。

2 文章の引用には，どんな決まりがあるか調べて話し合おう。（2）

T　あとの2つの決まりも，同じように調べて，意見を言いましょう。

必要な部分だけを使う。「…ねがう文様」の続きの部分は使われていません。

ちょっとだけでも変えたらダメなのかな？

元の文章を，そのまま抜き出す。下の文を見たら，漢字とひらがなの使い方も全く同じです。

少しでも変えたら，書いた人の考えと変わるかもしれないよ。

T　内容だけでなく，漢字やカタカナなどもそのまま引用します。決まりがなぜ必要なのか分かりますか。

C　他人が書いた文章だから，きちんと区別して，勝手に変えたりしてはいけないんだね。

準備物
・（できれば）奥付確認用の本
・資料『春風をたどって』の感想
（第1時で使用したものを続けて使う）

ICT
奥付確認用の本は，必要なところを撮影し，画像を児童のタブレットに送信しておくと，児童が手元で確認できる。

引用するとき

め 引用するときの決まりや、書きたすことを知ろう

1
2
引用の決まり
・題名をしめす
・「　」をつけるなどでくべつ
・ひつような部分だけ
・元の文章そのまま

引用するためであることを理解させる。

3 出典，奥付とは何かを知り，内容を確かめよう。

T　教科書に「出典」という言葉が出ていますが，これは何ですか。
C　引用した言葉が書かれていた本や資料のことです。
C　何から引用したか，読む人に分かるように出典を示します。
T　出典には，どんなことを書けばよいか，教科書で確かめましょう。

書いた人，本などの題名，出版社（発行所）名も書く。
発行年，引用文が書かれていたページも書く。これで引用先が詳しく分かるね。

T　出典は，文章のどこに書けばよいのですか。
C　文章の最後に書きます。
T　これらは，言葉を引用した本のどこをみれば分かるでしょう。
C　引用したページ以外は，奥付に書かれています。
できれば，実際の本を持ってきて，奥付を確認させたい。

4 引用するときの決まりや書き加えることをもう一度確かめよう。

T　引用の決まりや書き加えることを，もう一度確かめましょう。まず，4コマ漫画で確かめましょう。

「いいこと…こめられて」はカッコが二重になるけど，中は『』でいいのかな？
「子どもたちが元気で…ねがう文様」のところもカッコをつける。
文字も「。」も同じだから正しく引用できている。
最後に出典を書けばいいんだね。

T　前の時間の資料「『春風をたどって』の感想」でも，確かめておきましょう。
C　2つは「　」がついている。「さわやか…つつまれて」にも前の時間に「　」をつけたからいいね。
C　漢字，ひらがな，カタカナ，「、」を打つ場所も元のままだからこれでいい。

引用するとき
第3時（3/3）

本時の目標 これまでの学習をいかして，引用した言葉や文を使って文章が書ける。

板書例

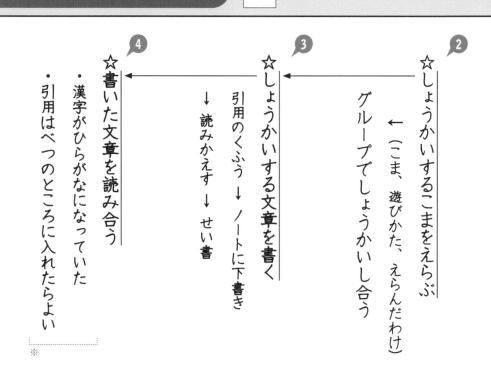

2 ☆しょうかいするこまをえらぶ
←（こま、遊びかた、えらんだわけ）
グループでしょうかいし合う

3 ☆しょうかいする文章を書く
引用のくふう ↓ ノートに下書き
↓ 読みかえす ↓ せい書

4 ☆書いた文章を読み合う
・漢字がひらがなになっていた
・引用はべつのところに入れたらよい
※

POINT 引用をするときの決まりなど，前時までの学習をいかして，文章を書く。書いた文章は，グループで読み合い，正しく引用

1 学習内容を振り返り，引用した言葉や文を使って，文章を書いてみよう。

T 「引用」について，学習したことを振り返りましょう。
引用とは何か，決まり，出典などについて振り返らせる。

T 引用するときに，特に気をつけなければいけないことは何だと思いますか。

C 引用した言葉と自分の言葉をきちんと区別する。

C 引用は元の通り，正確に引用する。

T 今日は，教科書から引用して自分で文章を書いてみましょう。何に一番気をつけて書いてみたいですか。

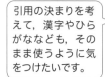

自分の考えがきちんと伝わるような文章にしたいです。

引用の決まりを考えて，漢字やひらがななども，そのまま使うように気をつけたいです。

引用の勉強だから，引用した言葉をうまく使いたいです。

2 紹介してみたいこまを１つ選んで交流しよう。

T 教科書 56 ページの『こまを楽しむ』を開けてください。一番興味のあるこまと，その遊び方を紹介しましょう。
『こまを楽しむ』をどのこまを選ぶか考えながら音読させる。（教師の範読でもよい）

C どのこまを紹介したいか決まった。

T なぜ，そのこまのことを書こうと思ったのか，グループで交流しましょう。

ぼくは，鳴りごま。回ると音が出るところがすごく興味がある。

わたしは，色がわりごま。もう，引用する言葉も考えているわ。

どれにしようかな。まだ，迷っている。

もう少し，みんなの意見を聞いて決めるつもりだよ。

C どんなことを書くか，だんだんはっきりしてきた。

C 迷っていたけど，他の人の意見を聞いて決まった。

準備物

ICT　書いた文章は，写真に撮ったり，タブレットのシートに記入したりするなどして，全体で共有し，読み合って，正しく引用できているか確認し合う。

引用するとき

(め) 引用した言葉を使って、文章を書いてみよう

(1) 《学習のふりかえり》

・「引用」と「自分」・・・言葉をくべつ
・引用は元の通り

いちばん気をつけること
・考えがきちんと伝わる
・漢字やひらがなをそのまま
・引用をうまく使う
※

※児童の発言を板書する。

できているか確かめ合う。

3 引用を使って，こまを紹介する文章を書こう。

T　まず，自分が選んだこまについて書いてある段落を黙読しましょう。

C　こまは決まったけど，遊び方をどうしよう。

書く内容がまとまらなければ，2度，3度と読み返させる。

T　そのこまのどこに興味があるのかも書き，引用のしかたを工夫して，ノートに下書きをしましょう。

回る速さで色の変わり方が違うというのがおもしろい。引用は…。

さか立ちごまの動きがおもしろいことをどう書こうかな。

T　書けたら，正しく引用できているか，伝えたいことが分かるように書けているか，読み返して確かめ，清書をしましょう。

C　引用の漢字がひらがなになっていたから，直そう。

C　文が長すぎたな。もっと短く分けよう。

4 書いた文章を読み合って，引用のしかたを確かめよう。

T　書いた紹介文をグループで回して読み，正しく引用できているか確かめましょう。

気づいたことは，ノートにメモさせ，後で伝え合わせる。

C　引用しているところに「　」がついていないな。

C　これは，正しく引用できている。

C　引用は正しいんだけど，文章のここに入れるのでいいのかな？

T　確かめられたら，気づいたことを伝えましょう。

山下君の引用のところで1か所だけ漢字がひらがなになっていたよ。
他のところは，元の言葉の通りに引用できていました。
引用は元の言葉通りでいいんだけど，こまの説明じゃなくて，遊び方のところに入れた方がいいと思う。

つたえたいことをはっきりさせて，ほうこくする文章を書こう

仕事のくふう，見つけたよ

［コラム］符号など

全授業時間 10 時間

◎ 指導目標 ◎

・相手や目的を意識して書くことを選び，伝えたいことを明確にすることができる。
・改行のしかたを理解して文や文章の中で使うとともに，句読点を適切に打つことができる。
・段落の役割について理解することができる。
・自分の考えとそれを支える理由や事例との関係を明確にして，書き表し方を工夫することができる。

◎ 指導にあたって ◎

① 教材について

身近にある仕事の工夫に目を向け，これらを実際に取材して分かったことを友達に報告する文章を書きます。文章の構成は，「調べたきっかけや理由」「調べ方」「分かったこと」「まとめ」というモデルが示されているので，それに沿って書けます。文章を書くときは，聞き取りメモと組み立てメモを基にして，符号の使い方や例示，絵や写真の活用，見聞きして分かったことと自分の考えの区別などを意識して書くことになります。報告書を読む・書くという活動は，他教科も含めてこれからの学習でも度々出てきます。報告書の基本的な型をこの単元でしっかりと身につけることが，今後の学習にもいきてきます。

② 個別最適な学び・協働的な学びのために

報告文に書く内容を決め，文章を書き，読んだ感想を伝える活動は，児童一人一人が主体的・協働的に活動していかねばならない場面です。そのためには，学習に見通しをもち，どのようにしていけばよいかという具体的なイメージをもたせることが必要です。教科書の例文は，自分たちがこれから書こうとしている文章の具体的事例となります。これを十分活用して児童が対話を重ねることで，主体的な姿勢を引き出し，さらには，文章の書き方や自分が書く中身についての理解を深めさせることができます。また，対話をすることで，自分の足りない分や修正すべきことが明らかになっていきます。相互に影響し合い，援助し合うことでよりよい報告文を書くことができるでしょう。

◎ 評価規準 ◎

知識 及び 技能	・改行のしかたを理解して文や文章の中で使うとともに，句読点を適切に打っている。 ・段落の役割について理解している。
思考力，判断力，表現力等	・「書くこと」において，相手や目的を意識して書くことを選び，伝えたいことを明確にしている。 ・「書くこと」において，自分の考えとそれを支える理由や事例との関係を明確にして，書き表し方を工夫している。
主体的に学習に取り組む態度	進んで相手や目的を意識して書くことを選び，伝えたいことを明確にし，学習の見通しをもって調べたことを報告する文章を書こうとしている。

◎ 学習指導計画　全 10 時間 ◎

次	時	学習活動	指導上の留意点
1	1	・大人になればしたい仕事と工夫を話し合う。 ・学習のめあて，進め方を確かめる。 ・身の回りの仕事を調べてくる。	・これからの学習について，具体的なイメージと見通しをもたせる。
	2	・調べてきた身の回りの仕事を発表する。 ・調べてみたい仕事を決め，選んだ理由や知りたいことを話し合う。	・実際に見聞きできる仕事を選ばせる。 ・同じ仕事を選んだグループの対話で，知りたいことを明確にさせる。
2	3・4	・調べ方やメモの取り方を確かめる。 ・本，インターネット，見学や聞き取りなどで調べる。	・調べ方について，教科書や経験から話し合わせ，見通しをもって取材をさせる。 ・児童の主体的な活動を援助する。
	5	・調べて分かったことをメモに整理する。 ・伝えることの選び方を考える。 ・読み手を意識して，書くことを選ぶ。	・伝えたい内容を明確にさせ，読む側の条件や反応も予想させる。
3	6	・文章の組み立ての内容を確かめる。 ・組み立てを考え，メモに書く。 ・考えた組み立てを交流する。	・文章の組み立て 1 ～ 4 を参考にさせて，組み立てメモを書かせる。 ・メモを交流させ，内容を補強・修正させる。
	7	・句読点，中点，ダッシュ，かぎの使い方と横書きの書き方を知る。	・報告文の書き方や，記号の使い方などをできる限り具体例を使って理解させる。
	8・9	・例文を参考にして，文章を書く。 ・書いた文章を読み返して手直しする。	・例文やこれまで学習してきたことを踏まえ，その仕上げとして文章を書かせる。
4	10	・報告文を読み合い，感想を交流する。 ・学びを振り返り，身につけた力を押さえる。	・感想を交流する視点を明確にする。 ・読みや交流を十分に行うため，60 分ぐらいの授業時間がほしい。

仕事のくふう，見つけたよ

第1時（1/10）

本時の目標　身の回りから仕事の工夫を見つけ，報告する文を書く学習であることが分かり，学習の見通しが立てられる。

板書例

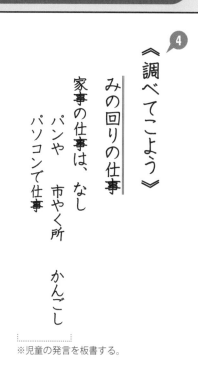

③
《学習の進めかた》
仕事調べ、つたえることをえらぶ
文章の組み立て
文章を書く
読み合って、感そう

④
《調べてこよう》
みの回りの仕事
家事の仕事は、なし
パンや　市やく所　かんごし
パソコンで仕事

※児童の発言を板書する。

POINT　教科書を読んで，学習のめあてや活動の流れを把握させ，自分がどんな活動をすればよいか見通しがもてるようにする。

1　大人になったらしてみたい仕事とその工夫について話し合おう。

T　みなさんは，大人になったらどんな仕事がしてみたいですか。

C　わたしは，ケーキ屋さんになりたいです。美味しいケーキをいっぱい作りたいです。

C　ぼくは，サッカー選手になりたいです。Jリーグで活躍して，ワールドカップに出たいです。

C　まんが家になりたいです。ユーチューバーもいいかも。

T　それぞれのなりたい仕事には，どんな工夫があるか想像してみましょう。

どんな味のケーキを作るか，見た目も工夫しなければいけないし。
練習のしかたを工夫したり，ボールの蹴り方の工夫もあるかな。
みんなが何を願っているか確かめて，見たくなるようなものを作る。

2　学習のめあてや内容を知ろう。

T　これから学習していく題をみんなで読みましょう。

C　仕事のくふう，見つけたよ。

T　題の前の２行とあとの５行の文も読みましょう。どんなことを学習していくか，少し分かりましたか。

仕事の工夫について，伝えたいことをはっきりさせて報告する文章を書く。
身の回りの仕事から工夫を見つけて文章を書くんだね。
書いた文章は，友達と伝え合う。感想や意見の交流もするのかな。

T　それをどのように学習していくのですか。「問いをもとう」と「もくひょう」を読みましょう。

C　身の回りの仕事から，自分で調べるんだね。

C　調べて分かった中から，伝えたいことを選ぶ。

C　それを報告する文章に書くんだ。

C　伝える内容に合わせて段落分けをしたりする。

準備物

ICT　どのような仕事があるのか，考えることが難しい児童もいる。ある程度の画像や資料をネットなどで検索しておき，児童に提供できるとよい。

仕事のくふう、見つけたよ

(め) 学習のめあてやないようを知り、見通しをもとう

1 ☆大人になったらしたい仕事

ケーキやさん　…　味や見た目のくふう

サッカーせん手　…　練習のしかた

※児童の発言を板書する。

2 つたえたいことをはっきりほうこくする文章を書く

仕事のくふう ----→ 友だちとつたえ合い

3 学習の進め方を確かめ，学習の見通しをもとう。

T　では，これからどのように学習を進めていくのか確かめましょう。

教科書 P98 の「見通しをもとう」を読ませる。

C　はじめに，仕事について調べ，伝えることを選ぶ。

C　文章の組み立てを考えてから，文章を書くのだ。

C　今度も，最後に読み合って，感想を伝える。

T　この学習の進め方で，何か思ったことや聞きたいことがありますか。

どうやって仕事を調べたらいいのですか。
『こまを楽しむ』でも文章の組み立てが出てきたけど，今度は自分が文章を書くのだから…。
感想は，伝えるだけですか。感想文を書くのですか。

4 身の回りにどんな仕事があるのか，次の時間までに調べてこよう。

T　次の時間までに，身の回りにどんな仕事があるのか，見つけてきましょう。今まで，気がついていなかった仕事があるかもしれませんよ。

C　お母さんの仕事（家事）でもいいですか。

C　それも，仕事といえばそうだけど，この場合はどうなのかな？

T　炊事や洗濯など家で家族のためにしている仕事はなしにしましょう。それ以外なら，どこで，どんな仕事をしていてもいいです。他に何か質問はありますか。

家でパソコンを使って仕事をしているのでもいいですか。
市役所の仕事や，お医者さん，看護師さんでもいいですか。
わたしは，いつも買いに行くパン屋さんの仕事を調べよう。

仕事のくふう，見つけたよ

第2時（2/10）

本時の目標　身の回りにある仕事から，調べたい仕事を決め，知りたいことを明確にすることができる。

板書例

③

えらんだわけ

近所にあった
おく品物のくふうが知りたい
いろいろなサービスのくふう
話が聞きやすそう

※児童の発言を板書する。

④

知りたいことをはっきり

【れい】コンビニの仕事
・品物のおき場所とその理由
・品物がなくなったときのくふう

POINT　どんな仕事を選ぶかがポイントになってくる。実際に見たり聞いたりして調べられるのかどうかも判断材料にして，仕事を

1　身の回りにどんな仕事があったか，発表し合おう。

T　身の回りにある仕事を，たくさん調べてこられましたか。
C　今まで，全然知らなかった仕事があった。
C　あまり，ありませんでした。
T　どんな仕事があったか，発表しましょう。

少し離れているけど，コンビニがありました。
農家があるから，話が聞けそうです。
いつも通っている歯医者さんがあります。

T　発表を聞いて，思ったことがあれば言いましょう。
C　ぼくの家の近くにも何とか事務所というのはある。
C　デイサービスセンターにおばあちゃんが行っているけど，そこでも仕事をしている人がいたなあ。
C　喫茶店があった。今，思い出した。

2　調べて報告したい仕事を選ぼう。

T　では，調べてきたり，発表を聞いたりした中で，調べてみたい仕事を１つ選んで決めましょう。
C　ぼくは，もう決めているよ。
T　ちょっと待って下さい。決めるときに注意しておかなければならないことはありませんか。

同じところに大勢が行ってしまったら，相手に迷惑がかかるね。
他に，こんなところはダメというのはないかな？仕事のじゃまになってダメとか。
見せてもらえたり，話を聞かせてもらえたりするところでないと調べられないね。

T　今，話し合ったことも考えて，調べたい仕事を１つ決めましょう。

選んだ仕事を全員に発表させる。あまりにも集中している等，必要な場合は調整をする。

準備物

ICT 調べたい仕事を選ぶときに，ネットでしか調べられない仕事はあまり適していない。ネットで「も」調べられ，その確認で，本を活用したり，インタビューしたりすることが大切である。

仕事のくふう、見つけたよ

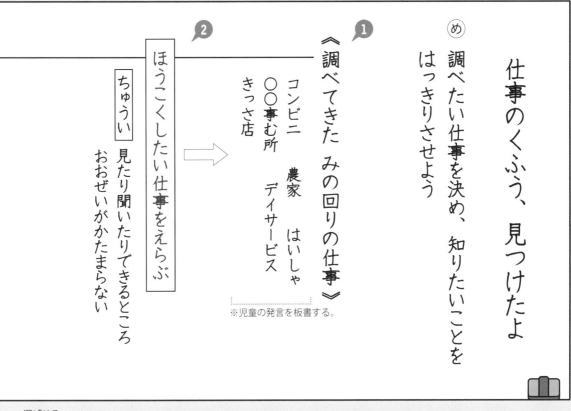

㋱ 調べたい仕事を決め、知りたいことをはっきりさせよう

1 《調べてきた みの回りの仕事》

コンビニ　農家　はいしゃ

○○事む所　デイサービス

きっさ店

※児童の発言を板書する。

2 ほうこくしたい仕事をえらぶ

ちゅうい　見たり聞いたりできるところ　おおぜいがかたまらない

選ばせる。

3 仕事を選んだ理由を交流し，調べる手順を確かめ合おう。

同じ仕事を選んだ児童どうしでグループを作らせる。

T　どうしてその仕事を選んだのか，グループで交流しましょう。

近所にコンビニがあって，時々買いに行くから、よく知っている。

いろいろな品物を売っているけど，店に置く品物のことで何か工夫をしているのか知りたいから。

品物を売る以外にも，いろいろなサービスをしているので，その工夫を調べたい。

お店の人に話が聞きやすそうだから決めた。

T　直接話を聞いたり，見学したりする他に，どんな調べ方がありますか。

C　聞いて分からないことは，本でも調べられる。

C　インターネットでも調べられるね。

4 仕事の工夫について知りたいことをはっきりさせよう。

T　調べてみたい仕事について，どんなことが知りたいかはっきりしてきましたか。グループで知りたいことを話し合いましょう。

ぼくは，コンビニでは，どこにどんな品物を置くのか，なぜそこに置くのか知りたいと思っている。

わたしは，品物が売り切れたり，少なくなってきたりしたらどうするのか工夫を知りたいと思った。

そういえば，違うコンビニが2軒あるけど，品物の並べ方は似ているね。

T　話し合いを参考にして，知りたいことをはっきり決めましょう。友達の意見を取り入れてもいいですよ。

C　ぼくは，はじめに考えた通りにする。

C　品物がなくなったらどうするのか，ぼくも知りたいから，それに変えよう。

仕事のくふう，見つけたよ

第 3,4 時（3, 4/10）

本時の目標 調べ方やメモの取り方を確かめ，選んだ仕事について取材することができる。

板書例

3

調べに行く

・はじめ——名前、あいさつ
・おわり——おれい
・見る　聞く　メモ　絵

4

本やインターネット調べ

・聞けなかったこと
・もっとくわしく、いろいろ

聞いた人
しつもん
答え
気づいたこと・思ったこと

POINT どのような取材ができるかがポイントになってくる。何を見たり聞いたりして，どのようにメモを取ってくるか，事前の

1 どんなことを，どのように調べればよいのだろう。

T　今日は，選んだ仕事の知りたいことを調べます。どんなことを，どのように調べればよいか，まずは，教科書で確かめましょう。

教科書 P99 ①を読み，話し合わせる。

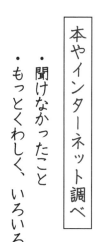

本などで確かめるのは，前の時間にも話したね。
実際に様子を見る。見学すれば，自分の目で確かめられる。
インターネットでも調べられるよ。
働いている人や家の人に話を聞くのも大事だね。

T　これまでにも調べに行ったことがありますか。そのとき，よかったことや失敗したことは何でしょう。

C　生活科で自然公園へ行きました。公園のおじさんにいろいろ教えてもらってよかったです。

C　社会科で，市役所に話を聞きに行ったけれど，しっかり聞いていなかったのでメモが取れませんでした。

2 メモの取り方を確かめよう。

T　取材するときには，メモを取ることが大切ですね。何のためにメモを取るのですか。

C　聞いたことを忘れないようにするためです。

C　聞いたことを後で確かめられるからです。

C　後で，聞いたことを正確に使うためです。

T　では，メモの取り方や気をつけることについて，話し合いましょう。

話を聞くときは，しっかり聞いて，すぐにメモをする。誰に聞いたかも書いておく。
質問を先にメモに書いていけば，うまく質問できるね。ぼくはそうしているよ。
話を聞いて，そのとき気がついたことや思ったことも書くといいと思う。
大事なことだけを，短くメモするのがよいと思うわ。

準備物
・カメラ（報告文を書くときの参考，報告文に貼り付けなど，可能な範囲で教師や付き添いの大人で写真を撮らせてもらうとよい）
・メモ帳（各自）

ICT
インタビューする場合は，自分のタブレットの録画や録音機能が使えるようになることも大切である。録画や録音する場合は，相手に，許可を得ることもきちんと伝えておく。

仕事のくふう、見つけたよ

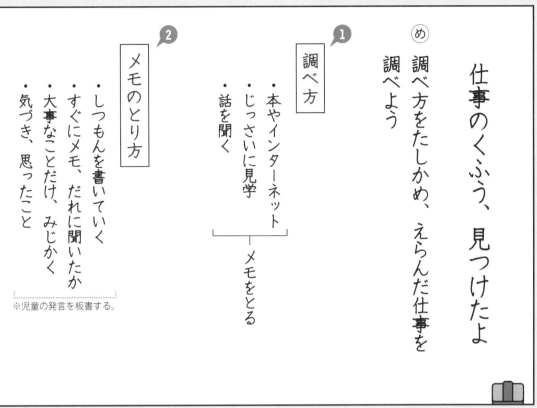

め 調べ方をたしかめ、えらんだ仕事を調べよう

1 調べ方
・本やインターネット
・じっさいに見学
・話を聞く
→ メモをとる

2 メモのとり方
・しつもんを書いていく
・すぐにメモ、だれに聞いたか
・大事なことだけ、みじかく
・気づき、思ったこと

※児童の発言を板書する。

準備をしっかりとさせておく。

3 仕事の工夫を調べに行こう。

T　これから，選んだ仕事の取材に行きます。

調査の方法は，学校や児童の実情に合わせる。できれば，同じ仕事を選んだグループ別で，保護者の協力も得て，時間内に一斉に行かせるのが望ましい。

T　みんな，メモと鉛筆を持ちましたか。書き間違いは線で消しましょう。消しゴムは持っていきません。

小さなメモ帳や台紙をつけるなど書きやすく工夫させる。

T　行ったら，はじめと終わりに何をしますか。
C　はじめに自分の名前を言って，あいさつをします。
C　終わりは，お礼を言って帰ります。

自分が気がついたことや思ったこともしっかりメモしておこう。

話を聞いても分からないことがあれば，もっと聞いてみるよ。

ちょっと緊張するな。うまく聞けるかな。

わたしは，お店の中の絵も描いてみようかな。

4 本やインターネットでも調べよう。

T　取材に行って調べたことについて，もう少し詳しく知りたいこと，取材では分からなかったことなど，ありませんか。あれば，本やインターネットでも調べてみましょう。
C　コンビニのチェーン店が全国にどれくらいあるのか調べたいな。
C　お店で働いている人の他に，どんな人が，どこで，どんな仕事をしているのだろう？

図書館の本やインターネットで調べさせる。

トラックで商品を届ける人，本部で働く人もいるんだ。

コンピュータを使って，どんなお客さんが何を買っているかも調べている。

コンビニは，お天気まで調べて売る商品を決めている。

仕事のくふう，見つけたよ
第5時（5/10）

本時の目標　調べてきたことの中から，読み手を意識して，特に伝えたいことを選ぶことができる。

板書例

・色のちがうやさいをならべる
→ だれも知らない

※児童の発言を板書する。

☆ ③ つたえることをえらぶ
↑ 大事なことは

・とくにつたえたいことは？
・読む人… 知っているか？
　どう思うか？
・はっきり分かったこと　など

☆ ④ 書くことをえらぶ

【れい】コンビニの品物のおきかた
　もみすりから出かまで

POINT　自分の視点からだけでなく，読み手の視点も意識して書くことを選ばせる。

1 調べ学習の感想を交流し，調べたメモを整理しよう。

T　今回，調べてみての感想を交流しましょう。

しっかり考えて，聞くことも準備していったので，とてもよかった。
見学や取材のしかたが分かった。これからも，調べに行くときの自信になる。
コンビニについて，予想していなかったことがたくさん分かった。調べ学習はおもしろい。

T　つけ足しておきたいことを書き加えたり，読みにくい字を書き直すなど，調べてきたメモを整理しておきましょう。
C　思ったことで，書き漏らしていたことがあった。
C　この言葉，字が雑で読みにくい。後で何か分からなくなりそうだから，書き直そう。
C　ついでに，メモを見やすいように書き直そうかな。

2 「土川さんのメモ」について，話し合おう。

T　教科書の「土川さんのメモ」を読んでみましょう。どんなメモを書いていますか。
C　スーパーマーケットを調べています。
C　食品を中心に売っていて，チラシで宣伝する。これは，本で調べています。
C　宣伝した商品の前に「おすすめ品」の札を立てる。
C　きれいに見えるように色の違う野菜を横に並べる。
C　これは店長さんに聞いた話だね。
T　自分だったら，このメモの中のどれを選んで文章に書きますか。理由も言って，話し合いましょう。

ぼくなら，チラシで宣伝して「おすすめ品」の札を立てる，を選ぶ。2つも工夫をしているから。
わたしなら，色の違う野菜を並べる，かな。こんな工夫は誰も知らないから驚くと思う。

準備物

ICT　インターネットで調べた内容を，どのように残し，整理するかが大切である。3年生でしっかりと，ネットで調べたことの「残し方」「整理のしかた」を教えておくと高学年でいきる。

仕事のくふう、見つけたよ

㋱ 読み手のことを考えて、ほうこく文で
つたえたいことをえらぼう

1 《調べたメモの整理》
・書きもらしたこと
・書き直し（文字、ないよう　など）

2 《「土川さんのメモ」↑自分なら》
・チラシせんでん＋おすすめ品のふだ
→
2つのくふうの組み合わせ

3 伝えることを選ぶときに，大事なことは何だろう。

T　今度は，自分のメモの中から，何を選んで報告文に書くか考えましょう。まず，教科書 99 ページの「つたえることをえらぶときは」を読みましょう。

C　調べて分かったことの中から，特に伝えたいことは何かを考える。

C　「土川さんのメモ」で考えたようにするんだね。

C　読む人が知っていること，知らないことを予想したり，読んでどう思うか考える。

C　知らないことを伝える方が伝え甲斐があるし，読む人も感心してくれるね。

T　他に大事だと思ったことはありませんか。

十分分かっていないことは書かないで，はっきり分かったことを書く。

読む人が興味をもつからといって，取材した相手が困るような内容は書いてはいけない。

4 読み手のことも考えて，自分が書くことを選ぼう。

T　読む人のこともいろいろ考えて，伝えることを選ぶのですね。では，そのことも考えて，自分が書くことを選びましょう。

稲刈りのことはみんなよく知っているから，その後の籾摺りから出荷までの工夫を書こう。

スーパーマーケットで，宣伝と組み合わせて，店内の工夫をしていることを書こう。

コンビニの品物の置き方は，全然知らなかった。みんなもそうだと思うから，それを書こう。

T　自分が書くことを選べましたね。次からは，報告する文章を書く勉強です。

C　だんだん，やる気が出てきたな。

仕事のくふう，見つけたよ
第6時（6/10）

本時の目標　報告文の組み立てが分かり，組み立てメモを作ることができる。

板書例

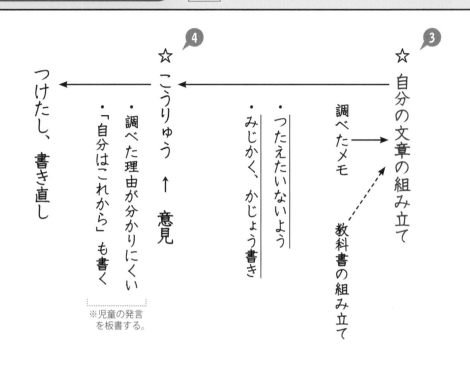

3
☆ 自分の文章の組み立て
調べたメモ →
教科書の組み立て
・つたえたいないよう
・みじかく、かじょう書き

4
☆ こうりゅう ↑ 意見
・調べた理由が分かりにくい
・「自分はこれから」も書く
※児童の発言を板書する。

→ つけたし、書き直し

POINT　報告する文章の組み立てを，教科書の例を参照しながら，自分が調べた内容にあてはめて書かせる。

1 報告する文章は，どのような組み立てで書けばよいのだろう。

T　文章は，どのようなまとまりに分けていましたか。
C　「はじめ」「中」「おわり」に分けます。
T　教科書の「もくひょう」のところで，報告する文章は，どのように分けると書いてありましたか。
C　伝える内容に合わせて，段落を分けると書いてありました。
T　では，教科書 100 ページに書かれている組み立ての内容を確かめましょう。

「はじめ」に２つ，「中」「おわり」に１つずつで４つに分けてある。

「中」が「3. 調べて分かったこと」，「おわり」が「4. まとめ」になっている。

「はじめ」に「1. 調べたきっかけや理由」「2. 調べ方」の２つの内容がある。

「3. 調べて分かったこと」には，考えたことを書くこともある。

2 教科書の例文と組み立てを見比べて確かめよう。

T　組み立ての１～４にあてはまるのは，101 ページの土川さんの書いたほうこく文章のどこですか。
C　同じ１～４の見出しのところです。
T　組み立てと土川さんの文章の１～４をそれぞれ比べてみましょう。

文章の内容を精読するのではなく，組み立ての内容が文章に具体的に反映されていることを確かめる程度でよい。

C　１と２は，調べた理由や調べ方が短くまとめられています。
C　３と４は，詳しく書いてあります。
T　では，一番長い３では，どんな分かったことや考えたことが書かれているか確かめておきましょう。

宣伝した商品の置き方を書いている。本で読んだことをもとにして聞いている。
⑴とあるから，波線の下に，⑵や⑶もあるのだろう。考えたことも書いているかも。

準備物	・ワークシート QR

ICT	文章の組み立てを考える場合，タブレットのシート1枚に1事項，思いつくままに書き，それらを意味が通るように並べ替える作業のしかたを教えておくとよい。

仕事のくふう、見つけたよ

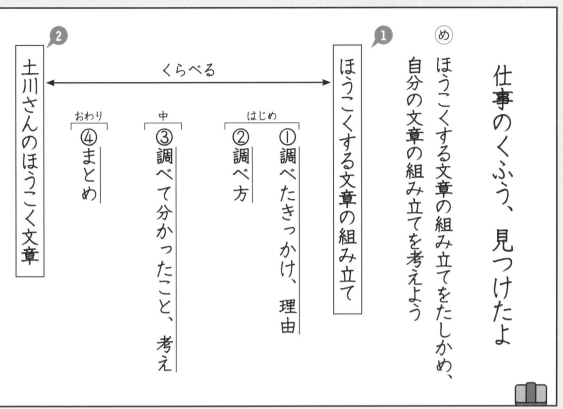

(め) ほうこくする文章の組み立てをたしかめ、自分の文章の組み立てを考えよう

1 ほうこくする文章の組み立て

はじめ
①調べたきっかけ、理由
②調べ方

中
③調べて分かったこと、考え

おわり
④まとめ

くらべる

2 土川さんのほうこく文章

3 自分が書く文章の組み立てを考えて，メモに書こう。

T　教科書の組み立てを参考にして，自分が調べたメモをもとに，組み立てを考えてメモに書きましょう。

ワークシート QR に書き込んでいかせる。

T　自分が伝えたい１～４の内容を簡単に箇条書きにしましょう。

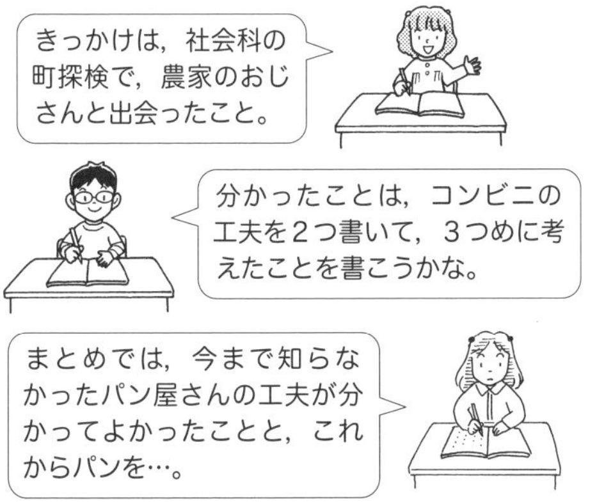

きっかけは，社会科の町探検で，農家のおじさんと出会ったこと。
分かったことは，コンビニの工夫を2つ書いて，3つめに考えたことを書こうかな。
まとめでは，今まで知らなかったパン屋さんの工夫が分かってよかったことと，これからパンを…。

T　書けたら，メモを見直して，間違いや書き落としがないか確かめておきましょう。

4 考えた組み立てを交流して，意見を出し合おう。

T　自分が考えた組み立てを，グループの中で紹介し合いましょう。

C　他の人がどんな組み立てを考えたか知りたいな。

T　友達の考えた組み立てで参考になることがあれば，取り入れましょう。直したらいいところがあれば伝えましょう。

調べたきっかけや理由をいろいろ書きすぎて，なぜ調べようとしたのかが分かりにくいよ。
調べて分かったことの中に，調べた理由と関係のないことが入っているよ。
まとめで，自分はこれからどうしたいかも書くのはいいね。

T　直したいところがあれば，自分の組み立てメモを書き直しましょう。

C　１つだけ，つけ足したいことがあった。

C　ぼくも，３の中に考えたことも入れよう。

仕事のくふう，見つけたよ

第7時（7/10）

本時の目標 符号などの意味と使い方を，例文を教科書から探して確かめたり，文を作るなどの練習をして理解できる。

板書例

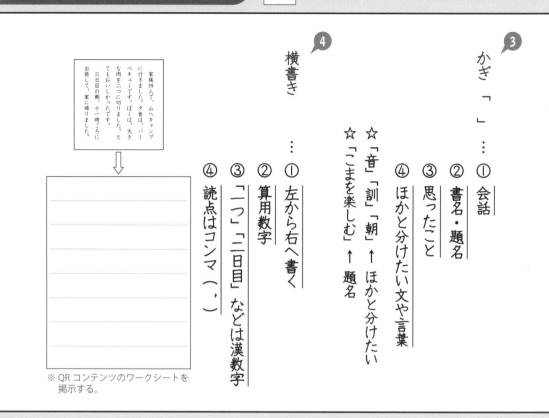

3 かぎ「　」…
①会話
②書名・題名
③思ったこと
④ほかと分けたい文や言葉
☆「音」「訓」「朝」↑ほかと分けたい
☆「こまを楽しむ」↑題名

4 横書き…
①左から右へ書く
②算用数字
③「一つ」「三日目」などは漢数字
④読点はコンマ（，）

家族四人で、山へキャンプに行きました。夕食は、バーベキューです。ぼくは、大きな肉を二つに切りました。とてもおいしかったです。
三日目の朝、十一時ごろに出発して、家に帰りました。

⇩

※ QR コンテンツのワークシートを掲示する。

POINT 教科書の中から使い方の具体例を探して確かめたり，ワークシートや練習問題を使い，符号を実際の文章の中で使える

1 句読点について知り，使い方の練習をしよう。

T　報告する文章を書くときに，中点，ダッシュなどの符号を使うことがあります。

教科書 P103「符号など」の句読点の説明を読ませる。

T　句読点とは何で，どんな使われ方をするのですか。
C　丸（。）が句点，点（，）を読点といいます。
C　句点は文の終わりで，読点は文の中の意味の切れ目に打って，読みやすくします。

教科書の1～3番目の例文を音読させる。4番目の例文（父は図書館へ…）は視写させ，具体的な使われ方を確認させる。

T　句読点の打ち方の練習をしてみましょう。

『こまを楽しむ』の一部分「ずぐりは…回すことはできません。」から句読点を抜いた文を書き出して句読点を打たせる。

句点は分かるけど，読点が難しいな。
ずぐりは，で読点，次はどこに打つのかな？

教科書の該当ページを見て確かめさせる。

2 中点とダッシュについて知り，使われている例を探そう。

教科書の中点とダッシュの説明を読ませる。

T　中点とダッシュは，どのように使うのですか。
C　中点は，言葉を並べる場合に使います。
C　ダッシュは，説明を補う場合と，言い切りにせず，途中で止める場合に使います。

教科書の例文を視写させ，具体的な使われ方を確認させる。

T　例文にならって，自分でも，中点とダッシュを使った短い文を作ってみましょう。

「赤・青・緑の3色の色鉛筆を使う。」できた。
「すごい，そんなことができるなんて――。」これでいいかな。

T　書けたら発表しましょう。
C　1・2・3・4・5のどれかの数字を選ぶ。
C　コロ――家で飼っている犬の名前です。

準備物
・ワークシート QR

ICT
文章の書き方，作文用紙の正しい使い方を画像にして，児童のタブレットに送信しておく。児童はそのお手本を手元で拡大などをしながら活用することができる。

仕事のくふう、見つけたよ

め 文章を書くときに気をつけることや、符号（ふ）などの使い方を知ろう

1 句（く）読点
句点（。）…文のおわり
読点（、）…意味の切れ目
☆ずぐりは雪の上で…できません

2 中点（・）…言葉をならべる
☆赤・青・緑の3色

ダッシュ（——）…①せつめいをおぎなう
②とちゅうで止める
☆そんなことができるなんて—

ようにすることを目指す。

3 「かぎ」の使い方を理解し，使われている例を探そう。

教科書の「かぎ」の説明を読ませる。

T 「かぎ」は，どんなときに使うのですか。

C 会話や思ったことに使うのは，知っていました。

C 書名や題名にも使います。

C 特に他の文と分けたい言葉や文にも使います。

T ①会話や③思ったことは，物語の中に出てきそうですね。3年生で習った中で探してみましょう。

C 『春風をたどって』で，会話も思ったこともたくさん出てきます。

T 教科書の 50，93，97 ページに出てくる「　」は，どの使い方でしょう。

93ページの「うみ」「ふじ山」は，歌の題名だよ。
50ページの「音」「訓」「朝」「チョウ」などは，④他と分けたい言葉だね。
97ページの「こまを楽しむ」は本の題名です。

4 横書きするときの約束を知り，横書きで書いてみよう。

教科書の横書きの説明を読ませる。

T 横書きのときは，どのように書くのですか。

C 左から右に書きます。縦書きと反対です。

C 読点は，コンマを使います。

C 算用数字を使いますが，「一つ」や「二日目」などは，漢数字を使います。

ワークシート QR を配る。

T ワークシートの縦書き文を横書きに書き直して，グループで答えを確かめましょう。

家族四人は，4人と書くんだよ。ここが違っている。
これで全部直せたわ。ありがとう。
「三日目」は，数字に直さないで，漢数字のままでいいよ。
コンマに直すところは，全部できている。

仕事のくふう，見つけたよ

第 8,9 時（8, 9/10）

本時の目標 これまでの学習をいかし，書き方の例などを参考にして，仕事の工夫を報告する文章を書くことができる。

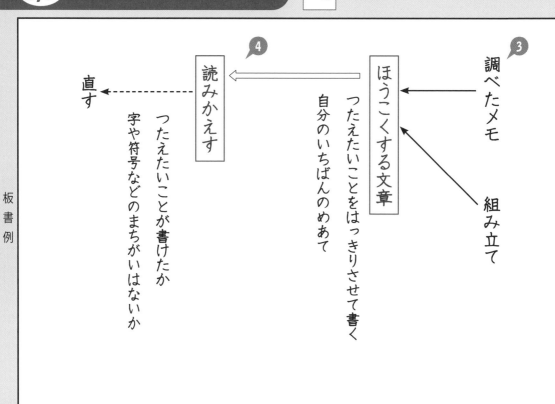

板書例

3
調べたメモ
組み立て
→ ほうこくする文章

つたえたいことをはっきりさせて書く
自分のいちばんのめあて

4
⇒ 読みかえす

つたえたいことが書けたか
字や符号などのまちがいはないか

→ 直す

POINT 事前の学習をふまえて，「伝えたいことをはっきりさせて書く」ことを意識して報告文を書かせる。

1 土川さんの文章を読んで，書き方について思ったことを話し合おう。

「土川さんが書いた，ほうこくする文章」を音読させる。

T この文章の書き方で，いいなと思うところ，直した方がいいなと思うところを話し合いましょう。

ちらしの内容も書いてあったら，ちらしの工夫も分かると思う。
1つ1つの文が短いので読みやすい。わたしは，いつもだらだら書いてしまうから参考になった。
スーパーのどこを見てきたかとか，調べ方をもっと詳しく書いた方がいいと思う。
写真で，おすすめ品の札を立てて商品を並べているところがよく分かる。

T 自分が文章を書くときの参考になることがありましたか。

C 3の中を，「(1)せんでんした商品のおきかた」のように小見出しで分けるのは，いいと思いました。

2 報告する文章を書くときに気をつけることを確かめよう。

T 報告する文章を書くときに，どんなことに気をつけて書けばよいか教科書で確かめましょう。

教科書 P100 の「ほうこくする文章を書くときは」を読ませる。

T 「土川さんが書いた，ほうこくする文章」では，どのように書かれているかも確かめて，思ったことを話し合いましょう。

例をあげて書いたら，伝える内容がよく分かるからいいね。わたしもそうしよう。
調べて分かったことと考えたことで段落に分けるのは，違いがはっきりしていいと思う。
土川さんの文章に，おすすめ品としてどんなものを売っているのか，例をあげて書いたら，もっとよく分かると思う。
土川さんの文章の写真は，おすすめ品と札がよく分かるからいいね。

準備物

ICT　報告文は，ワークシートやノートかタブレットかを選択させてもよい。どちらにも，一長一短があることも伝えておく。タブレットのよいところは，間違いや書き直しが，効率的にできることである。

仕事のくふう、見つけたよ

(め) 仕事のくふうをほうこくする文章を書こう

1 《土川さんの文章》

よいところ
・文がみじかく読みやすい
・しゃしんでよく分かる

直すところ
・ちらしの中みも書く
・調べ方をもっとくわしく

※児童の発言を板書する。

2 《気をつけること》
・れいをあげる
・段落を分けてくべつ
・絵やしゃしん

3 報告する文章を書こう。

T　いよいよ，自分が報告する文章を書きます。今から書く文章は，何をもとにして書けばいいのですか。
C　話を聞いたメモと，組み立てを考えたメモです。
T　文章を書くための勉強をいろいろしてきましたが，何を一番のめあてにして書こうと思いますか。
C　読む人が「なるほど」と思えるような内容と書き方をしたいと思います。
C　細かいことだけど，文字や書き方を間違えないようにします。
C　例や写真を使って，できるだけ分かりやすく書きたいです。
T　では，伝えたいことをはっきりさせて，文章を書きましょう。

書き始めは，どうしようかな。土川さんのように自分のしたことから書こう。

調べて分かったことの中に，自分の考えをどう入れようかな。

4 書いた文章を読み返し，手直しをしよう。

T　書けたら読み返して，字や符号の間違いはないか，伝えたいことが分かるように書けたか確かめましょう。

「調べて分かったこと」のところの説明が分かりにくいかな？

自分が考えたところで段落を分けていなかった。ここを直しておこう。

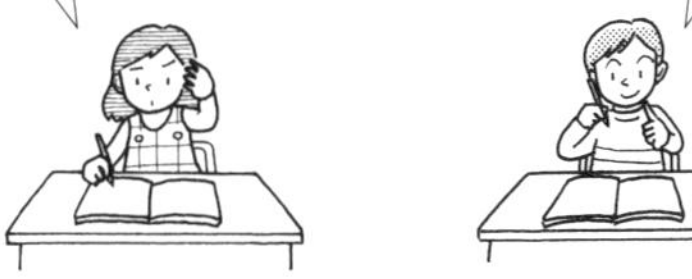

T　自分で確かめられたら，隣どうしで見せ合って，確かめてもいいですよ。

ここは，他の言葉と区別できるように「　」をつけた方がいいよ。

そうだね。ありがとう。書き直すね。他に直すところは，もうない？

仕事のくふう，見つけたよ

第10時（10/10）

本時の目標
報告文を読み合って，内容や書き方について，感想や意見を伝え合うことができる。
学習を振り返り，学んだことを確かめることができる。

板書例

3

調べたないよう
・品物を売るくふうが分かった
・たしかめてきたい
※

全体で発表
・パンやさんのくふう
※

4

《学習をふりかえろう》
・分かった、考えた ↑ 組み立てと段落でくべつ
・読む人がきょうみをもつことをえらぶ
・問いかけの文 ↑ まねしたい
※

※児童の発言を板書する。

POINT 感想を交流する視点を明確にする。「字がきれいです」のような，ねらいから外れた感想を述べ合うことがないようにしたい。

1 報告する文を読み合い，感想を書こう。

T　グループの中で，みんなの報告文を読みましょう。

感想や意見をワークシート QR にまとめてから，隣に回し，次の人の報告文をまた読ませるようにする。

T　読んだ感想や意見は，短くまとめてワークシートに書きましょう。

調べて分かったことの説明で，よく分からないところがある。
自分の文章と比べると，違いがよく分かる。わたしよりうまく書けている。
わたしと同じ仕事について書いているけど，調べた理由は違うな。
ぼくもよく見ているけど，こんな仕事の工夫があるなんて知らなかった。

C　読めて感想も書けたから，回すよ。

C　早いなあ。わたしは，今，書き方についての感想を書いているところだよ。

2 報告文の書き方や説明のしかたについて，感想や意見を伝え合おう。

T　では，感想や意見を交流しましょう。まず，文章の書き方や説明のしかたについて，話しましょう。

グループ内で，報告文ごとに，意見や感想を述べていかせる。進行役は，グループ内で選んだ人でも，順に交代していってもよい。

絵を入れる場所を工夫していたし，絵も上手でした。
はじめに，大川くんの説明のしかたについて感想や意見を言って下さい。
「～についてみなさんはどう思いますか。」と問いかけているところがよかった。

C　司会を交代します。次は，山田さんの報告について，感想や意見を言ってください。

C　なぜ，農家の仕事を選んだかがよく分かった。

全員の分を伝え合うまで続けさせる。

準備物

・ワークシート QR

ICT

報告書が紙媒体の場合は，画像を，タブレットの場合は，シートを教師に送信しておく。それを全体で共有し，友達の報告書をじっくり見ながら，見習いたいところや改善点などを話し合わせる。

仕事のくふう、見つけたよ

(め) 友だちのほうこく文を読んで、感そうや意見をつたえよう

〈グループで〉たしかめて

1 ほうこくする文章を読み合う

みんなの文章をじゅんばんにワークシートに書く

2 かんそう・意見をつたえる

書き方、せつめいのしかた

・問いかけがよい

・絵のくふう

※

報告文の読みや感想・意見交流を十分に行うために，できれば60分ぐらいの授業時間がほしい。

3 調べた内容について，感想や意見を伝え合い，全体交流もしよう。

T　次は，調べた内容について感想や意見を伝え合いましょう。

展開2と同様にグループ内で，感想や意見を伝え合わせる。

今度は，ぼくが司会をします。青木さんの報告文について，感想や意見を言ってください。
今度コンビニに行ったときに，わたしも確かめてきます。
コンビニが，品物を売るために，すごく工夫していることが分かった。

T　最後にクラス全体で報告文を発表してもらいます。

C　ぼくは，パン屋さんがおいしいパンを焼く工夫を発表します。

グループの代表か，希望者に発表させる。教師が選んでおいた特徴的な報告文も発表に含めたい。

4 学習してきたことを振り返ろう。

T　教科書の「ふりかえろう」を読んで，ほうこくする文章を書くときに自分たちが取り組んだことを確かめ合いましょう。

「問いかける文」も入れると読んでみようという気になる。次は，まねをしてみようと思っている。
ぼくは，読む人があまり知らなくて興味をもちそうなことを選んで書いたよ。
分かったことと考えたことを，組み立てでも分けておいて，段落を分けて区別した。

T　「たいせつ」や「いかそう」を読んで思ったことも言いましょう。

C　メモに書いた中から伝えたいことを選ぶことはできた。次に同じようなことがあればできると思う。

C　今までは，読む人のことを考えて書いてこなかった。大事だと思うからこれからそうしようと思う。

ワークシート　仕事のくふう，見つけたよ

ほうこくする文章の組み立てメモ

名前（　　　　　　　　）

☆　ほうこくする文章の題名

※　メモは，みじかく，かじょう書きにします。

☆「はじめ」

1. 調べたきっかけや理由

2. 調べ方

☆「中」

3. 調べてわかったこと（考えたこと）

☆「おわり」

4. まとめ

喜楽研

QRコンテンツ（ワークシート）　第10時 QR

ワークシート　仕事のくふう、見つけたよ

ほうこくを読んだ感そう・意見

名前（　　　　　　　　）

ほうこくした人	感そう・意見（せつめいのしかたについて）	感そう・意見（調べたことについて）

※　かんたんにかじょう書きにする。

喜楽研

きせつの言葉　2

夏のくらし

全授業時間２時間

◎ 指導目標 ◎

・語句の量を増し，話や文章の中で使うとともに，語彙を豊かにすることができる。
・経験したことや想像したことなどから書くことを選び，伝えたいことを明確にすることができる。

◎ 指導にあたって ◎

①　教材について

『春のくらし』に続く『きせつの言葉』の第２弾の学習になります。今回は，花火や夏の過ごし方，夏に喜ばれる食べ物が教科書に載っています。教科書の絵や文から夏らしさについて話し合い，それらをヒントにして，身の回りの生活から夏らしさが感じられるものを見つけ，文に表現する学習をします。『春のくらし』と同じようなパターンの学習になるので，児童は，何をすればよいか，ある程度の見通しをもって学習に取り組めるでしょう。

夏は，暑さの厳しい時期です。その中でも，人々は活発に活動し，夏なりの楽しみも多い時期です。それらにも目を向けさせることで，夏と関わる多様な言葉と触れ合い，感性や情操を豊かにするとともに，語彙を豊かにしていくこともできます。

②　個別最適な学び・協働的な学びのために

児童の周りを見回すと，家庭はもちろん児童が立ち寄る施設などでも冷房が完備しており，夏を結構快適に過ごすこともできます。夏の暑さやそれに伴う様々な季節感をどこまで児童が感じ取れるのか疑問もあります。また，教科書に書かれている絵や文のような体験をしていない児童も多いのではないかと考えられます。

本単元の課題と児童の実態の溝を埋める手だての１つとして，対話活動があります。対話を通して，自分は体験していないが友達が体験した「夏らしさ」を共有し，夏のイメージを広めていくことができるでしょう。写真等で補足をしていくのも有効です。対話で得られた新たな知識や言葉は，対話を続けることでさらに深められ，「夏」という季節の認識，感じ方も深まっていくでしょう。

◎ 評価規準 ◎

知識及び技能	語句の量を増し，文章の中で使うとともに，語彙を豊かにしている。
思考力，判断力，表現力等	「書くこと」において，経験したことや想像したことなどから書くことを選び，伝えたいことを明確にしている。
主体的に学習に取り組む態度	積極的に語句の量を増し，話や文章の中で使い，学習課題に沿ってその季節らしさを表現した文章を書こうとしている。

◎ 学習指導計画　全 2 時間 ◎

次	時	学習活動	指導上の留意点
1	1	・『はなび』の詩から，想像する。 ・花火を見る絵から感じたことを話し合う。 ・身の回りから，夏を感じるものを見つける。 ・夏に関係のある言葉を集める。	・教科書の絵や文，夏らしさを感じた体験などについて話し合うことで，「夏」のイメージを豊かにする。 ・絵，写真，実物なども，補助教材として活用する。
	2	・夏の食べ物について，経験交流をする。 ・暑い夏を乗り切る工夫を話し合う。 ・身の回りで見つけた，夏を感じたことについて文章に書く。 ・書いた文章を読み合って，伝え合う。	・対話を通して，書く内容を確かなものにしていく。 ・読み合って感じたことを一言感想に書く。

夏のくらし
第1時（1/2）

本時の目標　生活の中で，夏らしいことを見つけ，話し合って夏を感じることができる。

板書例

③《生活の中で感じる夏》
・朝顔の花がさいた
・プールであそぶ
・よくひえたすいか
・いなかで虫とり
※1

④《夏にかんけいする言葉あつめ》
・海水よく
・すいかわり
・たなばた
・ひまわり
・せみ
・カブトムシ
・ねったいや
・高校やきゅう
・水遊び
・夕すずみ
※1

※1 児童の発言を板書する。

POINT　教科書の絵や文の他に，写真や具体物なども活用して，夏のイメージを豊かにする。夏に関する語彙を豊かにする。

1 『はなび』の詩から，どんなことが思い浮かぶだろう。

題と３行のリード文から何を学習するか，つかませる。

T　『はなび』の詩を先生が読みます。目を閉じて聞きましょう。

T　では，みんなも音読しましょう。

全員で音読させる。

T　これは，どこでどんな花火をしているのでしょう。

C　家の庭で，線香花火とか小さな花火をしています。

T　この詩からどんな様子が思い浮かびますか。

花火に火をつけると暗い庭先が明るくなる。

１つが消えたらまた，次の花火をして，次々続けている。

花火が消えても，まだ目の中に残っている。

T　もう一度様子を思い浮かべながら音読しましょう。

何人かに指名して音読させ，それを聞かせる。

2 絵から感じることは何だろう。

教科書 P105 の左上の絵を見せる。

T　これは，何をしているところですか。この絵から分かることを話し合いましょう。

家族で打ち上げ花火を見ている。子どもが写真を撮っているみたいだ。

ゆかたを着ていて，涼しそう。うちわを持っている。

お母さんは，すいかを食べているね。

蚊取り線香がおもしろそう。何の中に入っているのかな？

T　４つの言葉が出てきますが，どれも分かりますか。

C　「すだれ」がよく分かりません。

それぞれの写真や実物を見せてもよい。

T　こんな経験をしたことがありますか。

C　夏休みに，田舎のおじいちゃんの家で，打ち上げ花火を見に行ったことがあります。

似たような体験があれば発表させる。

準備物
- 教科書P105左上の挿絵（黒板掲示用）
- （あれば）うちわ，すだれ，蚊取り線香の写真や実物

ICT
夏をイメージするイラストや画像を多く用意し，全体提示をしたり，児童がタブレットで，手元で見えたりできるようにしておく。

夏のくらし

Ⓜ 生活の中から夏を感じ、夏にかかわる言葉を知ろう

❶ 《詩『はなび』》
↑ 家のにわで、せんこう花火

◎思いうかぶ様子は？
- くらいにわで明るく光る
- 一つきえても、またつぎ
- 目の中にのこる

※1

❷ 《花火の絵から分かること》
- うち上げ花火に見とれる
- ゆかた、うちわ
- すいかを食べている
- かとりせんこうの入れものがおもしろい

※1

※ 教科書 P105 左上の挿絵を掲示する。

3 身の回りの生活から，夏を感じるものを見つけよう。

T　先生は，入道雲が出てくると，夏だなあと感じます。身の回りから夏を感じるものを見つけましょう。

事前に予告をしておいて，学校や家の周りなどで見つけて来させてもよい。

わたしは，朝顔の花が咲いたら，夏だなあと思う。
プールに行って，思いっきり遊んだとき，夏だなあと感じるよ。
ぼくは，よく冷えたスイカを食べたとき。かき氷を売っているのを見たときも。

グループで話し合った中から１～２の例を全体で発表して，交流させる。

C　夏休みに田舎へ行って，虫取りをするときです。

C　夕立と雷が鳴ったときです。

C　盆踊りも，夏だなあって感じます。

4 夏の言葉集めをしよう。

T　夏に関係のある言葉集めをしましょう。どんな言葉がありますか。

C　海水浴。すいかわり。

２～３の例を発表させて，どんなものがあるかイメージさせる。

T　夏に関係のある言葉を，できるだけ多くノートに書きましょう。

熱帯夜，それから…高校野球（甲子園）。
え～っと，たなばた，ひまわり，せみ，カブトムシ。

T　書けたら，発表しましょう。

C　水遊び。夕涼み。

C　クーラー。

夏のくらし
第2時（2/2）

本時の目標　身の回りで見つけた夏を文章に書き，交流して意見を伝え合うことができる。

板書例

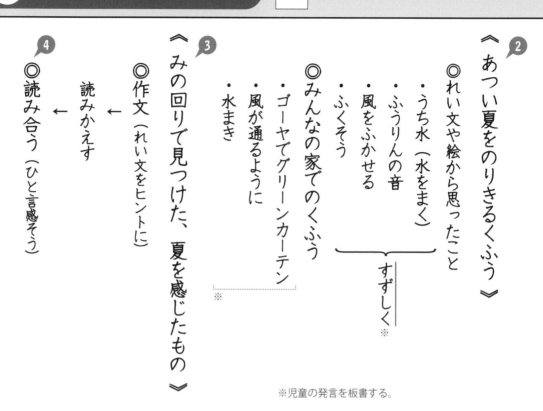

《あついなつをのりきるくふう》
◎れい文や絵から思ったこと
・うち水（水をまく）
・ふうりんの音
・風をふかせる
・ふくそう
すずしく※
◎みんなの家でのくふう
・ゴーヤでグリーンカーテン
・風が通るように
・水まき
※
《みの回りで見つけた、夏を感じたもの》
◎作文（れい文をヒントに）
← 読みかえす
← ◎読み合う（ひと言感そう）

※児童の発言を板書する。

POINT 教科書の例文と，自分の体験からイメージを広げて文章を書かせる。自分が書いた文章は見直して符号や文字の間違いが

1 夏の食べ物について，経験交流をしよう。

教科書の，夏に喜ばれる食べ物の絵を見る。

T　これらの食べ物を，みんな知っていますか。
C　みつ豆は知っているけど，白玉は見たことがない。
C　水ようかんとふつうのようかんとどう違うの？
C　全部，冷たくて喉越しがよいものなんだろうね。

写真や実物などを見せて，簡単に説明する。

T　食べたことがある人は感想などを言ってください。他にも，夏に喜ばれる食べ物はありますか。

夏は，タピオカドリンクが，絶対おいしい。
そうめんは，お昼ごはんでよく食べるよ。細くてつるつるでおいしいよ。
ところてんも食べたことがある。黒蜜をかけたら甘かった。
ぼくは，かき氷が大好き！

児童が興味をもつ食べ物で導入し，本時の学習への意欲を引き出す。

2 例文と絵から，暑い夏を乗り切る工夫を話し合おう。

T　教科書の右下の文を読んで，思ったことを言いましょう。何でも自由に言ってください。
C　うち水って何かよく分からないなあ。
C　庭や家の表に水をまくことだよ。
C　水をまくと少し涼しくなるような気がするね。
T　横の絵も，どんな夏の工夫をしていますか。
C　風鈴を吊るしている。網戸で風を吹かせている。
C　涼しそうな服装で扇風機にあたっている。
T　みんなの家では，暑い夏をのりきるため，どんな工夫をしていますか。

ぼくんちは，クーラーをガンガンかけまくり。
ぼくの家は，ゴーヤでグリーンカーテンをしているよ。
籐の敷物をして，窓を開けて風が通るようにしている。水まきもしています。

準備物	・ワークシート QR ・(できれば) 写真や実物 (水ようかん, そうめん, みつまめ, ところてん, 白玉)

ICT	宿題などで, 児童に夏を感じさせるものをタブレットで撮影しておかせるとよい。その画像を共有しながら授業を進めると盛り上がる。

夏のくらし

め みの回りで見つけた、夏らしさを作文しよう

1 《夏の食べ物》↑つめたくて、のどごしがよい

- 水ようかん
- そうめん
- みつまめ
- ところてん
- 白玉

◎ほかに?

- タピオカドリンク
- かき氷

※

ないかチェックしてから回覧させる。

3 身の回りで見つけた夏を感じたことを文章に書こう。

T　暑い夏を乗り切る工夫からも夏が感じられますね。他にも夏を感じることが身の回りにたくさんあります。それを作文にしましょう。

これまで話し合ってきたことをヒントに何を書くか決め, 教科書の例文を参考にしてワークシート QR に作文させる。

何を書こうかな。前の時間からの勉強も思い出して…。
ええっと, キャンプに行って, 夜に夏の星の観察をしました。
田舎の川で, 水遊びをしたのが, 楽しくて涼しかったから, あれを書こう。

T　書けたら, 今までに勉強してきた句読点や, 文章を書くときの注意なども思い出して読み返しましょう。

C　漢字を間違えていた。

C　同じ言葉を２回繰り返していたから１つ消そう。

4 書いた文章を読み合って, 意見を伝え合おう。

T　書けたら, グループの中で読み合いましょう。読んで, 思ったことを一言書いて次へ回します。

暑いから, 冷たいものじゃなくて, わざと熱いものを食べるというのがおもしろい。
兄弟で, うちわであおぎっこをしたのが仲がよさそう。
せみの声を聞いて, 夏だなあというのは, わたしも思いました。

T　自分の作文に対して書いてもらった一言感想について, 何か意見があれば言いましょう。

C　暑いからと言って, 冷たいものばかり食べると体によくないから, わたしの家では, なるべく熱いものを食べるようにしているのです。

C　ぼくが気がつかなかった句読点の間違いを教えてもらえてよかった。

本は友だち

本で知ったことをクイズにしよう／鳥になったきょうりゅうの話

全授業時間５時間

◎ 指導目標 ◎

・幅広く読書に親しみ，読書が，必要な知識や情報を得ることに役立つことに気づくことができる。
・文章を読んで感じたことや考えたことを共有し，一人一人の感じ方などに違いがあることに気づくことができる。

◎ 指導にあたって ◎

①　教材について

図鑑や科学読み物などの本を読み，新しく知ったことを友達に伝えることが学習内容です。児童にとっては，読書を通して，知らなかったことに数多く触れることができる機会です。児童の好奇心を引き出し，新しく知ったことの伝え合いをすることで，その好奇心をさらに広げることができます。

「読んでみよう」で取り上げている『鳥になったきょうりゅうの話』も，児童にとっては興味深い話です。全５時間の指導計画ですが，少し多めに時間を取って新しい発見を児童と共にしていきたいものです。

②　個別最適な学び・協働的な学びのために

この教材を学習する上で基本的な事項となる学習課題，進め方，選ぶ本などは，１時間で捉えさせておきます。『鳥になったきょうりゅうの話』を，グループで対話しながら内容を読み取り，初めて知ったことを伝え合わせます。この活動を通して，科学的な読み物を読む楽しさを友達と一緒に体感させ，同時に，自分が選んだ本から知ったことを伝えるという次の学習活動のイメージをつかませておきます。そのために２時間を充てます。

それぞれの児童が選んだ本からのクイズ大会を開くことで，科学的な読み物に対する児童の興味を高め，もっといろいろな本を読んでみようとする意欲を育てます。

◎ 評価規準 ◎

知識 及び 技能	幅広く読書に親しみ，読書が，必要な知識や情報を得ることに役立つことに気づいている。
思考力，判断力，表現力等	「読むこと」において，文章を読んで感じたことや考えたことを共有し，一人一人の感じ方などに違いがあることに気づいている。
主体的に学習に取り組む態度	進んで幅広く読書に親しみ，学習課題に沿って本で知ったことをクイズにしようとしている。

◎ 学習指導計画　全 5 時間 ◎

次	時	学習活動	指導上の留意点
1	1	・学習のめあてや進め方を確認する。 ・本の読み方について考える。 ・どんな本を，どのように読んでいるかを友達と話し合う。 ・索引の使い方を理解する。	・対話を通して，学習内容や読書の対象となる本などをつかませる。 ・目次と索引は，実際に本を使って調べさせる。
2	2	・『鳥になったきょうりゅうの話』の前半の内容を読み取る。 ・初めて知ったことをノートに書き出す。	・文章に沿って読み取るための発問をし，答えさせる。 ・初めて知ったことをノートに書き，隣どうしで交流させる。
	3	・『鳥になったきょうりゅうの話』の後半の内容を読み取る。 ・初めて知ったことをノートに書き出す。	・文章に沿って読み取るための発問をし，答えさせる。 ・初めて知ったことを，グループ内で伝え合い，次時からの活動の練習をする。
3	4・5	・例を読んで，クイズの作り方を知る。 ・読みたい本を選び，初めて知ったことをノートに書き出す。 ・メモや文章からクイズを考え，発表の準備をする。 ・発表し合い，クイズの答えや，聞いて思ったことを伝える。	・教科書の「クイズのれい」から，クイズ大会のしかたをつかませる。 ・グループでの伝え合いを通じて，新たな本を読んでみたいという意欲を引き出す。

本で知ったことをクイズにしよう

第1時（1/5）

本時の目標 本を読んで初めて知ったことをクイズにするという学習課題を設定し，学習の見通しをもつことができる。

板書例

3

・目次からえらんで読む … いろいろな物語
・さくいんからさがして読む … 図鑑

知りたいこと（目的のページ）を早く見つける
ことができる

〈さくいん〉
・本の後ろ
・本に出てくる言葉や物事を
五十音順に整理

4

② 本をえらんで読もう

③ クイズ大会を開こう

POINT 教科書を読み，話し合いの中で学習課題や見通しを理解させる。今回読む対象となる書物についての基礎的な知識を

1 どんな学習をどのように進めるのか知ろう。

教科書 P106 を読ませる。

T これからどんな勉強をしていくのでしょう。絵は何をしているところですか。

本を読んで初めて知ったことを友達にクイズにして知らせる勉強です。

自然や生活や社会についての新しい知識だから，物語の本ではありません。

絵は，読んだ本からクイズを出しているところです。

T 学習の進め方も確かめておきましょう。

C 本を読むと，今まで知らなかった考え方に出会えるんですね。

C 本を選んで読みます。『鳥になったきょうりゅうの話』を読むのかな？

C 新しく知ったことをクイズにして，友達と伝え合うんだね。

2 本の読み方について考えよう。

教科書 P107 を読ませる。

T 本の読み方について考えましょう。普段，どんな読み方をしているか，振り返ってみましょう。

物語は，はじめから順に読まないと，あらすじが分かりません。

図鑑は，調べたいものやおもしろそうなページだけを読んだりします。

科学読み物を読むときは，本全体を読んでから大事だと思ったところを読み返します。

T 本は，丁寧に読んだり，おおまかに読んだりしますね。同じところを繰り返し読んだり，大事と思うところを見つけて読んだりもします。

準備物

ICT どんな本を読めばよいのか，ネットで検索してもよい。地域の図書館のホームページで調べて，実際に図書館で借りることもできる。

本で知ったことをクイズにしよう

㋱ 学習のめあてを知り、見通しをもとう

1 本を読んで、はじめて知ったこと
↓ クイズにして出し合う

2 ① 本の読み方について考えよう
・ていねいに読む … 物語
・おおまかに読む … 科学読み物

つかませる。

3 目次や索引から，選んだり，探したりして読もう。

T　目次から選んで読んだり，索引から探して読んだりする読み方もあります。

いろいろな物語が入っている本は，目次を見て，気になった物語だけ読むといいんだね。
図鑑を読むときは，索引が便利そう。
索引って，本のどこにあるのかな。

T　教科書 107 ページの「さくいん」について読みましょう。

C　索引は，本の後ろの方にあるんだ。

C　索引は，言葉がアイウエオ順に並んでいて，細かく調べられるね。

T　目次や索引を使うと，知りたいことが早く見つけられます。

4 今回は，どんな本を読めばよいのだろう。

T　では，どんな本を読めばいいのか，話し合って考えましょう。

C　動物のこととか，食べ物のこととかが書いてある本です。草や木のことを書いた本もかな。

T　動物や植物や食べ物の本だけでしょうか。

C　う～ん，宇宙のこととか，天気のことも。

C　自然や生活や社会のことって書いてあったから，もっとありそうだね。

C　乗り物や，料理や，電化製品でもいいのかな。

T　そうですね。いろいろありそうですよ。

T　図書館でどんな本を探せばよいのか，教科書 108 ページで確かめましょう。

図鑑なら家にもあるよ。いろいろ説明が載っているね。
科学読み物の本は，いろいろな種類がありそう。題を見れば分かりそうだね。

鳥になったきょうりゅうの話
第2時（2/5）

本時の目標　『鳥になったきょうりゅうの話』の前半の内容を読み取り，初めて知ったことを書き出すことができる。

板書例

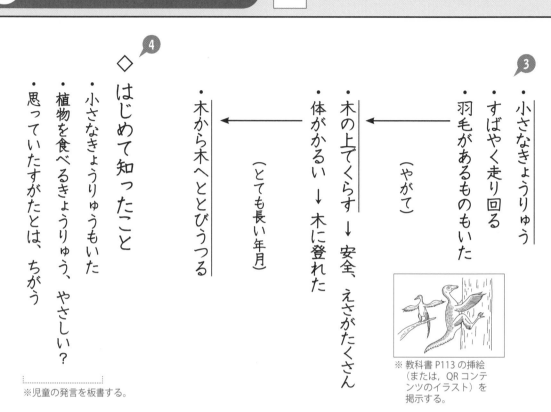

3
・小さなきょうりゅう
・すばやく走り回る
・羽毛があるものもいた
（やがて）
・木の上でくらす → 安全、えさがたくさん
・体がかるい → 木に登れた
（とても長い年月）
・木から木へととびうつる

※ 教科書 P113 の挿絵（または，QR コンテンツのイラスト）を掲示する。

4
◇はじめて知ったこと
・小さなきょうりゅうもいた
・植物を食べるきょうりゅう、やさしい？
・思っていたすがたとは、ちがう

※児童の発言を板書する。

POINT　文章に即して書かれている内容を読み取らせ，初めて知ったことに着目させる。

1　『鳥になったきょうりゅうの話』を音読し，感想を言おう。

まず，教師が範読する。

C　へえ～，恐竜が鳥になったなんて，知らなかった。
C　ぼくは，知ってたよ。
T　では，みんなにも読んでもらいます。

交代しながら音読させる。

T　初めて読んだ感想を発表してください。

いろいろな恐竜がいるんだなあと思いました。木登りする恐竜がおもしろい。

ぼくは，恐竜が大好きなので，とてもおもしろかった。

今見ている鳥が恐竜から生まれてきたなんて，とても信じられないです。

導入として，自由に思ったことを発表させる。一言感想程度でよい。

2　教科書 P112 L13 までを読み，分かったことを発表し合おう。

初めから P112 の 13 行目までを再度音読させる。

T　恐竜の映画や化石を見たことがある人はいますか。
C　ジュラシックパークという映画を見ました。ちょっと怖かったです。
C　福井県の恐竜博物館に行きました。日本にも恐竜がいたなんてびっくりしました。

少し経験交流をしてから本文の読解に入る。

T　恐竜が住んでいたのは，いつ頃ですか。
C　ずうっと，ずうっと大昔。今はいません。
T　どんな恐竜がいたのか，グループで分かったことを話し合いましょう。

植物を食べる恐竜がいて，その恐竜を食べる肉食の恐竜もいた。
体がうろこに覆われた恐竜や羽毛に覆われた恐竜がいた。その両方をもつ恐竜って，どんなのかな？
くらしやすいところだからいろいろな恐竜がいたんだね。

準備物	・教科書P113の挿絵 または，黒板掲示用イラスト QR
ICT	恐竜について，初めて知ったことをもとに，興味がわいたことについて，自主学習で調べるように話を進めるとよい。

鳥になったきょうりゅうの話

(め) 話の前半を読みとり、
はじめて知ったことを見つけよう

1 2

きょうりゅう

・ずうっとずうっと大昔
・あたたかくてくらしやすい
・植物を食べるもの、肉食のもの
・かたいうろこか、羽毛（う）か、そのりょうほう

3 教科書 P114 L2 までを読み，分かったことを発表し合おう。

P112 の 15 行目から P114 の 2 行目までを音読させる。

T　ここでは，どんな種類の恐竜が出てきましたか。
C　猫や犬ぐらいの小さな恐竜です。
C　小さい。それじゃあ，ちっとも怖くないよ。
C　素早く動き回って，とかげやねずみに似た動物を捕まえて食べていました。
C　羽毛が生えているものもいました。
T　これらの小型恐竜の中で，どんな行動をするものが出てきたのですか。

木の上でくらし始めた。敵にも襲われなくて安全で，えさの虫もたくさんいたから。
体が軽いから，手足をばたばた動かして木に登れた。
長い年月の間に，木から木へと飛び移ってくらすようになった。

教科書の絵も見せて，イメージを膨らませる。

4 初めて知ったことをノートに書こう。

T　恐竜のことがいろいろ分かってきましたね。それでは，ここまで読んできて初めて知ったことをノートに書きましょう。いくつ書いてもいいですよ。

恐竜って大きいと思っていたけど，小さい恐竜もいることが分かった。
植物を食べる恐竜がいると分かったけど，優しいのかな？
教科書の絵をみたら，思っていた恐竜の姿と全然違っていた。

T　書けたら，どんなことを初めて知ったのか，隣どうしで交流しましょう。
C　虫などを食べる恐竜がいたと初めて知った。
C　恐竜が虫を食べるなんて，何だかおかしいね。
C　大きいものが小さいものを食べていたんだよ。

鳥になったきょうりゅうの話
第3時（3/5）

本時の目標　『鳥になったきょうりゅうの話』の後半の内容を読み取り，初めて知ったことを書き出すことができる。

板書例

・大きなきょうりゅう → 死にたえる
（けれども）
・とべる小さなきょうりゅう → 生きのこる
（すがたをかえて）

②
鳥になった

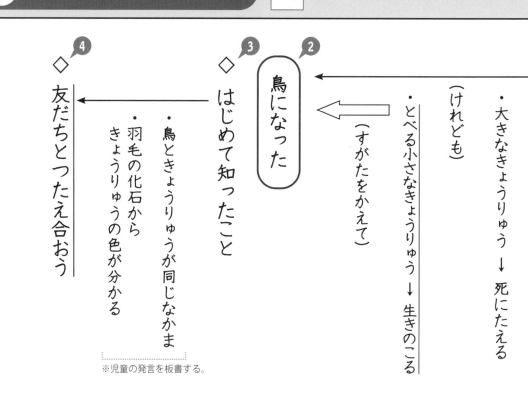

③
◇はじめて知ったこと
・鳥ときょうりゅうが同じなかま
・羽毛の化石からきょうりゅうの色が分かる
※児童の発言を板書する。

④
◇友だちとつたえ合おう

POINT　前時の学習の続きとして，文章に即して書かれている内容を読み取り，初めて知ったことに着目させる。最後に，初めて

1 教科書 P114 L4 ～ P115 L6 を読み，分かったことを発表し合おう。

前時で分かったことを簡単に復習する。

C　木の上でくらす小さな羽毛の生えた恐竜が出てきました。長い年月が経つうちに，木から木へ飛び移ってくらすようになりました。

教科書 P114 の 4 行目～ P115 の 6 行目を音読させる。

T　これらの恐竜の子孫の中に，どんなものがあらわれて，どんな生活をするようになったのですか。

C　手足の羽毛が伸びて翼の形になりました。空を飛べ，遠くまでえさを求めて飛んでいきました。

T　この後，どんな出来事が起こったのでしょう。

地球の様子が大きく変わり，大きな恐竜はほとんど死に絶えた。

飛ぶことができる小さな恐竜は生き残った。どうして生き残れたのかな。

きっと遠くまで逃げられるし，えさだって少しでも生きられると思う。

2 教科書 P115 L8 ～最後までを読み，分かったことを発表し合おう。

P115 の 8 行目～最後までを音読させる。

T　今，みんなが見ている鳥は，何だったのですか。

C　鳥は，生き残った恐竜でした。

T　鳥を，恐竜と比べてみましょう。

C　体のつくりは，恐竜とよく似ている。

C　空を飛ぶには小さくて軽い方が都合がいいし，食べ物も少なくてすむので，体が小さくなった。

T　最後に，筆者は恐竜について，どんなことを言っていますか。

すごく色のきれいな恐竜がいたら，おもしろいね。恐竜のファッションショーみたいだね。

昔の大きな恐竜はもういないけど，鳥という恐竜の仲間が元気に生きていると，筆者は言いたかったんだよ。

羽毛の化石の発見で，恐竜の色が少しずつ分かってきている。

準備物	・教科書P114の挿絵 または，黒板掲示用イラスト QR

ICT	恐竜について初めて知ったことを，タブレットのシートにまとめ，ペアや班，学級で紹介し合うと盛り上がる。

鳥になったきょうりゅうの話

(め) 話の後半を読みとり、はじめて知ったことを見つけよう

1 羽毛のある小さなきょうりゅう

・手あしの羽毛
↓ つばさになる

・空を遠くまでとべる
↓ えさ

地球の様子が大きくかわる

※ 教科書 P114 の挿絵（または，QR コンテンツのイラスト）を掲示する。

知ったことを交流させる。

3 初めて知ったことをノートに書こう。

T　鳥は，恐竜の生き残りだということが分かりましたね。それでは，今日勉強したところで，初めて知ったことをノートに書きましょう。

羽毛の化石から，恐竜の色が分かるなんて初めて知った。

地球の様子が変わって，大きな恐竜が死に絶えたって，知らなかった。何が起きたのかな。

鳥が生き残った恐竜なんて，びっくりした。

わたしも同じ。とても小鳥と恐竜が同じ仲間なんて，信じられない。

T　前の時間と今日とで，初めて知ったことは，いくつになりましたか。

C　ぼくは，7つあります。

C　わたしは，10になりました。

T　たくさんのことを初めて知ったのですね。

4 初めて知ったことを友達と伝え合おう。

T　それでは，初めて知ったことをグループの友達と伝え合いましょう。思ったことがあれば，言ってもいいですよ。

1人が1つずつ伝えていき，それを何周か繰り返させる。同じことは，発表させないようにする。

恐竜は，わにのようなものだと思っていたけど，羽毛のある恐竜がいたことを知りました。

恐竜が木に登るなんて，思ってもみなかった。よく，こんなことが分かったね。

わたしも，同じことを，初めて知った。鶏みたいな恐竜もいたのかな。

恐竜の羽毛の色が少しずつ分かってきたことを知りました。どんな色なのかな。

グループからいくつかを全体に発表させてもよい。

鳥になったきょうりゅうの話

第4,5時（4,5/5）

本時の目標　選んだ本を読んで初めて知ったことの中からクイズを作り，クイズ大会をする。

板書例

〈クイズを作る〉
友だちに知らせたいこと
メモ、文章

←

4
〈クイズ大会〉
問題を出し合う

←

○おもしろそうな本
読んでみよう

POINT 自分が読みたい本を選ばせ，前時までの学習と同じように，初めて知ったことを書かせる。驚いたこと，おもしろいこと，

1 教科書の「クイズのれい」を読んで，クイズを考えよう。

T　今度は，自分が選んだ本を読んで，初めて知ったことをクイズにしてもらいます。どのように作ればよいか，教科書110ページの「クイズのれい」を読みましょう。

T　いくつかの初めて知ったことの中から自分が驚いたことをクイズにしていますね。

恐竜の子孫が，何に姿を変えて，今も地球で生きているか，聞いています。
鳥になったというクイズの答えが，知らせたいことです。

T　クイズの作り方が分かりましたか。

2 本を選んで読もう。

T　教科書の「この本，読もう」で，どんな本を紹介していますか。

C　『ファーブルこんちゅう記1』は知っているよ。

C　『宇宙人っているの？』がおもしろそう。

T　この中の本でも，他の本を選んでもかまいません。図書館へ行って，読みたい本を選びましょう。

おじいちゃんが蘭を育てているから，蘭の本を読みたいな。
何か読みたい本が見つかった？ぼくは，どれにしようか迷っている。
教科書に載っていた「塩の絵本」があったので，これを読むよ。

T　読みたい本が見つかったら，読みましょう。同じ本を選んだら，一緒に読んでもいいですよ。でも，初めて知ったことは，自分で書いてくださいね。

選んだ本を各自で読ませる。

準備物

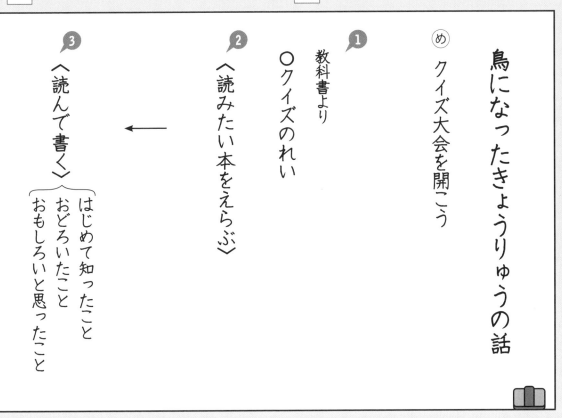

ICT　タブレットのシートに，クイズを作成していく。1つだけでなく，たくさん作成し，全員で共有すると，クラスオリジナルのクイズブックができあがる。

鳥になったきょうりゅうの話

め　クイズ大会を開こう

1　教科書より

○クイズのれい

2　〈読みたい本をえらぶ〉

←

3　〈読んで書く〉

はじめて知ったこと
おどろいたこと
おもしろいと思ったこと

友達が知らないだろうと思うことからクイズを考えさせる。

3 初めて知ったことや思ったことを書き，クイズ大会の準備をしよう。

T　読めたら，まず，ノートに初めて知ったことを書き出しましょう。

C　これは，もう２回もやっているから，できるよ。

C　塩は結晶になっている。すごくきれいだな。

C　風で飛ばされる種があるんだ。50㎞も飛んだことがあるって，すごいな。

T　おもしろいなと思ったこともクイズにできますね。

C　体の色を周りに似せる昆虫がいる。まるで忍者みたいだな。どうしてそんなことができるのかな。

T　クイズ大会の準備をしましょう。友達が知らないと思うことをクイズにしてみましょう。

メモさえあれば，それを見ながら，クイズが作れるよ。
うまくクイズを出す自信がないから，教科書の例のように文章に書いておこう。

4 クイズ大会をしよう。

T　では，作ったクイズをグループの友達に出しましょう。

クイズは，メモや文を読むのでもよいことにする。

C　そのクイズは，どの本を読んで考えたのかな。

T　クイズの前に，読んだ本の題名を紹介するといいですね。

グループで，クイズを出し合わせる。

T　クイズを聞いて，読んでみたいと思った本があれば，ぜひ読んでみましょう。

クイズの答えを聞いて，塩のことが詳しく分かったよ。
おもしろそうな本だなあ。ぼくも読んでみたくなったよ。

詩を味わおう

わたしと小鳥とすずと / 夕日がせなかをおしてくる

全授業時間 2 時間

◎ 指導目標 ◎

・文章全体の構成や内容の大体を意識しながら音読することができる。
・登場人物の気持ちの変化や性格，情景について，場面の移り変わりと結び付けて具体的に想像することができる。

◎ 指導にあたって ◎

① 教材について

「味わう」というのは，一読して分かるということとは異なり，言葉について深く考え，何度も吟味することで，今まで見えなかった新しい発見をするという経験をすることです。

『わたしと小鳥とすずと』は道徳の教科書にも掲載され，最後の「みんなちがって，みんないい。」が教訓的に扱われることが多い詩です。しかし，最後の一文に至るまでの言葉を「味わう」と，第一連にも第二連にも「ない」という否定形が複数回使われていることに目が行きます。自分を肯定できないネガティブな感情をくぐったうえでの「みんなちがって，みんないい。」なのです。それは「すずと，小鳥と，それからわたし，」という語順も相まって，読み手次第では，自分自身に言い聞かせているように受け取るかもしれません。そうした受け取り方を教室で交流してみるのもよいでしょう。

『夕日がせなかをおしてくる』は「夕日」が擬人化して描かれています。現実的には比喩表現として捉えられますが，そこは詩，言葉でできた虚構の世界，本当に「夕日」が「せなかをおし，でっかい声でよびかけている」想像をして「味わう」ことをしてみましょう。「夕日」は「ぼくら」と共に一日を過ごした友達なのです。明日も一緒に遊ぼうと互いに呼びかけあっているのです。そうした一読しただけでは気づきにくいことを，「味わう」ことを通して教室で共有したいものです。

② 個別最適な学び・協働的な学びのために

主体的に深く考えるために，気づいたことや表現への疑問点などを本文に直接書き込むことをお勧めします。まずは一人でじっくりと詩と対話させます。そして，書き込んだことを児童どうしで交流することでさらに新しい気づきが生まれます。『わたしと小鳥とすずと』の最後の「と」の意味などは，児童から出てこなければ教師も一読者として児童に疑問として投げかけてもよいでしょう。

また，文字を読むことが困難な児童へは，あらかじめ範読や他の児童の音読を聞く機会を増やしたり，家庭の協力で音読の課題を重ねたりして，音声での理解を目指します。書き込みは語句に対応していなくてもかまいません。空いているところに自分の考えを書かせればよいでしょう。

◎ 評価規準 ◎

知識及び技能	文章全体の構成や内容の大体を意識しながら音読している。
思考力，判断力，表現力等	「読むこと」において，登場人物の気持ちの変化や性格，情景について，場面の移り変わりと結び付けて具体的に想像している。
主体的に学習に取り組む態度	進んで文章全体の構成や内容の大体を意識しながら音読し，学習課題に沿って詩を読んで思ったことや感じたことを話し合おうとしている。

◎ 学習指導計画　全 2 時間 ◎

次	時	学習活動	指導上の留意点
1	1	・『わたしと小鳥とすずと』を読む。 ・本文に気づいたことや疑問を書き込む。 ・書き込んだことをグループで話し合う。 ・グループで話し合ったことを全体で交流する。	・範読後，音読させる。 ・書き込みしづらい児童へ声かけをする。 ・「ない」の多用など 1 人では気づきにくい点を取り上げて考えさせることで，学習を通して深く読めたという実感を与える。
	2	・『夕日がせなかをおしてくる』を読む。 ・本文に気づいたことや疑問を書き込む。 ・書き込んだことをグループで話し合う。 ・グループで話し合ったことを全体で交流する。	・範読後，音読させる。 ・書き込みしづらい児童へ声かけをする。 ・「ぼくら」と「夕日」がどんな関係かを考えさせる。

わたしと小鳥とすずと

第1時（1/2）

本時の目標 『わたしと小鳥とすずと』を読み，表現から自分の思ったことを話し合うことができる。

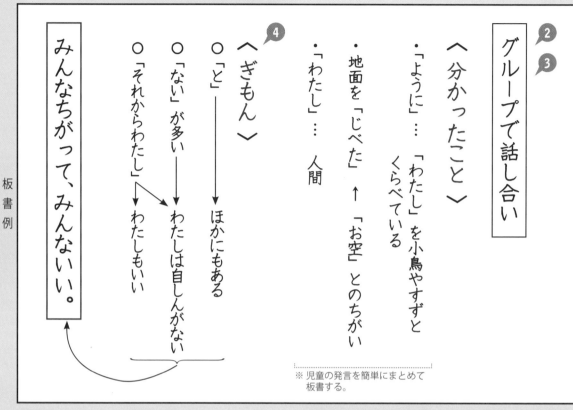

板書例

グループで話し合い

〈分かったこと〉

・「ように」…「わたし」を小鳥やすずと
くらべている

・地面を「じべた」↑「お空」とのちがい

・「わたし」… 人間

※ 児童の発言を簡単にまとめて板書する。

〈ぎもん〉

○「と」→ほかにもある

○「ない」が多い→わたしは自しんがない

○「それからわたし」→わたしもいい

みんなちがって、みんないい。

POINT 「一人読み」，「対話」は時間を区切って行う。最後の交流と音読に 20 分くらいの時間が取れるようにする。

1 詩を音読し，気づいたこと，疑問などを本文に書き込もう。

T　今日は詩の勉強をします。まずは先生が読みます。

教科書 P118，119『わたしと小鳥とすずと』を範読し，続いて一斉音読やいくつかの方法で音読させる。

T　気づいたこと，疑問に思ったことなどを，本文の横に線を引いて書き込みましょう。

「ない」がたくさん出てくるな。
最後の一文が好きだな。

T　全体について思ったことなどは，空いている部分に書き込みましょう。

書き込みは語句に対応していなくてもよい。机間指導を行いながら，書き込みを励ましていく。「おもしろいことに気づいたね。」「たくさん線が引けたね。」「これは誰も気づいていなかったよ。」など声をかけながら，授業で取り上げたいものも見つけておく。

2 書き込んだ内容をもとに話し合おう。

T　書き込んだことを，グループに分かれて発表し合いましょう。なかまの意見でいいなと思ったものも本文に書き込んでおきましょう。

C　「ように」のところに線を引いて，「わたし」は小鳥やすずと比べていると気づきました。

C　「たくさんなうたは知らないよ」に線を引いて，確かにそうだなと思いました。

T　書き込んだことを出し合えましたか。では，出てきた疑問についてグループで考えてみましょう。

なんで鳥じゃなくて「小鳥」なんだろう。
「わたし」と「小鳥」と「すず」とを比べているよね。
どれも小さいものを表している気がする。
そうか，大きな鳥だと「すず」と比べたら変だね。

発表が進んだグループには，互いに発表し合ったことについて話し合わせる。新しい気づきをさらに深めさせたい。

準備物

ICT 詩の音読をタブレットに録音して，自分で何度も聞き返して，よりよい音読に挑戦したり，保護者に聞いてもらったりしてもよい。

わたしと小鳥とすずと

金子（かねこ）みすゞ（ず）

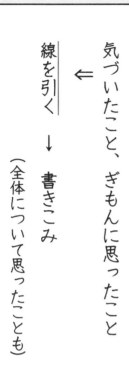

め 表現から思ったことを話し合おう

1 一人読み

気づいたこと、ぎもんに思ったこと ⇐ 線を引く

↓

書きこみ

（全体について思ったことも）

3 出し合ったものを全体で共有しよう。

初めにグループごとに「気づいたこと」をクラス全体で出し合わせる。

T 出し合ったものでおもしろいなと思ったものを発表しましょう。

1班では，「じべた」という読み方がついていることに気づきました。「じめん」と読むより，「お空」との違いがすごく感じられます。
2班では，「わたし」は人間だと気づきました。

分かったことや思ったことで，出し合わせてもよい。

C 「わたし」も「小鳥」も「すず」も，できることとできないことがあるって，いう通りだなあと思いました。「それからわたし」というところで，わたしもいいんだって感じがしました。

C 「みんなちがって，みんないい」のところは，何だか明るい気分になれて好きです。

4 出し合った疑問について考えよう。

各グループで疑問に思ったことを出させる。疑問に思ったことのいくつかを取り上げ，全体で考える。

T 題名の最後の「と」はどういう意味でしょうか。

「と」があると，まだ続きがありそうです。
他のものもいいということだと思います。
他のものも合わせて，「みんないい」ってことかな。

T 「ない」が多く出てきますね。「小鳥は空を飛べるけど，わたしは地面をはやく走れる」という書き方だったらどう感じますか。

C 「ない」を使ったほうが，ネガティブというか，自分に自信がない感じがします。

観点を絞って考えさせる。

T では，最後に学習したことを思い出しながら，もう一度音読しましょう。

夕日がせなかをおしてくる

第2時（2/2）

本時の目標　『夕日がせなかをおしてくる』を読み，表現から自分の思ったことを話し合うことができる。

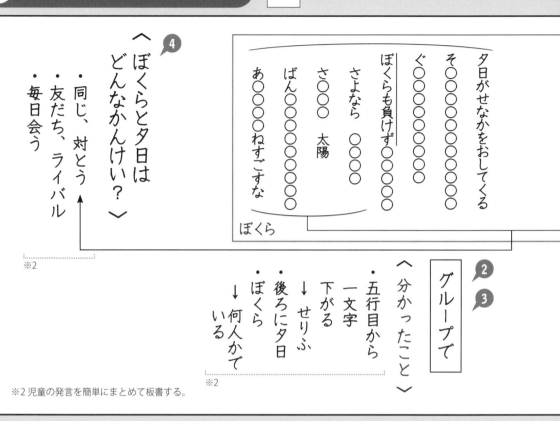

板書例

夕日がせなかをおしてくる
そ○○○○○○○○○○
ぐ○○○○○○○○
ぼくらも負けず○○○○○
さよなら　○○○○
さ○○　太陽
ばん○○○○○○○○
あ○○○○ねすごすな

ぼくら

2 3 グループで

〈分かったこと〉
・五行目から一文字下がる
↓せりふ
・後ろに夕日
・ぼくら
↓何人かでいる

※2

4 〈ぼくらと夕日はどんなかんけい？〉
・同じ、対とう
・友だち、ライバル
・毎日会う

※2

※2 児童の発言を簡単にまとめて板書する。

POINT 「一人読み」，「対話」は時間を区切って行う。最後の交流と音読に 20 分くらいの時間がとれるようにする。

1 詩を音読し，気づいたこと，疑問などを本文に書き込もう。

教科書 P120，121『夕日がせなかをおしてくる』を範読し，続いて斉読などいくつかの方法で音読させる。

T　詩がいくつかに分かれているものの 1 つのまとまりを「連」と言い，この詩は 2 つの連でできています。

T　気づいたこと，疑問に思ったことなどを，本文の横に線を引いて書き込みましょう。

第一連と第二連は似ているな。
「まっかなうで」って何だろう。

T　全体について思ったことなどは，空いている部分に書き込みましょう。

書き込みは語句に対応していなくてもよい。机間指導を行いながら，書き込みを励ましていく。「おもしろいことに気づいたね。」「たくさん線が引けたね。」「これは誰も気づいていなかったよ。」など声をかけながら，授業で取り上げたいものも見つけておく。

2 書き込んだ内容をもとに話し合おう。

T　書き込んだことを，グループに分かれて発表し合いましょう。なかまの意見でいいなと思ったものも本文に書き込んでおきましょう。

C　「せなかをおしてくる」に線を引きました。後ろに夕日があることが分かるね。

C　5 行目から 1 文字下がっていることに気づいたよ。

C　1 字下がっているところは台詞だね。

C　1 連目は夕日の台詞で，2 連目はぼくらの台詞だ。

T　書き込んだことを出し合えたグループは，出てきた疑問について考えてみましょう。

なんで夕日はあわてているのだろう。
日が沈むと暗くなるからじゃないかな。
もうあとちょっとで，太陽が沈むぎりぎりの時間なんだよ。

発表が進んだグループに声かけし，互いに発表し合ったことについて話し合わせる。

準備物	・教科書P120, 121の詩（黒板掲示用）

ICT	詩の音読をタブレットに録音して，自分で何度も聞き返して，よりよい音読に挑戦したり，保護者に聞いてもらったりしてもよい。

夕日がせなかをおしてくる

阪田（さかた）　寛夫（ひろお）

め　表現（げん）から思ったことを話し合おう

擬（ぎ）人法…人物のように

連（れん）

夕日がせなかをおしてくる
まっかなうでで○○○○
歩く○○○○○○○○
でっかい○○○○○○○
さよなら　○○○
さ○○　きみたち
ばん○○○○○○○○
あ○○○○ねすごすな

夕日

※1

1 一人読み

・気づいたこと
・思ったこと
⇐ 線を引く
↓ 書きこみ

※1 詩の拡大コピーを貼るか，板書する。

3 出し合ったものを全体で共有しよう。

初めにグループごとに「気づいたこと」をクラス全体で出し合わせる。

T　出し合ったものでおもしろいなと思ったものを発表しましょう。

C　1班では，台詞の文が1文字下がっていることに気づきました。

C　2班では，「ぼくら」から，何人かでいることに気づきました。太陽も「きみたち」と言っています。

T　では，話し合って分かったことや，思ったことを発表しましょう。

ぼくたちの班では，夕日があわてているのは，早く帰らないと日が沈んじゃうからだと思いました。
「ぼくら」は夕日と反対の方に向かって歩いているから，背中をおされている，って感じるのだなと思いました。

分かったこと，思ったことも出し合わせ，全体で共有する。

4 出し合った疑問について考えよう。

各グループで疑問に思ったことを出させる。疑問に思ったことのいくつかを取り上げ，全体で考える。

T　みんなが注目した「まっかなうでで おしてくる」について考えましょう。それは，どんな感じでしょう。

夕日の光がすごく当たっていて，後ろを向いていても分かるんだと思います。
わたしも気になって考えていました。背中いっぱいに夕日が当たっている感じがします。

T　ぼくらと夕日はどんな関係だと思いますか。

C　「負けず」だからライバルみたいだと思います。

C　全く同じ台詞を返しているところから，ライバルのような友達のような関係だと思います。

C　毎日一緒にすごす友達みたいだと思います。

T　学んだことをいかして音読してみましょう。

学習後，2つの詩を例に詩作させてもよい。

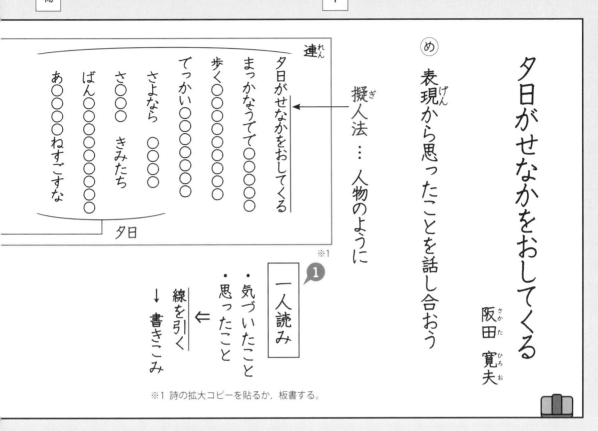

対話の練習

こんな係がクラスにほしい

全授業時間 3 時間

◎ 指導目標 ◎

・考えとそれを支える理由や事例について理解することができる。
・目的や進め方を確認して話し合い，互いの意見の共通点や相違点に着目して，考えをまとめることができる。
・目的を意識して，日常生活の中から話題を決め，集めた材料を比較したり分類したりすることができる。

◎ 指導にあたって ◎

① 教材について

本単元は，クラスにどんな係があればよいと思うか，それぞれの考えや意見をペアやグループ，そしてクラス全体で交流することで対話の練習を行います。

では，係活動とは，どのような活動でしょうか。そして，それはクラスにどのような影響を及ぼすのでしょうか。まず，係活動と当番活動の分化は必要です。当番活動とは，学級における仕事と位置づけます。つまり，「しなければいけないこと」なのです。一方，係活動とは，しなくてもよいものです。けれども，あればよいものなのです。なぜなら，係活動とは，クラスの児童一人一人の個性が発揮される場だからです。自分が得意なこと，好きなことをクラスの皆を喜ばせるために，明るく楽しくするために考えて行う，その活動で確実に自己肯定感を高め，自分自身をクラスの中でかけがえのない存在として感じることができるのです。なかまと話し合い，考えて行うことは，児童の健全で確かなつながりをより一層深めることでしょう。

② 個別最適な学び・協働的な学びのために

個別最適な学び・協働的な学びのために，まずは，係活動と当番活動の違いを一人一人が理解できるよう，全体で係活動と当番活動の違いについて考えさせ，1 学期にやった係を出させます。そこで，さらにクラスが楽しくなる，明るくなる係とはどんな係なのか，自分が好きなことや得意なこと，やってみたいことから考えさせます。出しにくい児童に対してもペアやグループで意見交流させることで考えさせることができます。どのような活動がやりたいのか，そして，それをする理由を含めて考えさせ，話し合わせることで，自分が考えていなかったアイデアを知り，なかまに対する理解も深まるでしょう。さらに，この活動を通してより一層クラスのために自分ができること，自分がやりたいことに目を向けるよい機会となるでしょう。

◎ 評価規準 ◎

知識 及び 技能	考えとそれを支える理由や事例について理解している。
思考力，判断力，表現力等	・「話すこと・聞くこと」において，目的を意識して，日常生活の中から話題を決め，集めた材料を比較したり分類したりしている。 ・「話すこと・聞くこと」において，目的や進め方を確認して話し合い，互いの意見の共通点や相違点に着目して，考えをまとめている。
主体的に学習に取り組む態度	進んで互いの意見の共通点や相違点に着目して考えをまとめ，学習の見通しをもってグループで話し合い，考えを整理してまとめようとしている。

◎ 学習指導計画　全 3 時間 ◎

次	時	学習活動	指導上の留意点
1	1	・係活動と当番活動の違いを話し合う。 ・1 学期に行った係を出し合い、その上で新しく作りたい係を考える。 ・思いついた係を付箋に書き出す。	・係活動と当番活動の違いが異なる見解になりそうなときは，教師が伝える。 ・新しく作りたい係は 1 学期に作ったものでもよしとする。
	2	・付箋に書き出した係をグループで見せ合い，まとめていく。 ・理由と目的を出し合い，互いに質問するなどして考えを広げる。 ・付箋に書いた係を，目的や内容で分け，話し合ったことを整理する。	・付箋に係名を書く際には，どうしてその係を書いたのか，その理由と目的をノートに書かせる。 ・同じ係の場合は整理して（まとめて），その目的や理由を共有させる，もしくは追加させる。
	3	・グループで出し合ったことを発表する。 ・それぞれのグループの発表を聞いて，感想を伝え合う。 ・学習を振り返る。	・感想を伝え合う際には，プラスの言葉かけをさせるようにする。 ・実際に出された意見から新しい係をやらせていく。

こんな係がクラスにほしい
第 1,2 時（1,2/3）

本時の目標 どんな係がクラスにあったらいいのか考えることができる。また，互いに出し合った係の目的と理由を出し合い，話し合って整理することができる。

板書例

2 3
〈一学期にあった係〉
・新聞係　・クイズ係　・お楽しみ係
・まんがイラスト係　・ミュージック係
※

〈こんな係がほしい〉
・ダンス係　・しつないゲーム係
・みんな遊び係　・すごろく係
・おり紙係　・かざり係
・おわらい係　・だじゃれ係
※

4
〈話し合って、ほしい係をまとめよう〉
まとめるときのポイント
① グループで五つにまとめる
② 目的と理由を言えるようにしておく
③ だれが言うか決めておく
◎全員が何かをたんとうする

POINT 理由や目的を考えるのが難しい児童もいる。こんな係があると楽しいかも，というものでもよいので，どんどんアイデアを

1 係活動と当番活動の違いについて考えよう。

T　2学期が始まりました。どんな係がクラスにほしいのかを考えましょう。まずは，係活動と当番活動の違いについて考えましょう。2つの違いはなんでしょうか。隣と話し合いましょう。

まず，一人で考えさせるが，クラスの実態に応じて最初から隣と話し合わせてもよい。

当番は仕事だよね。クラスの仕事はどんなものがあったかな。
図書館や音楽室でのあいさつも仕事だよね。

T　そうですね。当番活動は「仕事」であり，やらなければいけないこと。係活動は「クラスが明るくなる，楽しくなるためにすること」ですよね。

2 1学期にした係を出し合い，その上で2学期にやってみたい係を考えよう。

T　1学期にはどんな係がありましたか。

1学期にあった係を出し合わせる。ポスターなど1学期の係がわかるものをプロジェクターで映してもよい。

T　では，今から新しい係を考えていきます。どんな係がクラスにほしいか，ノートにできるだけ書いてみましょう。1学期にやった係も出していいですよ。

1学期，新聞係をやって楽しかったから，これをもう一度やりたいな。
わたしは苦手だけど，ダンス係とかがあったら楽しいし，盛り上がりそう。

1人ずつ考える（書く）時間をとる。とにかく，あったらいいなと思うものを書いていかせる。（質より量となる）

T　その係の目的（やること）や，どうしてその係がほしいのか，書ける人は理由も書いてみましょう。

準備物
- (必要であれば)プロジェクター，1学期の係のポスターなど1学期の係が分かるもの
- 付箋，画用紙
- ホワイトボード

ICT 自分の学級だけでは想像しにくい場合もある。他の学級の係活動や当番活動の掲示物をタブレットで撮影しておき，提示するとよい。

こんな係がクラスにほしい

(め) どんな係がクラスにあったらクラスが楽しくなるかを話し合おう

1 係活動と当番活動のちがいはなんだろう

〈係活動〉
- みんながわらえるようなことをする
- 自分のとくいなことでみんなをえがおにする。
- みんなが楽しい気持ちになることをする
- 学校が楽しいと思えるようなことをする

※

〈当番活動〉
- 仕事
- クラスでしなければいけないこと，ないとこまるもの
- 毎日しないといけないこと

※

※児童の発言を板書する。

出させる。(質より量)

3 グループで付箋を出し合い，その理由と目的を質問し合おう。

T　さあ，係をたくさん書けましたね。それを付箋に書きましょう。書けたら，その付箋を画用紙に貼ってグループで見ましょう。そして，どうしてその係がほしいのか，どんなことをするのか，互いに質問し合いましょう。

付箋には係の名前だけ書かせる。名前だけ書かせることが，その係がどんな係なのか，どういうことをするのかを話し合わせるよいきっかけとなる。詳細をあえて書かせないのがポイントである。

ぼくは，この飾り係がいいと思うけど，どんなことをするの？
絵や折り紙などを使って教室の飾りつけをするのよ。
学習発表会のときにやったら楽しかったから。
どうしてそれを考えたの？

4 話し合ったことから，班でどんな係がほしいかまとめよう。

T　話し合ってみて，どんな係がほしいと思いましたか。考えて，5つにまとめましょう。後で発表してもらいますので，その目的と理由をしっかり言えるようにグループで考えましょう。

まとめ方として，ホワイトボードに書かせる，画用紙に書かせる，などいくつかの方法がある。最初に付箋を貼った画用紙をそのまま使ってもよい。

ぼくは，このお笑い係がほしい。絶対おもしろいよ。
教室が明るくなるし，みんな笑えるクラスっていいね。
たしかに，田中くんとか得意そうだよね。
これができたら絶対みんな喜ぶよ。

こんな係がクラスにほしい
第3時（3/3）

本時の目標 グループで出し合ったことを発表する。それぞれのグループの発表を聞いて，感想を伝え合う。

板書例

③
それぞれの発表を聞いて
- みんなすごく考えていてよかった
- こんなに係がたくさん考えられたのがすごいと思った
- よい点をたくさん言ってもらえてよかった

※

④
学習をふりかえって
- みんながたくさん意見を言えた
- グループで話し合ったら新しい係を考えるときに楽だった。
- 係がいっぱいあったほうが楽しい
- みんなで考えるのがよかった
- いろいろな意見が出てすごい
- こんな係があったら、きっとすごく楽しいクラスになる

※

POINT それぞれのグループが考えた係の発表では，同じ児童ばかりが言うのではなく，みんなで分担するよう声かけするとよい。

1 グループで発表の準備をしよう。

T　今から，各グループが考えた「こんな係がクラスにほしい」の発表をします。その前に，グループごとに発表の準備をしましょう。

（※発表の準備：言う人だけでなく，全員がどのような質問が来るかを予想して，どのように答えるかまで考える）

５つ発表するけど，その中のお笑い係は，どんな質問が来るかな。
どんなふうにするのかとか聞かれるかな。誰がするのかとか。
「誰が」と聞かれたら，「わたしもやりたい」と答えようかな。
どんなふうにというのは，2人か3人で休み時間にするというのでどうかな。

2 グループで話し合ったことを発表しよう。

T　では，今から各グループで考えたことを発表してもらいます。５つの係は，今までにあった係でもいいですし，新しい係の提案でもいいです。こんな話が出ましたでもいいですよ。また，後で感想を聞きますので，発表のどこがよかったか，どんなところが気になったか，もう一度聞いてみたいなと思ったなど，メモしておきましょう。

ぼくたちのグループでは，お笑い係とマジック係が新しくほしいという話が出ました。
係はほしいけど，2人とか少ない数でやるのは寂しいから3人以上でやりたいと話しました。

発表→質問→発表の流れで行う。質問がなければ，そのまま次のグループにする。また，質問は，３～５までとすると，流れがスムーズになる。

準備物
・付箋や画用紙，ホワイトボードなど，第1時でグループの意見をまとめたもの

ICT
話し合いの学習活動は，場合によっては2時間にわたる場合もある。板書の内容や話し合いの様子をタブレットで撮影しておき，全体で共有しておくと，活動がスムーズにできる。

こんな係がクラスにほしい

(め) どんな係がクラスにほしいのか、グループで話し合ったことを発表しよう

2 グループで話し合ったこと

○新しい係
・おわらい
・みんなでダンス
・4コマまんが
・マジック
・コミック
・うらない
・おみくじ
※

○話し合いで出たこと
・一人でするのはやめておく
・二人より、三人いじょうでするのがいい
・イベントをするときは前もってみんなにお知らせする時間があるといい
・たくさんあるほうが楽しい
※

※児童の発言を板書する。

3 それぞれのグループの発表を聞いて，感想を伝え合おう。

T　では，グループの発表を聞いて，感想を伝え合いましょう。どんなところがよかったでしょうか。

わたしは，Bグループのマジック係がいいなと思いました。ほしい理由として，マジックしてもらったら，みんなで驚いたり，笑ったりできるからです。

ぼくは，みんなのダンス係というのがよかったです。1人だと恥ずかしいけど，みんなでするダンスってクラスが盛り上がりそうだと思いました。

この感想を伝える場面では，身振り手振りなどの非言語（ジェスチャー）もほめるポイントになる。児童からそのような話が出なければ，教師がほめるとよい。

4 学習を振り返ろう。

T　今回「こんな係がクラスにほしい」を，みんなで考えて発表と感想の交流をしましたが，どうでしたか。話し合ったり，発表を聞いたり，感想を伝え合ったりしたことを振り返りましょう。

学習の振り返り方法として，
①ノートに書かせる
②それをペアやグループで交流する
③全員の場で発表する
の流れになるが，②をやめて，①と③だけにしてもよい。

グループでたくさん話し合いができたのがよかったです。特に新しい係を考えるときが楽しかったです。

今回，出た係を加えて，学級活動などの時間を使って，新しい係決めをすると盛り上がる。

生活の中で読もう

ポスターを読もう

全授業時間 2 時間

◎ 指導目標 ◎

・文章を読んで理解したことに基づいて，感想や考えをもつことができる。
・比較や分類のしかたを理解し使うことができる。
・目的を意識して，中心となる語や文を見つけることができる。

◎ 指導にあたって ◎

① 教材について

児童が日常生活の中で目にしている，ポスターを教材として取り上げ，同じことを知らせるポスターにも違いがあるのはなぜかという疑問から，ポスターが作られた目的や主に対象とする相手を考えさせていきます。

児童は普段，何気なくポスターを眺め，情報を受け取っています。ここでは，同じ行事を知らせるポスター2 枚を取り上げ，内容を比べていく学習活動を通して，比較や分類のしかたを学ばせます。今後，児童がポスターを見る視点が少し変わり，他教科や学校・学級での活動の中でポスターを作る機会に，この学習をいかすことができればよいでしょう。

② 個別最適な学び・協働的な学びのために

児童が，日常生活の中で見ているポスターについて，グループで経験交流をさせることで，ポスターがどのように活用されているかの全体像に迫らせます。ポスターの役割についての教科書の説明を具体的に補足することもできます。

教科書に例示された 2 つのポスターの比較は，グループで対話をすることで，より多角的に捉えることができ，ポスターの特徴や役割の理解を深めることができるでしょう。比較，分類の手法についても，グループで確かめ合うことで，より確かなものとして身につけさせていきます。

◎ 評価規準 ◎

知識及び技能	比較や分類のしかたを理解し使っている。
思考力，判断力，表現力等	・「読むこと」において，目的を意識して，中心となる語や文を見つけている。 ・「読むこと」において，文章を読んで理解したことに基づいて，感想や考えをもっている。
主体的に学習に取り組む態度	文章を読んで理解したことに基づいて，進んで感想や考えをもち，学習課題に沿って考えたことを伝え合おうとしている。

◎ 学習指導計画　全 2 時間 ◎

次	時	学習活動	指導上の留意点
1	1	・学習のめあてとポスターについて知る。 ・どこで，どんなポスターを見たことがあるか，経験交流をする。 ・教科書の「ポスターのれい」から工夫を見つける。	・ポスターを見た経験を交流し，ポスターの目的や主に貼られている場所について理解させる。 ・グループの対話を通して，ポスターの工夫に気づかせていく。
	2	・2 つのポスターを比べ，どちらに参加したくなるか，共通した内容，相違のある内容，表現のしかたの違いなどについて話し合う。 ・ポスターに違いがあるのはなぜか考え，ポスターを読むときに気をつけることを話し合う。	・グループでの対話で学習を進める。 ・ポスターには，それぞれの目的や対象とする相手があり，それに応じて表現や内容も変わってくることを理解させる。

ポスターを読もう
第1時（1/2）

本時の目標　身の回りに様々なポスターがあることを知り，ポスターを作る目的や工夫が分かる。

板書例

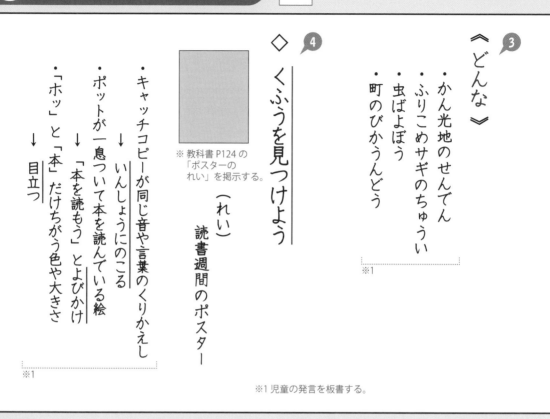

3 《どんな》
・かん光地のせんでん
・ふりこめサギのちゅうい
・虫ばよぼう
・町のびかうんどう
※1

4 ◇くふうを見つけよう

※教科書 P124 の「ポスターのれい」を掲示する。

（れい）読書週間のポスター

・キャッチコピーが同じ音や言葉のくりかえし
↓ いんしょうにのこる
・ポットが一息ついて本を読んでいる絵
↓「本を読もう」とよびかけ
・「ホッ」と「本」だけちがう色や大きさ
↓ 目立つ
※1

※1 児童の発言を板書する。

POINT どんなポスターを知っているか発表し合わせ，ポスターの例から工夫を見つけさせる。

1 学習のめあてを知り，ポスターについて知ろう。

T　今日からの勉強の題をみんなで読みましょう。
C　ポスターを読もう。
教科書 P124 の 9 行目まで読ませる。
T　どんなことを勉強するのですか。
C　ポスターを読むときには，どんなことに気をつけるとよいか，です。
T　みんなは，ポスターを見たことがありますか。
何枚か実物のポスター見本を見せる。
C　あっ，〇〇のポスターだ。知ってる。
T　このポスターとは，一体何なのですか。

教科書に書いてあります。知らせたいことを１枚の紙にまとめたものです。

行事の案内，マナーの呼びかけ，商品の宣伝などが書いてあります。

言葉と写真や絵などで，人を引きつける工夫がされています。

2 どこでポスターを見たか発表しよう。

T　ポスターをどこで見たか，知っていることを出し合いましょう。

学校の掲示板にも貼ってあるよ。児童会の掲示板にもあった。

電車に乗ったら，同じポスターが何枚も吊り下げてあったよ。

そういえば，駅にもポスターが何枚か貼ってあったな。駅前の商店街でも貼ってあった。

町内の掲示板にあった。お医者さんの待合室にもあった。

T　ポスターは，どんなところに多くありましたか。
C　駅や電車の中です。
C　商店街とか，お店が多い所です。
C　分かった。人が多く集まるところです。
C　人に知らせるのだから，たくさんの人が見てくれる場所に多いんだね。

準備物	・ポスターの見本（2，3枚） ・教科書P124の「ポスターのれい」（黒板掲示用）

ICT	学校にどんなポスターがあるのか，事前に撮影して共有しておく。学校外のポスターは，著作権の関係もあるので，撮影はあまりお勧めできない。

ポスターを読もう

め どんなところにどんなポスターがあるか
たしかめ合い、ポスターのくふうを見つけよう

1
・あんない、よびかけ、せんでん
・知らせたいことを一まいの紙に
・言葉、絵、しゃしん ↓ 人を引きつける

※準備したポスターの見本を掲示する。

2
《どこで》
・電車の中
・えき
・しょう店がい
・学校のけいじばん
・おいしゃさん
※1
← 人が多く集まるところに多い

3 どんなポスターを見たことがあるか発表しよう。

T　では，どんなポスターが貼ってありましたか。

商店街で大安売りのポスターが貼ってあった。くじ引きもあるんだって。

交番に，振り込め詐欺が何とかっていうポスターが貼ってあったよ。

文化財の一般公開とか書いてあって，お寺の写真が載っているポスターがあった。

観光地の宣伝のポスターが電車の中に吊り下げてあった。

T　学校の中には，どんなポスターがありましたか。
C　保健室に虫歯予防のポスターが貼ってあった。
C　児童会の掲示板に運動会のポスターがあった。
T　教科書に出てきた中で，マナーの呼びかけポスターが出ていないけど，何か見たことはありますか。
C　たばこのポイ捨てやめようポスターがあった。
C　町の美化運動のポスターもあったなあ。

4 ポスターの工夫を見つけよう。

T　教科書 124 ページのポスターを見ましょう。これは，何を知らせるポスターですか。
C　読書週間だよというお知らせのポスターです。
C　「読書をしましょう」と呼びかけています。
T　キャッチコピーって，何ですか。
C　相手を引きつけるように工夫された短い言葉です。
T　このポスターには，見る人を引きつけ，知らせたいことを伝えるどんな工夫がしてあるでしょう。気づいたことを話し合いましょう。

ポットがホッと一息ついて本を読んでいる絵を入れて，本を読もうと呼びかけている。

「ホッ」と「本」だけ他の文字と色や大きさを変えて目立つようにしている。

キャッチコピーが同じ音や言葉の繰り返しになっていて，リズムがあるので印象に残りやすいよ。

ポスターを読もう
第2時（2/2）

本時の目標 ポスターを比べて違いや共通点を見つけ，ポスターを読むときに気をつけることを考えることができる。

板書例

〈どちらにもある〉
- 「コスモス祭り」
- 日と場所
- 会場あんない
- コスモスのしゃしん
- もよおし

おとなむけ

- 遠くからでも来て
- コスモスがいっぱい

※教科書P127（イ）のポスターを掲示する。

〈ちがい〉
- あんない図
- 漢字とひらがな
- コスモスのしゃしん

〈（イ）だけ〉
- 「50万本の世界」
- インターからの時間
- 近くのえき

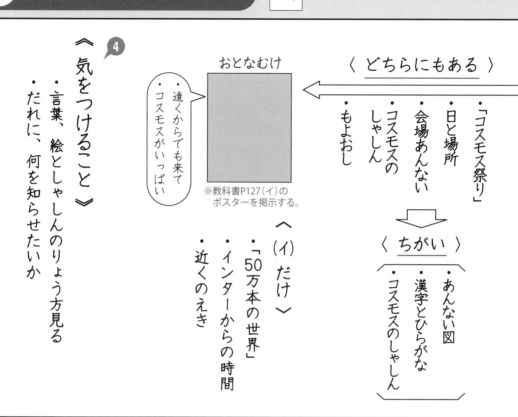

4 《気をつけること》
- 言葉、絵としゃしんのりょう方見る
- だれに、何を知らせたいか

POINT ポスターを比べて違いや共通点を見つけさせ，そのポスターが作られた目的や相手を考えさせる。また，ポスターを読む

1 どちらに参加したくなるだろう。

教科書 P126，127 の 2 枚のポスターを見せる。

T　これは，何のポスターですか。
C　コスモス祭りのポスターです。
C　どちらも同じコスモス祭りのポスターです。
C　10 月 19 日（土）・20 日（日）にあります。
T　どちらのポスターの方がお祭りに行きたくなりますか。理由も言って話し合いましょう。

ぼくは（イ）だな。写真を見たらコスモスがすごく多いから見てみたい。

わたしは（ア）の方が行きたくなる。子どもが笑っていて楽しそうだから。

わたしは（ア）ね。中学生のコンサートとか，コスモスくんショーもあるから，楽しそう。

ぼくも（ア）。みんな集まれって書いてある。子どもに呼び掛けているみたい。花火大会も楽しみだよ。

2 2 つのポスターを比べて相違点をまとめよう。

T　2 つのポスターを比べて，どちらにもあることは何ですか。ノートに書きましょう。
C　コスモス祭りという題。日と場所も両方にある。
T　どちらかだけにあることは何ですか。
C　子どもの写真と「みんな集まれ」の言葉や広場ステージの内容と花火大会のお知らせが（ア）だけです。
C　（イ）には，50 万本という数が書いてあります。

それぞれの問いで分かったことを箇条書きさせる。

T　どちらにもあるけど，示され方が大きく違うところはどこでしょう。

会場案内図が（イ）は駅や高速からの行き方で，（ア）は公園内の地図です。

コスモスの写真が全然違う。（ア）はイラストが入っていて，字も太くて読みやすい。

（ア）はひらがなが多いけど，（イ）は漢字が多い。

準備物	・教科書P126, 127の（ア）（イ）のポスター（黒板掲示用）

ICT	2つのポスターの画像を児童のタブレットに送信し，その画像を比較しながら，タブレットに書き込みをして学習を進めていく。

ポスターを読もう

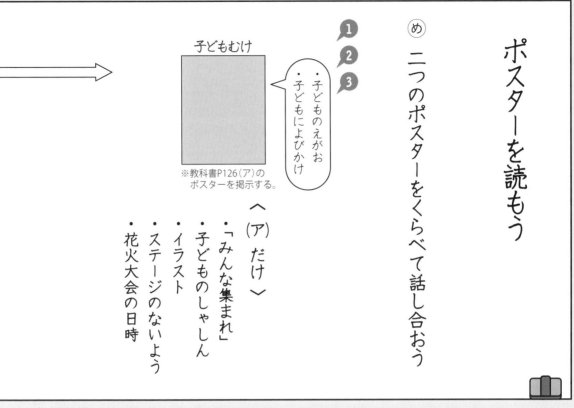

Ⓜ 二つのポスターをくらべて話し合おう

1 2 3

・子どものえがお
・子どもによびかけ

子どもむけ

※教科書P126（ア）のポスターを掲示する。

〈（ア）だけ〉
・「みんな集まれ」
・子どものしゃしん
・イラスト
・ステージのないよう
・花火大会の日時

ときの注意点を考えさせる。

3 ポスターの違いがあるのはなぜだろう。

T　同じコスモス祭りのポスターなのに，どうしてこんなに違うのでしょう。ポスターが作られた目的や知らせたい相手から考えてみましょう。

（イ）は，大人向けで，遠くからも来てほしいから，駅や高速からの道順が書いてある。

（イ）は，50万本とか，コスモスがいっぱいの写真を入れて，大人に行ってみたいと思わせようとしている。

（ア）は，子どもに来てもらうためのポスターだと思う。だから中心に子どもの写真があったり，ひらがなが多い。

そうだね。（ア）は，広場ステージで楽しいことがいっぱいあると知らせたり，コスモスくんや花火のイラストが入っているね。

T　誰に何を知らせるかでポスターも違ってきますね。
C　（ア）は子どもに楽しいよと知らせている。
C　（イ）は大人にコスモスがすごいと知らせている。

4 ポスターを見るときに，気をつけることは何だろう。

T　同じことを知らせるポスターでも，いろいろな違いがあることが分かりましたね。
C　比べてみておもしろかったです。これから，ポスターを見たとき，どんな工夫がしてあるとか，誰に見てほしいとか，いろいろ考えて見られます。
T　自分たちがポスターを読むときには，どんなことに気をつけたらいいと思いますか。

言葉と絵や写真の両方を見て，内容を知るようにする。

誰に何を知らせたいのかを考えて見る。

宣伝ポスターで余計な物まで買わされないようにする。

P124のポスターのれいを再度見て感じたことを発表させる。

書くときに使おう

書くことを考えるときは

全授業時間２時間

◎ 指導目標 ◎

・比較や分類のしかたを理解し使うことができる。
・相手や目的を意識して，経験したことや想像したことなどから書くことを選び，集めた材料を比較したり分類したりして，伝えたいことを明確にすることができる。

◎ 指導にあたって ◎

① 教材について

書くことの選び方を学習します。文章を書く場合，何についてどのように書くのか，その構想を立てることは，まとまりのある文章を書くために必要な作業です。これまで，文章を「はじめ」「中」「おわり」に分けて書くことや，文章の構想メモを書く学習をしてきました。本単元では，「夏休みの思い出」というテーマから，思いついたことを線でつないで書き広げる図を作成します。この図を活用して，書きたいことや具体的な内容を選び，文章を書いていきます。

図を使って考えを広げたり整理したりする作業は，文章を書いたり発表したりするときに有効な方法です。本単元の学習をいかして，他教科や他の場面でも活用できれば，児童にとって大きな財産になります。

② 個別最適な学び・協働的な学びのために

児童は，長い夏休みの間にさまざまな体験をし，たくさんの思い出をつくっています。それらの体験を思い出し，そこから自分が書きたいことを選んでいきます。ここで，「仕事のくふう，見つけたよ」で学習した「伝えたいことをはっきりさせて文章を書く」「読み手を意識して，書く内容を考える」という文章の書き方がいかせます。図を活用することで，テーマに関わる考えを広げると同時に，これらの視点も含めて書くことを選ぶことができるでしょう。

ここでも，書いた文章を読み合って感想や意見を交流します。それぞれがもっている夏休みの思い出には，重なる思い出もあれば，自分の知らない思い出もあります。お互いが，それぞれの思い出をもちながら文章を読み合うことで，ときには共感し，ときには新たに知ったことに心を動かされることもあるでしょう。そうした学び合いを大切に学習させます。

◎ 評価規準 ◎

知識 及び 技能	比較や分類のしかたを理解し使っている。
思考力，判断力，表現力等	「書くこと」において，相手や目的を意識して，経験したことや想像したことなどから書くことを選び，集めた材料を比較したり分類したりして，伝えたいことを明確にしている。
主体的に学習に取り組む態度	粘り強く集めた材料を比較したり分類したりして，伝えたいことを明確にし，学習課題に沿って夏休みの思い出を書こうとしている。

◎ 学習指導計画　全２時間 ◎

次	時	学習活動	指導上の留意点
1	1	・図を使った考えの広げ方を知る。 ・夏休みの思い出について，図を使って書き，思いついたことを線でつないでいく。 ・書くことを選ぶ。	・図の作成のしかたは，教科書を参照する。 ・夏休みの思い出は，いくつか挙げて，その中から選ばせる。
	2	・図と見比べながら例文を読む。 ・夏休みの思い出を書く。 ・書いた文章を読み合う。 ・学習を振り返る。	・教科書の例文を読んで，どのように書けばよいかイメージをもたせる。 ・図の種類や活用のしかたにも目を向けさせ，今後の学習にいかしてみようと思わせる。

書くことを考えるときは

第1時（1/2）

本時の目標　図を使った考えの広げ方を知り，夏休みの思い出について，書くことを選ぶことができる。

板書例

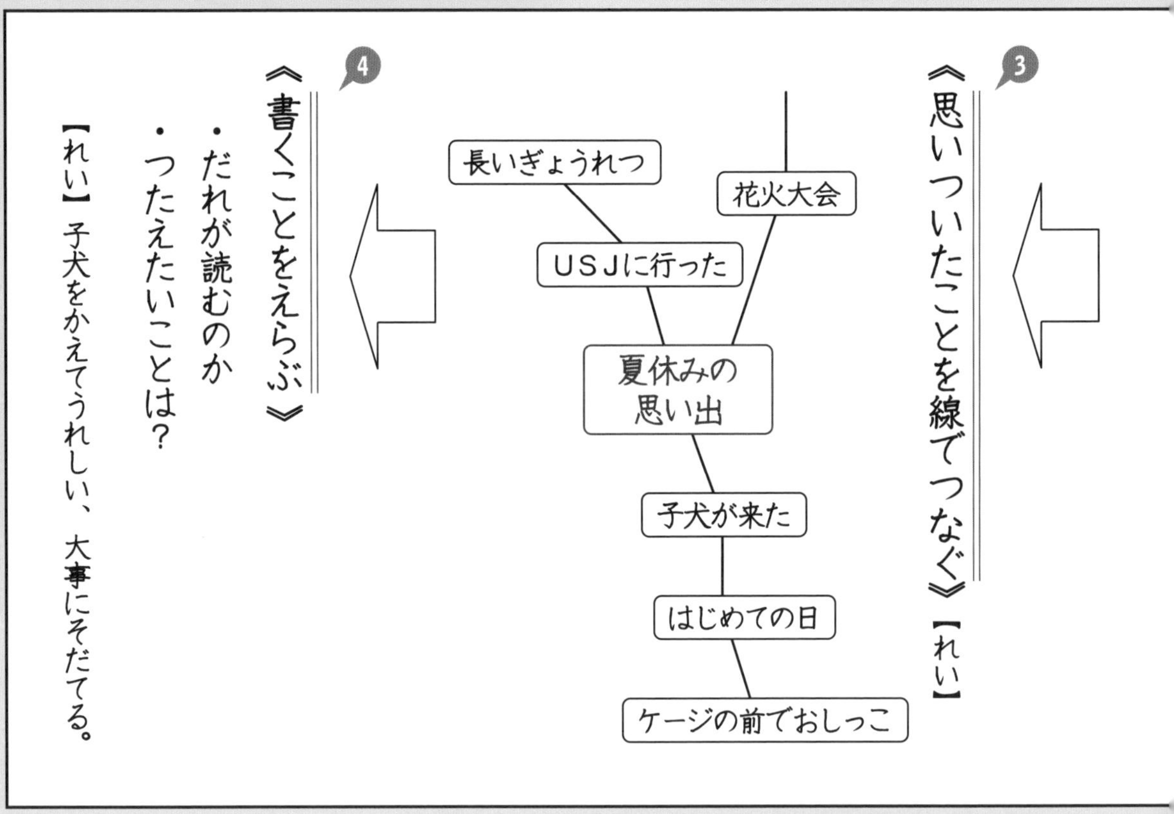

3
《思いついたことを線でつなぐ》
【れい】
夏休みの思い出
花火大会
USJに行った
長いぎょうれつ
子犬が来た
はじめての日
ケージの前でおしっこ
4
《書くことをえらぶ》
・だれが読むのか
・つたえたいことは？
【れい】子犬をかえてうれしい、大事にそだてる。

POINT　教科書の図を参考にして，「夏休みの思い出」というテーマから順次考えを広げていき，図を完成させる。その場合，1つの

1　夏休みの思い出をいっぱい出し合おう。

T　今年の夏休みは，どんな思い出に残ることがありましたか。あったことをいっぱい出し合いましょう。いくつ出してもいいですよ。

海水浴に行った。海の水を飲んだらしょっぱかった。レストランへ食事に行った。豪華なメニューだったよ。

USJへ家族で遊びに行って楽しかった。花火大会もきれいだった。それから…。

ぼくはキャンプに行った。星がいっぱい見えた。家で焼肉パーティーもした。映画も見にいった。

お父さんの田舎に行った。おじいちゃんと遊んだ。自然がいっぱいで，畑ですいかをとって食べた。

T　その中から，書くことを1つ選ぶとしたら，どのようにして選びますか。
C　どのようにしてと言われても…。適当に選ぶ。
C　一番楽しかったこと。それは，あれ？どれかな？

2　図を使った考えの広げ方を知ろう。

T　教科書には，どんな選び方が書いてありますか。
C　図を使って，考えを広げる。どうやって広げるの？
T　では，教科書の1を読んでみましょう。
C　夏休みの思い出というテーマが二重線で囲んである。そこから「農作業を手伝った」「海に行った」の２つが線でつないである。
C　ぼくだったら，「キャンプ」「焼肉パーティー」「映画に行った」の３つを線でつなげばいいんだね。
T　どう考えを広げて行くのか，下の段の図を見て分かったことを話し合いましょう。

「海に行った」から考えを広げて「長いきょりを泳ぐことができた」に，またつなげている。

思いついたことを線でつないで書いていけばいいんだ。3つめや4つめもありだね。

こうすれば，いくらでも考えを広げていけるね。

準備物

ICT　思考ツールをいくつか紹介したい。（関西大学初等部が研究を進めているものなど）基本形を教師が作成して，画像として児童のタブレットに送信しておくと，何度も使用できる。

書くことを考えるときは

め　図を使って、夏休みの思い出について書くことをえらぼう

1 《夏休みの思い出》

花火大会　海水よく　キャンプ　いなか

2 《図で考えを広げる》

テーマ「夏休みの思い出」

← 自分の思い出を線でつなぐ

← 思いついたことを書いてつないでいく

※児童の発言を板書する。

体験だけでなく，夏休み中のいくつかの体験を思い出させ，そこから図（考え）を広げていかせる。

3 「夏休みの思い出」について，図を使って，考えを広げよう。

T　夏休みの思い出について，自分の図を書きましょう。まず，テーマに，自分の夏休みの思い出を線でつなぎましょう。

C　わたしは，「USJに行った」「花火大会」「子犬が来た」の３つ。

C　ぼくは，「野球の試合」「魚釣り」「旅行」「セミ取り」だ。

T　それぞれの思い出に，思いついたことを書き足していきましょう。

野球の試合，初めてのレギュラー, エラー, 勝った。魚釣りは，お父さんと約束，…。
子犬が来た，はじめての日，ケージの前でおしっこ，大事に育てよう。

4 書いた図をもとにして，書くことを選ぼう。

T　考えを広げることはできましたか。

C　できました。バッチリ。

C　もう１つ書こうかな。どうしよう。

T　書くことを選ぶときに考えることを教科書で確かめておきましょう。

C　誰が読むのか，伝えたいことは何かを考える。

C　「仕事のくふう，見つけたよ」でも，伝えたいことをはっきりさせるとか，読む人のことを考えて書くとか出てきたね。

T　そうです。では，自分が書くことを選びましょう。

海水浴に行って塩水を飲んでしまったことか，レストランへ行ったことか，どちらにしようかな。
ぼくは，もう決めている。クワガタを飼ったことは，みんな知りたいと思うから。

書くことを考えるときは

第2時（2/2）

本時の目標　夏休みの思い出の文章を書き，読み合って感想や意見を伝えることができる。

板書例

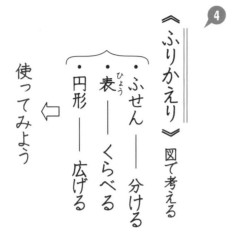

3
《読み合って感そうや意見》
うれしい、きんちょうかん、
言葉からつたわる
エラー、あせり、けいけんある
※

4
《ふりかえり》図で考える
・ふせん――分ける
・表（ひょう）――くらべる
・円形――広げる
⇦ 使ってみよう

POINT　教科書の図と例文から，自分が書く文章の書き方についてのイメージをもたせる。図の種類や活用のしかたにも目を向けさ

1 教科書の図と例文を比べて読み，気づいたことや思ったことを話し合おう。

T　教科書 129 ページの例文を読みましょう。
　例文を音読させる。
T　128 ページの図のどこをもとにして文章を書いていますか。
C　「農作業をてつだった」―「やさいをとるてつだいをした」のところです。
T　図と比べながら，例文を読んで気づいたことや思ったことを発表しましょう。

「ぼくの夏休みのいちばんの思い出は」と，テーマから書き始めています。
図を詳しくしたり，書き足したりしていることもたくさんあります。
図にはなかったけど，おばあちゃんの言葉や直売所に持っていったことも書いています。
最後に，自分が思ったことを書いているのがいいと思います。

2 自分が書いた図をもとにして，夏休みの思い出の文章を書こう。

T　自分が文章を書くときに，例文のどんなところを参考にしたいと思いますか。反対に，ここは変えたいと思うことはありませんか。
C　おばあちゃんの言葉を入れたのはよかったと思います。ぼくもそうしたいです。
C　野菜をとっている場面が書いていないので，わたしは，自分がしたことを詳しく書こうと思います。
T　では，読む人や伝えたいことをしっかり考えて，夏休みの思い出の文章を書きましょう。

書き始めの文はどうしようかな。やっぱり，例文と同じようにしよう。
おばあちゃんと遊んだときの楽しさを思いっきり書くわ。
最後は，自分が考えたことを書いて文章の「おわり」にしよう。

準備物

ICT　友達が書いた図を使った考えのノートやシートを，タブレットで全員に共有し，よい点や改善点を話し合うと，より理解が深まる。

書くことを考えるときは

め　夏休みの思い出の文章を読み合って、感そうや意見をつたえよう

1 《れい文と図を見て》

・テーマから書きはじめ
・書き足し、くわしく
（おばあちゃんの言葉　直売所）
・自分の思ったこと

※

2 《文章を書く》→ さんこうにしたいこと

・「　」会話を入れる
・したことをくわしく

※

※児童の発言を板書する。

せ，今後の学習にいかしてみようと思わせる。

3 書いた文章を読み合って，感想や意見を伝えよう。

T　書いた文章を読み合う前に，どのようにして書くことを選んだかを伝えておきましょう。

C　わたしは，田舎に行っておじいちゃんと遊んだことを選びました。同じような経験をした人もいると思うので興味をもってくれるかと思いました。

C　ぼくは，野球の試合のことを書きました。いろんなことが起きた1日だったので，読む人もおもしろいかなと思って選びました。

T　では文章を読み合い，感想や意見を伝えましょう。

書いた文章をグループで回し読みさせ，感想や意見をノートに書かせる。読み終えたら司会を決めて意見交流させる。

初めに，山田君の野球の試合の感想を出し合おうよ。
はじめてレギュラー出場した嬉しい気持ちと緊張感が心の中で思った言葉から伝わってきた。
エラーしたときは焦っただろう。ぼくも経験がある。

4 学習したことを振り返ろう。

T　2時間の学習でしたが，教科書の「たいせつ」を読んで学んだことを振り返りましょう。

C　思いついたことを図に書くのは，目で見て確かめながら考えが広げられるからいいと思います。

C　書き出したことを比べられるから，一番伝えたいことが選びやすいです。

T　話すときも図が使えます。どんな方法があるか，教科書の163ページで確かめましょう。

まとまりごとに分ける図もある。付箋だったら，簡単に貼りかえたりできる。
比べるときは表にすればいいのか。同じところ，違うところが分かりやすい。
広げるときも，円で広げて行く方法もあるのか。
図を使って考える方法は，いろいろあるんだね。

C　教科書の下巻で，いかせる勉強があるね。

C　そのときに図を使ってみよう。

漢字の組み立て

全授業時間３時間

◎ 指導目標 ◎

・漢字が，へんやつくりなどから構成されていることについて理解することができる。

◎ 指導にあたって ◎

① 教材について

本教材は，「へん」と「つくり」からなる漢字を取り上げて学習します。同じ「へん」や「つくり」をもつ漢字がいくつもあることから，それらの共通点を探させ，その漢字のもつ意味を類推し，漢字には一定の型があることに気づかせます。このことは，新出漢字が多くなり覚えるのが負担になりつつあるこの時期の児童に，漢字についての新たな視点と興味を示すことになります。

また，そのほかにも「かんむり」や「あし」「にょう」など，漢字には共通する部分があり，そのような部首によって漢字が組み立てられている（構成されている）ことに気づかせます。

漢字は，実に合理的に作られています。部首は，漢字の意味を表す部分です。「草かんむり」を見れば，植物を意味することが，「しんにょう」なら道・進む動きを意味することが分かります。

漢字を部首という窓口から見ると，「同じ部分」をもち「意味の上でのなかま」が見えてきます。このような漢字の捉え方は，読む力や文を作る力（表現力）を培う上での基礎，素養となります。

② 個別最適な学び・協働的な学びのために

学習は，漢字組み合わせパズルから導入し，「漢字」=「覚える」=「難しい」という児童の漢字学習の捉え方を覆し，楽しく活動させることで主体的な学習への意欲を引き出します。

教科書の漢字一覧表から漢字を探すなどの作業はできるだけ独力で行わせます。漢字を見て気づいたことや，「へん」「つくり」の意味を考えたりする活動はグループでの対話を重視して活動させます。個人主体の活動で主体性と自信を身につけさせ，対話を通して，児童は自分とは違う視点に気づき，認識を広め，深めていくことができるでしょう。

「『部首を手がかりに，漢字を見る，漢字の意味を考える』ことができる」，これは，漢字１つ１つをばらばらに知っていくのではなく，「しんにょう」や「門がまえ」など，部首と意味をもとにして，漢字をなかまとして捉え直す学習でもあります。同時に，部首についての知識は，「部首引き」など，漢字辞典を使っていく上でも必要です。

◎ 評価規準 ◎

知識 及び 技能	漢字が，へんやつくりなどから構成されていることについて理解している。
主体的に学習に取り組む態度	漢字がへんやつくりなどから構成されていることについて粘り強く理解し，学習課題に沿って漢字の構成を捉えようとしている。

◎ 学習指導計画　全 3 時間 ◎

次	時	学習活動	指導上の留意点
1	1	・「へん」と「つくり」を組み合わせて漢字を作り，読んでみる。 ・語・詩・調・話の4つの字を見て，共通点を見つける。 ・「ごんべん」について理解し，「ごんべん」のつく字を探す。 ・「きへん」，「にんべん」，「さんずい」の漢字を探し，意味を考える。	・共通点としての「へん」やその意味については，児童に見つけさせるようにする。 ・意味は，分かりやすい字を取り上げて考えさせる。（ここでは，「きへん」，「にんべん」，「さんずい」を取り上げる）
	2	・「漢字組み合わせパズル 2」で作った漢字をなかまに分け，共通点としての「つくり」に気づく。 ・「おおがい」の意味を知り，他の「つくり」の意味も考える。 ・漢字組み合わせパズルを作ってゲームをする。	・ゲーム感覚で楽しみながら活動し，「つくり」についての理解を深める。 ・「つくり」の意味は「へん」よりも分かりにくいものが多いので，深入りせず，分かりやすいものを 2 ～ 3 取り上げる。「つくり」にも意味があるということが分かればよい。
2	3	・部首には，漢字のどの場所につくかによって，「かんむり」「あし」「にょう」「たれ」「かまえ」があることを調べる。 ・部首別に，その部首がついている漢字を書く。 ・その部首のついた漢字から部首のもつ意味を考え，話し合う。	・カードを使って「へん」や「つくり」の他にも 2 つの部分の組み立てがあることを見つけさせる。 ・漢字に使われる部分の形から部首について分からせる。また，その意味について考えさせる。

漢字の組み立て

第1時（1/3）

本時の目標　漢字の左側の部分が「へん」であることを知り，それぞれの「へん」が表す意味が分かる。

板書例

4

語　詩　調　話

※1

「へん」←・右と左の組み合わせ
・どれも左がわが「言」
→「ごんべん」
⇒言葉に関係がある（計　読　記など）

2
3

木　きへん　＝　木に関係　村　林　植

亻　にんべん　＝　人に関係　作　体　使

氵　さんずい　＝　水に関係　海　池　洋

※1 QR コンテンツの漢字カードを貼る。

POINT　同じ「へん」をもつ漢字があることに気づかせる。それらを比べることによって，「へん」が表す意味を考えさせる。

1　漢字組み合わせパズル 1 をしよう。

T　カードを組み合わせて，漢字を作るパズルをしましょう。

個人，またはグループにカード QR を配って操作させる。（黒板に拡大したカードを貼り，操作させてもよい）

C　点線で囲まれたカードと実線で囲まれたカードがあるけど，どうしてかな。

C　分かった。実線のカードは左で，点線は右にくる。

T　2 つのカードを組み合わせて漢字を作りましょう。

「孝」と「攵」で「教」になる。
じゃあ「糸」と「且」で「組」ができるね。
「禾」と「斗」で「科」ができる。
残ったのは，「氵」と「也」で「池」になる。これ，おもしろいね。

T　作った漢字を見て，分かったことはありますか。

C　どの漢字も左と右の 2 つの部分の組み合わせでできています。

2　4 つの漢字を比べ，「へん」について調べよう。

語，詩，調，話の漢字カード QR を黒板に貼る。

T　この 4 つの漢字を見て気づいたことはありますか。

C　これも右と左の 2 つの部分が組み合わさってできています。どれも左側が「言」になっています。

T　「言」のように，漢字の左側にある部分を「へん」といいます。「言」は「ごんべん」といいます。

T　「ごんべん」のついた漢字は，何に関係がある字でしょう。

言葉に関係があると，教科書に書いてある。ほんとうかな？
「語」は日本語とか英語とかに使うから言葉に関係あるね。
「詩」も「話」も言葉に関係がある。「調」も何か言葉に関係ありそうだね。

どの字も，言葉に関係があることを確認させる。

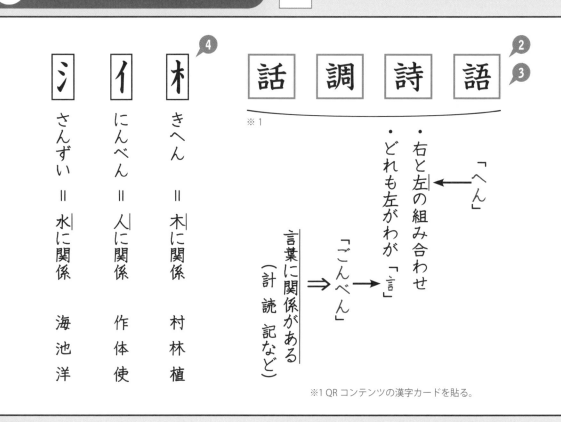

準備物	・漢字組み合わせパズル1用カード（グループ数または，個人数，及び黒板掲示用） QR ・漢字カード（黒板掲示用） QR

ICT	「へん」のカードと「つくり」のカードをタブレットのシートで作成し，児童が自由に操作できるようにしておく。みんなで話し合いながら，漢字の組み合わせを考えると盛り上がる。

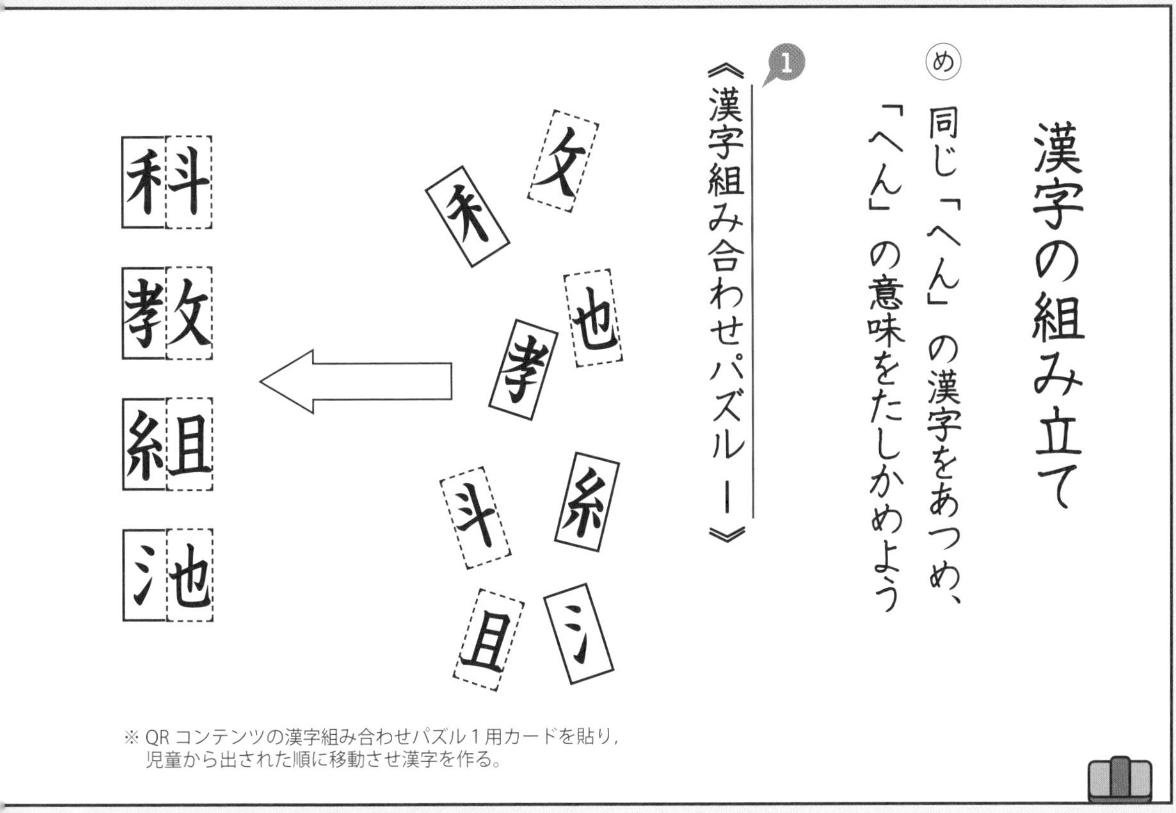
漢字の組み立て
め 同じ「へん」の漢字をあつめ、
「へん」の意味をたしかめよう
1
《漢字組み合わせパズル―》
攵
禾
也
孝
糸
斗
氵
且
科
教
組
池
※ QR コンテンツの漢字組み合わせパズル１用カードを貼り，児童から出された順に移動させ漢字を作る。

3 「ごんべん（言）」のつく字を集めて，言葉に関係があるか確かめよう。

T　他に「ごんべん」のつく漢字には，どんな字がありますか。

教科書 P150 ～ 153「これまでに習った漢字」から探させる。

「記」が，あった。
「読」も，「ごんべん」の字だ。もう他にはないかな。
「計」を2年で習っていた。

T　それぞれ，言葉と関係ありましたか。
C　「記」は，日記の記だから，言葉に関係あるね。
C　「読」も，読むのは言葉を読むのだから関係ある。
C　「計」はどうかな？　計画を立てるのは，言葉でするから言葉に関係ありそうだね。

4 いろいろな「へん」を集めて，意味を確かめよう。

T　教科書に，他にどんな「へん」が載っていますか。
C　きへん。板や柱。
C　にんべん。休むや係。さんずい。油，港。
T　この３つの「へん」の漢字をもっと探しましょう。
C　「きへん」は，村，林，校，相，横，様，植。
C　「にんべん」は，作，体，使，住，仕。
C　「さんずい」は，海，池，洋，汽，深，漢，酒。
T　それぞれ，何に関係がありますか。

「きへん」は，木に関係がありそうだね。
「にんべん」は，みんな人に関係がある。
「さんずい」は，水に関係がある。
「へん」の名前から，何となく検討がつくね。

他にどんな「へん」があるか，教科書で調べさせる。

C　糸（いとへん），亻（ぎょうにんべん），禾（のぎへん）…。いろいろあるね。

漢字の組み立て

第2時（2/3）

本時の目標　漢字の右側の部分が「つくり」であることを知り，それぞれの「つくり」が表す意味が分かる。

板書例

2 ☆気づいたこと
頁、力、月 がつく字が二つずつ
→どれも右がわ＝「つくり」

3 ☆「つくり」のいみ
頁　おおがい＝頭に関係
力　ちから＝力に関係
月　つき＝年月に関係
見　みる＝見るに関係

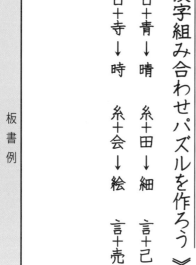

4 《漢字組み合わせパズルを作ろう》
日＋青→晴　糸＋田→細　言＋己→記
日＋寺→時　糸＋会→絵　言＋売→読
など

POINT　同じ「つくり」をもつ漢字があることに気づかせ，それらを比べることで，「つくり」が表す意味について考えさせる。

1 漢字組み合わせパズル2をしよう。

頭，顔，動，助，朝，明の6文字の左右を分けた12枚のカード QR をグループごとに配る。

T　漢字組み合わせパズル2をします。今度は，12枚のカードを使います。どんな漢字ができるでしょうか。
C　前よりカードが多くなって難しそう。
C　おもしろい。前に1回やっているからできるよ。

「重」と「力」で，「動」ができる。他にできるのは何かな？
分かった。「彦」と「頁」で「顔」ができるよ。
じゃあ「且」と「力」で「助」になる。あと3文字だね。残っているのは…。

2 組み合わせた漢字を見比べ，「つくり」を知ろう。

黒板に，児童から出された順に漢字を貼る。

T　組み合わせた6つの漢字を見て，気づいたことを言いましょう。

「頁」がつく漢字が2つあります。
「力」と「月」のつく漢字も2つずつあります。
「へん」は左側だったけど，今度は，全部右にあります。

T　今度も同じ部分をもつ漢字がありましたね。力，頁，月のような漢字の右側の部分を「つくり」といいます。　他にも，どんな「つくり」があるか，教科書の漢字表で調べてみましょう。

教科書巻末の漢字表で調べさせる。

C　攵，彡，斤，阝，刀，欠，見，鳥。

準備物	・漢字組み合わせパズル2用カード（グループ数，及び黒板掲示用）QR ・漢字パズル作り用の白紙カード（1人8〜10枚）

ICT	「へん」のカードと「つくり」のカードをタブレットのシートで作成し，児童が自由に操作できるようにしておく。みんなで話し合いながら，漢字の組み合わせを考えると盛り上がる。

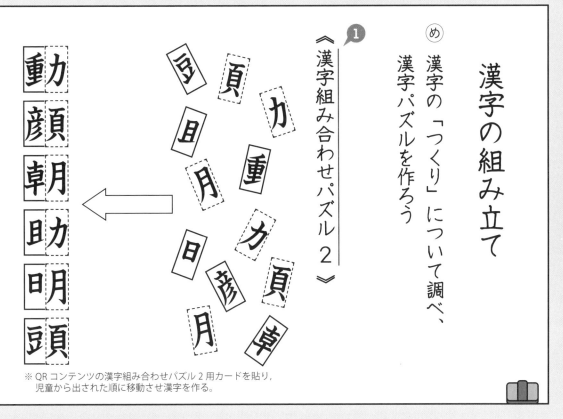

漢字の組み立て

㋱ 漢字の「つくり」について調べ、漢字パズルを作ろう

1 《漢字組み合わせパズル2》

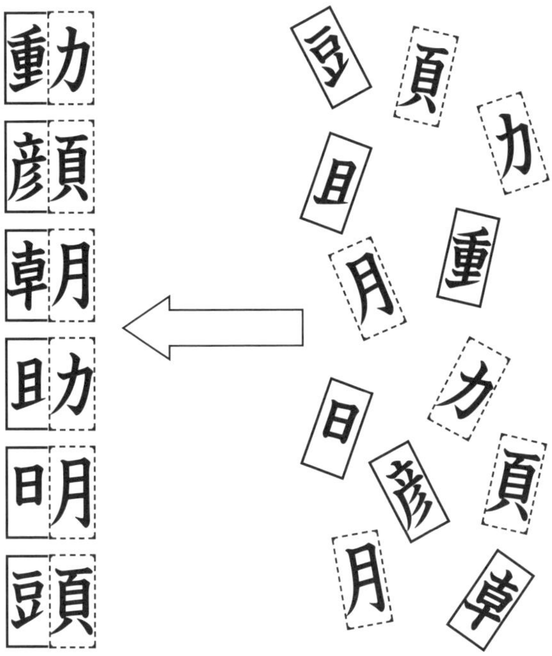

力
頁
豆
重
且
月
力
日
彦
頁
月
卓
動
顔
朝
助
明
頭

※ QR コンテンツの漢字組み合わせパズル 2 用カードを貼り，児童から出された順に移動させ漢字を作る。

3 「つくり」の意味を考えよう。

T 「さんずい」は水に関係があるなど，それぞれの「へん」には意味がありました。では，「つくり」もそれぞれ何に関係があるのか，考えてみましょう。

教科書で，「頁」の名前と意味を確かめさせる。

C 「頁」は「おおがい」と言って，頭に関係がある。

T 他に，意味が分かる「つくり」はありますか。

「月」は，1月，2月，3月…の月だから，年や月や日に関係がありそう。

物を動かすにも，何かを助けるときにも力がいるから，「力」は，力を使うことに関係がある。

「見」は見ることに関係，「鳥」は鳥に関係で，分かりやすい。

いくつか，意味の分かりやすいものだけを取り上げる。他は「へん」と合わせて，自由研究の課題などにするとよい。

4 漢字組み合わせパズルを作って遊ぼう。

T では，最後に「へん」と「つくり」に分けられる漢字を集めてパズルを作りましょう。

C おもしろそう。

パズルのカードは，8 枚または，10 枚までに限定し，教科書巻末の漢字表を見て作らせる。個人での作業にしても，グループで作らせても，どちらでもよい。

ぼくは，10 枚で超難しいパズルを作るぞ。

日，田，攵，女，青，糸，売，市，孝，言。これ，分かるかな？

わたしは，8 枚で作ろう。寺，反，日，木，刀，糸，七，東。

T できたら，周りの人たちと交換して，パズルで遊びましょう。

作ったパズルで，ゲームを楽しませる。

漢字の組み立て

第3時（3/3）

本時の目標 漢字の部首には，「へん」「つくり」の他にも「かんむり」「あし」「にょう」「たれ」「かまえ」があり，意味をもっていることを知る。

板書例

かまえ
たれ
にょう
下につく
あし
上につく
かんむり

門（もんがまえ）	口（くにがまえ）	广（まだれ）	辶（しんにょう）	貝（かい）	心（こころ）	⻗（あめかんむり）	⺮（たけかんむり）	艹（くさかんむり）
開・間〈門〉	図・園・国	広・店・庫	遠・近・通〈進む動き 道〉	買・負〈貝〉	意・悪・感〈心〉	雲・雪〈天気・空〉	筆・笛〈竹〉	花・薬〈植物〉

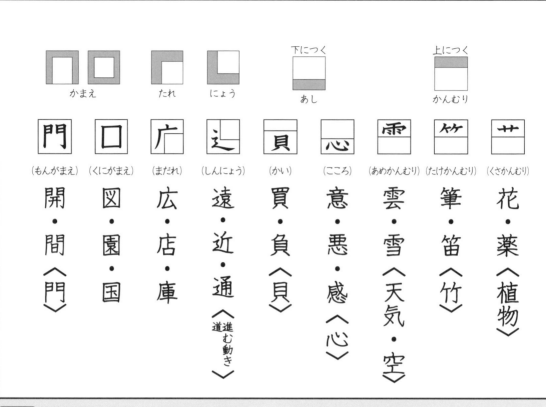

POINT 部首の位置カードを使って，部首の種類や位置を確かめさせ，部首が意味を表すことに気づかせる。

1 2つに分けた漢字の組み合わせを考えよう。

T　5つの漢字を，2つの部分に分けてばらばらにしました。

漢字組み合わせカード QR 10枚を黒板に貼る。

T　どれとどれを組み合わせると，元の漢字が作れるでしょうか。

「罒」と「貝」で「買」という漢字になりそう。
首も漢字の一部だけど…？

T　組み合わせを考えて，できた元の漢字をノートに書きましょう。相談してもいいですよ。

組み合わせてできた5つの漢字をノートに書かせる。

T　黒板でも，組み合わせてもらいましょう。（指名）

C　（動かしながら）「⻗」と「ヨ」で「雪」です。

C　「門」と「日」を組み合わせて，「間」です。

T　このように，漢字は組み合わせてできているものがありましたね。

2 へんやつくりの他にも，「⻗」や「貝」など，漢字に共通する部分を知ろう。

T　漢字には，共通して使われる部分があります。それは，漢字のおおまかな意味を表していて，「部首」といいます。（ここで「部首」という言葉を教えてもよい）漢字の上や下の方にある部首を，それぞれ「かんむり」「あし」といいます。

教科書 P132 を開けさせ，見つけさせる。

T　どのような「かんむり」がありましたか。

「艹」（くさかんむり）や「⺮」（たけかんむり）があります。
「⻗」（あめかんむり）を使った漢字には，雲や雪があります。

T　「あし」についても「心」（こころ）や「貝」（かい）がつく漢字を確かめましょう。

T　それぞれ何に関係のある漢字でしょうか。

C　くさかんむりは，植物に関係している漢字に使われています。薬も植物から作られていたんだね。

T　たけかんむりのつく漢字は，竹に関係しています。

準備物
・漢字組み合わせカード（黒板掲示用）QR ・部首の位置カード（黒板掲示用）QR ・漢字の部首カード（黒板掲示用）QR ・ワークシート QR

ICT
「かんむり」「あし」「にょう」「たれ」「かまえ」のカードをタブレットのシートで作成し，児童が自由に操作できるようにしておく。みんなで話し合いながら，漢字の組み合わせを考えると盛り上がる。

漢字の組み立て

㋱ 漢字の組み立てを考えて、同じ部分を見つけ、その部分について調べよう

1 ◇組み合わせを考えて漢字を作ろう

門　罒　貝　首　⻗　ム　日　广　ヨ　辶

⇐組み合わせると

買　雪　広　道　間

※ QR コンテンツの漢字組み合わせカードを貼り，児童に組み合わせさせる。

2 3 4 〈漢字に使われる一部分〉部首（ぶしゅ）

意味や関係のあるものを表す

3 「にょう」「たれ」「かまえ」を知り，それぞれの部首のつく漢字を書こう。

T　部首には,「にょう」「たれ」「かまえ」もあります。教科書を見て確かめましょう。

その漢字を使った言葉は，「遠出」「遠足」「近道」「近所」「通り道」「通学」が載っています。

「くにがまえ」と「もんがまえ」は，「かまえ」のなかまなんだね。

「しんにょう」には，「遠」「近」「通」があります。

T　では，教科書を見て,「かんむり」「あし」「にょう」「たれ」「かまえ」の部首がある漢字と，その漢字を使った言葉を書きましょう。

ワークシート QR を使用してもよい。

4 それぞれの部首の意味を考え，話し合おう。

T　「辶」（しんにょう）のつく漢字にはどんな意味があるのでしょうか。「遠」「近」「通」から考えてみましょう。

どれも「道」のなかまかな。

「進む」ことにも関係があると思います。

T　「門」（もんがまえ）についても，意味を考えて話し合いましょう。

T　部首の意味を考えながら，教科書 132 ページと 133 ページの漢字と言葉を読みましょう。

教科書 P132，133 の漢字と言葉を音読させる。

ローマ字

全授業時間 4 時間

◎ 指導目標 ◎

・日常使われている簡単な単語について，ローマ字で表記されたものを読み，ローマ字で書くことができる。

◎ 指導にあたって ◎

① 教材について

ローマ字表記で，簡単な語句の読み書きができることを目指す教材です。児童は日常生活でローマ字表記を多く目にしています。また，コンピュータ入力をするときも，ローマ字入力が一般的です。社会生活をしていく上でも，コンピュータを活用した学習を進める際にも，ローマ字を読み書きする力は，必要になってきます。

ローマ字の基本をしっかりと身につけさせることが大切です。子音と母音が組み合わされて一音が成り立っていること，拗音，長音，促音，撥音の書き方，固有名詞の頭には大文字を使うことなどは，基本として確実に身につけさせたいものです。アルファベット一字一字の書き方も丁寧に指導し，定着を図ります。できるだけ，多くの文字を読んだり書いたりして，ローマ字の表記に慣れさせることも大切です。本教材では，子音と母音の結合が分かりやすい訓令式のローマ字を学習しますが，街中で多く見られ，日常よく使われているヘボン式のローマ字表記にも慣れさせておいた方がよいでしょう。ローマ字表の見方，書き表し方の決まりの学習の後，ローマ字入力にも取り組みます。

② 個別最適な学び・協働的な学びのために

初めてのローマ字との出会いがどのようになるかで，以後のローマ字，さらには英語学習に対する児童の印象は変わり，学習意欲や主体的に学習に取り組む姿勢にも関わってきます。まずは，ローマ字を読んだり書いたりする活動に楽しく取り組めることを大切にします。

身の回りからローマ字表記を見つけたり，教室にあるものをローマ字で書き表したりするときは，周りの友達と交流させながら視野を広げていきます。

表記の決まりを見つけたり考えたりする場面は，グループでの対話を基本にし，また，ワークシートを活用します。さらに，ローマ字入力について学び，コンピュータを使って調べたり，文章をまとめたりする力へと発展させます。どの児童もローマ字の読み書きができ，自信をもてるようにすることが，児童の意欲や学習に取り組む姿勢にも反映していきます。

◎ 評価規準 ◎

知識 及び 技能	日常使われている簡単な単語について，ローマ字で表記されたものを読み，ローマ字で書いている。
主体的に学習に取り組む態度	進んでローマ字で表記されたものを読み，学習課題に沿ってローマ字で書いたり入力したりしようとしている。

◎ 学習指導計画　　全 4 時間 ◎

次	時	学習活動	指導上の留意点
1	1	・ローマ字とは何かを知り，学習課題を確認する。 ・身の回りで，使われているローマ字を見つける。 ・母音と子音を組み合わせて表記するローマ字の仕組みを見つける。 ・ローマ字表を見て声に出して読む。	・写真や具体物を持ち込む。 ・ローマ字表記を見た体験交流をさせる。 ・フラッシュカードなども利用して，五十音が読めるようにする。
	2	・ア行～パ行までの母音，子音を大文字と小文字で書く。 ・カ行～パ行までの文字を小文字で書く。 ・「し」「ち」のようなヘボン式の書き方が分かり，練習する。 ・拗音の書き方が分かり，練習する。	・ワークシートを活用して練習させる。 ・具体的に，使われている例の写真などがあれば，見せる。 ・グループや隣どうしでの対話をいかして，考えたり，正しく表記できているかどうか点検し合ったりさせる。 ・書く練習が多いので，一部を学校で書かせて，残りは宿題にしてもよい。
	3	・長音の書き方が分かり，練習する。 ・促音の書き方が分かり，練習する。 ・撥音の書き方を確かめ，練習する。 ・大文字で書き始める場合が分かり，練習する。	
2	4	・ローマ字入力に取り組む。 ・「入力」「変換」が分かる。 ・書き方が 2 つあるものは，どちらでも入力できることが分かる。（例「SI」「SHI」） ・「ぢ」「づ」「を」「ん」の入力が分かる。 ・長音，促音の入力が分かる。 ・P134 の設問に取り組む。	・ローマ字表記の学習を発展させ，コンピュータに「入力」する方法を確かめ，好きな言葉などを入力をさせる。 ・コンピュータを使って調べたり，文章をまとめたりすることへ導きたい。

ローマ字

第1時（1/4）

本時の目標 身の回りでローマ字が使われていることや表記の仕組みが分かり，五十音を読むことができる。

板書例

《ローマ字表》 3

（段）

（行）

ローマ字表

大文字／小文字		ア段 A/a	イ段 I/i	ウ段 U/u	エ段 E/e	オ段 O/o			
ア行		あ a	い i	う u	え e	お o			
カ行	K/k	か ka	き ki	く ku	け ke	こ ko	きゃ kya	きゅ kyu	きょ kyo
サ行	S/s	さ sa	し si [shi]	す su	せ se	そ so	しゃ sya [sha]	しゅ syu [shu]	しょ syo [sho]
タ行	T/t	た ta	ち ti [chi]	つ tu [tsu]	て te	と to	ちゃ tya [cha]	ちゅ tyu [chu]	ちょ tyo [cho]
ナ行	N/n	な na	に ni	ぬ nu	ね ne	の no	にゃ [nya]	にゅ [nyu]	にょ [nyo]
ハ行	H/h	は ha	ひ hi	ふ hu [fu]	へ he	ほ ho	ひゃ hya	ひゅ hyu	ひょ hyo
マ行	M/m	ま ma	み mi	む mu	め me	も mo	みゃ mya	みゅ myu	みょ myo
ヤ行	Y/y	や ya	(い) (i)	ゆ yu	(え) (e)	よ yo			
ラ行	R/r	ら ra	り ri	る ru	れ re	ろ ro	りゃ rya	りゅ ryu	りょ ryo
ワ行	W/w	わ wa	(い) (i)	(う) (u)	(え) (e)	を (o) [wo]			
ン		ん n							
ガ行	G/g	が ga	ぎ gi	ぐ gu	げ ge	ご go	ぎゃ gya	ぎゅ gyu	ぎょ gyo
ザ行	Z/z	ざ za	じ zi [ji]	ず zu	ぜ ze	ぞ zo	じゃ zya [ja]	じゅ zya [ju]	じょ zyo [jo]
ダ行	D/d	だ da	ぢ (zi) [di]	づ (zu) [du]	で de	ど do	ぢゃ zya [dya]	ぢゅ zyu [dyu]	ぢょ zyo [dyo]
バ行	B/b	ば ba	び bi	ぶ bu	べ be	ぼ bo	びゃ bya	びゅ byu	びょ byo
パ行	P/p	ぱ pa	ぴ pi	ぷ pu	ぺ pe	ぽ po	ぴゃ pya	ぴゅ pyu	ぴょ pyo

※教科書 P137 のローマ字表（または，QR コンテンツの資料）を掲示する。

☆気がついたこと

・ア行だけ一文字
　カ行から下の行は二〜三文字

・ア段に「a」、イ段に「i」、…

・カ行に「k」、サ行に「s」、…

※児童の発言を板書する。

4

☆読んでみよう

・声に出して

・フラッシュカード

POINT ローマ字表記がされている写真や具体物を，教室に持ち込んで関心を高める。ローマ字表を読ませる。

1 ローマ字について知り，どんな学習をするか確かめよう。

T　これから勉強するローマ字って何でしょう。

教科書 P138 で調べさせる。

C　アルファベットを使って書き表します。

C　日本語は，アルファベットでも書き表せます。

教科書 P137 のアルファベットの表を見せる。

T　ローマ字は，この中のいくつかの文字を使って書き表します。大文字と小文字がありますね。

C　大文字と小文字は形が似ているのと似ていないのがあります。

T　どんな勉強をするのか，教科書の見出しを読みましょう。

ローマ字の表の見方を学習します。

次に，ローマ字の決まりを習います。

ローマ字を読んだり書いたり，入力の学習もします。

2 身の回りで使われているローマ字を探そう。

T　ローマ字は，どんなところで使われているでしょう。身の回りで見たことはありませんか。

教科書の写真も参考にして，どんなところに書かれていたか，知っていることを出させる。写真や具体物も用意しておいて，適宜見せたりする。

通りの名前や案内にローマ字が書かれています。駅の名前も，下にローマ字が書いてあります。

お菓子の袋やカレーの箱などにも，書いてあります。あれもローマ字かな？英語かな？

看板や動物園にもローマ字が書いてありました。

お店や会社の名前にも使われています。テレビにも出てきます。

T　いろいろなところで，ローマ字が使われていますね。

C　家に帰ってからもっと探してみよう。

準備物	・ローマ字表記の画像や実物 ・教科書P137のローマ字表 または，黒板掲示用資料 QR ・ローマ字のフラッシュカード

ICT	身の回りのローマ字が使われているものを探して，タブレットで撮影し，みんなで紹介し合うとよい導入になる。

ローマ字

め 身の回りにはたくさんローマ字表記があることを知り、ローマ字の五十音を読もう

1 ローマ字

↑ アルファベットで書き表す
（大文字と小文字）

2 《みの回りにあるローマ字》

・通りの名前　・えきの名前
・会社の名前　・かんばん
・あんないばん　・食べ物のふくろ

※児童の発言を板書する。

3 ローマ字表の仕組みを見つけよう。

ローマ字表を黒板に貼り，表の縦の列を段（ア段～オ段），横の列を行（ア行～パ行），ということを説明する。

T　ちょっと練習してみましょう。イ段のサ行の字は何ですか。
C　「し」です。
T　では，オ段のヤ行の字は何ですか。
C　「よ」です。
T　このローマ字の表の段や行を見て，何か気づいたことはありませんか。

ア行だけが１文字で，他はどれも２文字か３文字が組み合わされている。
ア段は全部ａの字がついている。イ段はi，ウ段はu，エ段はe，オ段はoがついている。
カ行は全部kがつく。サ行は全部ｓがつく。行にも決まりがある。

4 ローマ字表を読もう。

T　ア行をみんなで声を出して読みましょう。
C　ア，イ，ウ，エ，オ。
T　次は，フラッシュカードで練習です。

Aa
Oo
Ee
フラッシュカードおもしろい。「エ」です。
次は「ア」，その次は「オ」。

T　次は，カ行を読みましょう。
C　カ，キ，ク，ケ，コ。
T　カ行のフラッシュカードです。何を出すか分かりませんよ。
C　コです。
C　キです。

ワ行とンまで，順次，ローマ字表を読ませた後，フラッシュカードをランダムに見せて読ませる。

ローマ字
第2時（2/4）

本時の目標　清音，濁音，半濁音，拗音の文字と書き方が分かり，身近な事柄をローマ字で書き表せる。

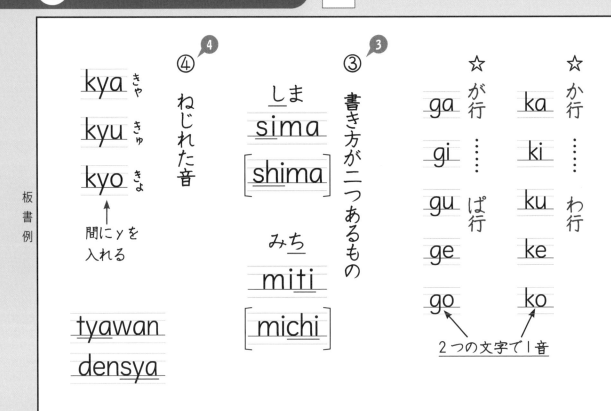

板書例

☆ か行 …… わ行

ka
ki
ku
ke
ko

☆ が行 …… ぱ行

ga
gi
gu
ge
go

2つの文字で1音

③ 書き方が二つあるもの

しま
sima
[shima]

みち
miti
[michi]

④ ねじれた音

kya きゃ
kyu きゅ
kyo きょ

間にyを入れる

tyawan
densya

POINT　子音に母音を組み合わせるとカ行～パ行までの音ができることを見つけさせる。拗音の書き方の決まりを理解させる。

1 アイウエオの大文字と小文字の書き方を練習しよう。

T　教科書137ページのローマ字表を見ましょう。表の一番上を見てください。アには，何種類の文字がありますか。イからオはどうですか。

C　どれも大文字と小文字の2種類があります。

T　アイウエオの大文字から書く練習をしましょう。

ワークシート QR を配り，1文字ずつ，書き順をP138のアルファベット表で確かめながら，書かせていく。

T　まず，アの大文字と小文字を書きましょう。書き順だけでなく，どの線の間に書くのかも隣どうしで確かめましょう。

書けたよ。これでいいんだろ。
違う。大文字は，1番目と3番目の線の間で，小文字が2番目と3番目の間でしょ。

イ，ウ，エ，オも同様に練習させていく。

2 残りの清音の文字，濁音，半濁音の文字とンの書き方を知って，書く練習をしよう。

T　カ行の練習をします。カ行にはどんな特徴がありましたか。

C　全部kの字がついた2つの文字の組み合わせです。

C　kにも大文字と小文字があります。kにa, i, u, e, oの字がくっついてカキクケコになります。

T　kは「ケイ」と読みます。「ケイ」の大文字と小文字の練習をしてからカキクケコの練習をしましょう。

1文字ずつ，書き順をP138のアルファベット表で確かめながら，ワークシート QR に書かせていく。

T　同じようにして，サ行からワ行まで練習しましょう。「ん」は，どうなりますか。

C　「ん」は，nの1文字だけです。

エス，ティー，エヌ…の読み方を教えて練習させる。

T　続けて，濁った音ガ行や一番下のパ行までの書き方を知り，書く練習をしましょう。

C　ジとヂ，ズとヅは，どちらもzi, zuと書くこともあるんだ。

準備物	・教科書P137ローマ字表 または，黒板掲示用資料 QR ・ワークシート QR ・（あれば）外国語活動の教科書（ローマ字の大文字，小文字，学習の参考用）

ICT	ローマ字の書き方の教師の師範を動画で撮影したり，教師が書いている手元を児童のタブレットに映し出したりすると，理解がしやすくなる。

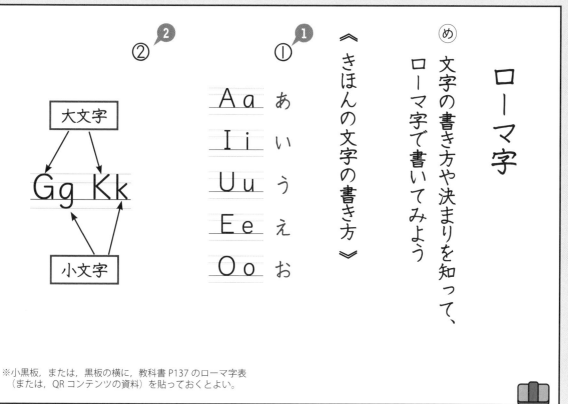

ローマ字

Ⓜ 文字の書き方や決まりを知って、ローマ字で書いてみよう

《きほんの文字の書き方》

① 1

あ Aa
い Ii
う Uu
え Ee
お Oo

② 2

大文字

Gg Kk

小文字

※小黒板，または，黒板の横に，教科書 P137 のローマ字表（または，QR コンテンツの資料）を貼っておくとよい。

3 「し」や「ち」のように，書き方が2つあるものを知り，書く練習をしよう。

T　教科書 136 ページ③を見てください。「し」や「ち」のように，書き方が 2 つあるものがあります。

「しま」の「し」や「みち」の「ち」です。

同じ読み方なのに，書き方が2つあるのは難しいね。

T　「しま」の「し」は「sima」と「shima」，「みち」の「ち」は「miti」と「michi」と書きます。一緒に書きましょう。

T　教科書 137 ページのローマ字表を見ながら，書き方を覚えましょう。

C　「ふ」も「hu」と「fu」の 2 つがあります。

4 拗音（ねじれた音）の書き方を知り，書く練習をしよう。

T　教科書の 136 ページの④を見てください。今度は「きゃ」「きゅ」「きょ」のような音の書き方です。

教科書（kya kyu kyo）を見て，考えさせる。

T　書き方にどんな決まりがあるか見つけましょう。

「ka」の間に y が入ると「きゃ」になる。

「ku」の間に y が入ると「きゅ」になる。

そうか，間に y が入れば「きゃ」「きゅ」「きょ」になるんだ。

T　どの字にも間に y が入るのか，表で確かめましょう。

C　「しゃ」とか「ひゅ」とか全部そうだ。

T　みんなで，ローマ字表を見て，「きゃ，きゅ，きょ～ぴゃ，ぴゅ，ぴょ」まで全部を音読しましょう。

ワークシート QR を使って，書く練習をさせる。

ローマ字

第3時（3/4）

本時の目標　長音，促音，撥音と，大文字で書き始める場合の書き方が分かる。

板書例

③ はねる音

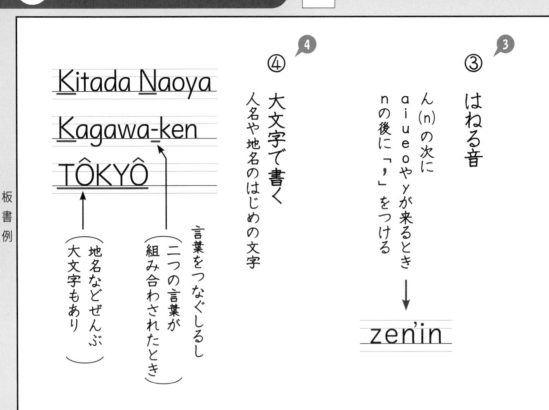

ん(n)の次に
aiueoやyが来るとき
nの後に「'」をつける

↓

zen'in

④ 大文字で書く

人名や地名のはじめの文字

Kitada Naoya

Kagawa-ken

TÔKYÔ

言葉をつなぐしるし
（二つの言葉が組み合わされたとき）

（地名などぜんぶ大文字もあり）

POINT　4つの内容を1時間で学習することになるので，混乱しないように，1項目ずつポイントを押さえていく。

1 長音（のばす音）の文字の書き方を知り，書く練習をしよう。

T　おかあさん，のようにのばす音は，ひらがなでは，どう書きましたか。

C　おかあさんだったら，「あ」を入れて表します。

T　他にはどうですか。おじいさんだったら？

C　おじいさんと，「い」を入れて表します。

T　ひらがなでは，「あ，い，う，え，お」で，のばす音を入れて表しました。

T　ローマ字では，のばす音はどう表すか，教科書136ページ「書き表し方の決まり」の①を見ましょう。

a i u e o の上に，山形のような印をつけます。

おじいさんは「i」の上に伸ばす印をつけます。

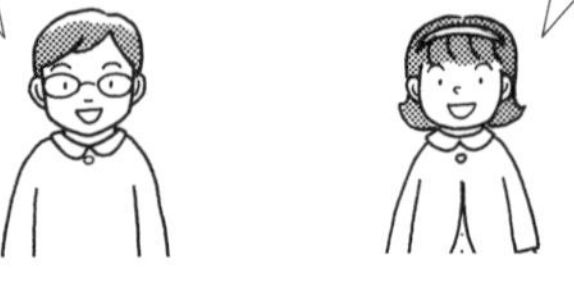

T　のばす音を読んだり書いたりしましょう。

ワークシート QR で練習させる。書けたら，隣どうしで確かめ合わせる。

2 促音（つまる音）の文字の書き方を知り，書く練習をしよう。

T　「しっぽ」「がっきゅう」のようにつまる音は，どう書けばよいのでしょうか。教科書に書かれている字を見て考えましょう。

sippoになっているから，小さな「つ」のところにpを入れたらいいんだよ。

でも，gakkyûは，kが入っているから，おかしいよ。

分かった。つまる音の次に来る字を2つ重ねているんだ。だからppやkkになるんだよ。

T　では，その他のつまる音も読んだり書いたりしましょう。

ワークシート QR で練習させる。書けたら，隣どうしで確かめ合わせる。

準備物	・ワークシート QR ・ローマ字表記の画像（第1時で使用したもの）

ICT	ひらがなの学習と同様，ローマ字が表すものをイラストや写真で用意し，タブレットで提示しながら説明をすると理解の助けになる。

ローマ字

㋱ 書き表し方の決まりを見つけて、ローマ字で書いてみよう

1

① のばす音

aiueoの上に「^」をつける

↓

okâsan

rôsoku

2

② つまる音

次に来る音のはじめの文字をかさねる

kippu

3 撥音（はねる音）を読み，間違えない書き方を確かめよう。

黒板に zenin と書いて，読ませてみる。

C　ぜにん…，えっ，なんかおかしいね。

T　これは，「ぜにん」ではなく，「ぜんいん」です。「ぜんいん」と間違えずに読むにはどうすればよいか，教科書で確かめましょう。

分かった。ん（n）の後に「'」をつける。
教科書の「こんや」も「'」がないと「こにゃ」になってしまうね。

C　ん（n）の後には，必ず「'」をつけるのかな。

T　「新幹線」に「'」をつけずに書いて読んで見ましょう。

C　「しんかんせん」と，ちゃんと読めるよ。

C　a　i　u　e　oとyが後に来るときだけつける。

ワークシート QR で練習させる。書けたら，隣どうしで確かめ合わせる。

4 大文字で書くのはどんな場合か調べよう。

T　ローマ字では，大文字で書く場合があります。どんなときか，教科書で調べましょう。

「とうきょう」は，全部大文字だね。
「きただ」のはじめの字と，「なおや」のはじめの字が大文字になっている。
香川県は，間に一が入っている。どうしてかな？

T　地名などは，全部大文字で書くこともあります。香川と県のように2つの言葉が組み合わされた言葉は，間に「－」を入れて書きます。

教科書P138の写真や第1時で見せた写真等でも確認させる。

C　KOBAN は全部大文字だ。

ワークシート QR で練習させる。書けたら，隣どうしで確かめ合わせる。

T　教科書 135 ページ1を読み，2を書きましょう。

ローマ字

第4時（4/4）

本時の目標　ローマ字入力の方法が分かり，入力に取り組む。

板書例

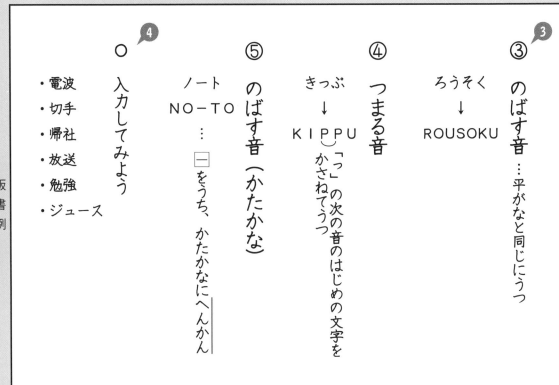

③ のばす音…平がなと同じにうつ

ろうそく
↓
ROUSOKU

④ つまる音

きっぷ
↓
KIPPU

「っ」の次の音のはじめの文字をかさねてうつ

⑤ のばす音（かたかな）

ノート
NO－TO
…
ー をうち、かたかなにへんかん

○ 入力してみよう

・電波
・切手
・帰社
・放送
・勉強
・ジュース

POINT　コンピュータに特別な文字の入力のしかたがあることを分からせ，いろいろな言葉の入力をやってみさせる。

1 ローマ字で入力しよう。

T　コンピュータに文字や記号を入れることを「入力」といいます。A　M　E　と，キーを打ちましょう。
C　画面に「あめ」と出ました。
T　「あめ」の字を漢字の「雨」やカタカナの「アメ」にして表すことを「変換」といいます。
T　好きな言葉を入力してみましょう。

「HANA」と打ったら，「はな」と出たよ。
それを漢字に「変換」したら，「花」になった。

2 特別な文字の表し方を知り，入力する練習をしよう。

T　同じ文字でも２通りの書き方をするものがあります。教科書 134 ページの①を見ましょう。

「し」は「SI」と「SHI」だね。
入力してみたら，２つとも「し」になった。
「ふ」も２つの書き方があります。

T　次に，②を見てください。「DI」「DU」を入力しましょう。
C　「DI」は「ぢ」，「DU」は「づ」になります。
T　「～を」の「を」は「WO」，「ん」は「NN」と打ちます。特別な文字なので，覚えておきましょう。

準備物
・コンピュータ（児童数）

ICT
練習で入力するもののイラストや写真を児童のタブレットに送信しておく。それを見て，タブレットのシートにローマ字入力で入力し，教師に送信しておくと，評価にいかせる。

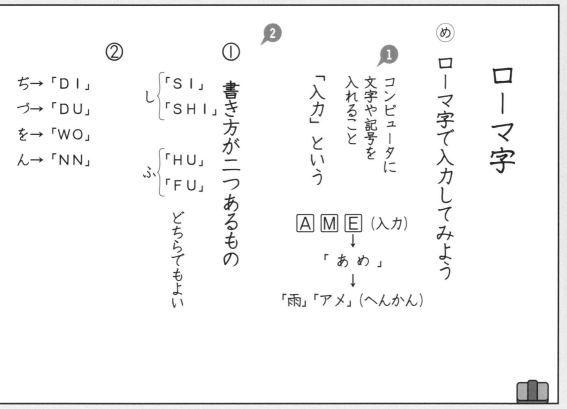

ローマ字

(め) ローマ字で入力してみよう

1 コンピュータに文字や記号を入れること「入力」という

A M E（入力）
↓
「あめ」
↓
「雨」「アメ」（へんかん）

2 ① 書き方が二つあるもの

し {「SI」「SHI」

ふ {「HU」「FU」

どちらでもよい

②

ぢ→「DI」
づ→「DU」
を→「WO」
ん→「NN」

3 のばす音，つまる音の入力のしかたを知り，練習をしよう。

T 「③のばす音」について見ましょう。ろうそくは，ローマ字ではどう書きましたか。

C 「rôsoku」と書きました。

T ろうそくの「ろう」のように，のばす音の文字は，ひらがなで書くときと同じように打ちます。「ROUSOKU」と入力します。

C やってみよう。

T 「④つまる音」は，「っ」の次の音のはじめの文字を２つ打ちます。「きっぷ」は「KIPPU」となります。

T のばす音のあるカタカナの言葉は，ー を打って，「変換」します。ノートやケーキなど入力してみましょう。

4 いろいろな言葉をローマ字で入力してみよう。

T 教科書 134 ページ3の問題の言葉を，ローマ字で入力しましょう。

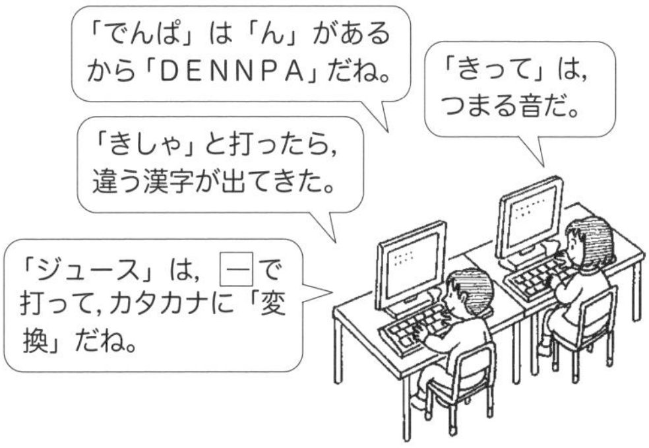
「でんぱ」は「ん」があるから「DENNPA」だね。
「きって」は，つまる音だ。
「きしゃ」と打ったら，違う漢字が出てきた。
「ジュース」は，ーで打って，カタカナに「変換」だね。

C いろいろな言葉を入力してみると，コンピュータでの入力のしかたが覚えられるね。

T コンピュータを使って調べたり，文章をまとめたりしてみるといいですね。

ワークシート ローマ字

ローマ字練習（あいうえお）

名 前（　　　　　）

(1) 大文字練習　4回ずつ書きましょう。

あ

A A A

い

I I I

う

U U U

え

E E E

お

O O O

(2) 小文字練習　4回ずつ書きましょう。

あ

a a a

い

i i i

う

u u u

え

e e e

お

o o o

喜楽研

ワークシート ローマ字

ローマ字練習（カ行～ワ行・ン①）

名前（　　　　　）

(1) 大文字と小文字は４回ずつ書きましょう。
か～とは，小文字で２回ずつ書きましょう。

K K K　k k k

か　き　く　け　こ

S S S　s s s

さ　し　す　せ　そ

T T T　t t t

た　ち　つ　て　と

喜楽研

ワークシート　ローマ字

ローマ字練習（カ行～ワ行・ン②）

名 前（　　　　　　　　）

(2) 大文字と小文字は４回ずつ書きましょう。
な～もは，小文字で２回ずつ書きましょう。

N N N　　n n n

な　に　ぬ　ね　の

H H H　　h h h

は　ひ　ふ　へ　ほ

M M M　　m m m

ま　み　む　め　も

喜楽研

ワークシート　ローマ字

ローマ字練習（カ行〜ワ行・ン③）

名前（　　　　　　　　　）

(3) 大文字と小文字は４回ずつ書きましょう。
　　や〜んは，小文字で２回ずつ書きましょう。

Y Y Y　　y y y

や　　　　ゆ　　　　よ

R R R　　r r r

ら　　り　　る　　れ　　ろ

W W W　　w w w

わ　　　　を

ん

喜楽研

ワークシート ローマ字

ローマ字練習（ガ行～パ行①）

名前（　　　　　　　）

(1) 大文字と小文字は４回ずつ書きましょう。
が～どは，小文字で２回ずつ書きましょう。

G G G　g g g

が　ぎ　ぐ　げ　ご

Z Z Z　z z z

ざ　じ　ず　ぜ　ぞ

D D D　d d d

だ　ぢ　づ　で　ど

喜楽研

ワークシート　ローマ字

ローマ字練習（ガ行～パ行②）

名前（　　　　　　　）

(2)　大文字と小文字は４回ずつ書きましょう。
ば～ぽは，小文字で２回ずつ書きましょう。

B B B　　b b b

ば　び　ぶ　べ　ぼ

P P P　　p p p

ぱ　ぴ　ぷ　ぺ　ぽ

喜楽研

ワークシート ローマ字

ローマ字の２つの書き方

ねじれた音

名前（　　　　　　　　）

● ローマ字表の［　］の書き方で書きましょう。

①しんぶん　②でんしゃ

③しゅくだい　④でんち

⑤しょくいんしつ　⑥ちゃわん

⑦こんちゅう　⑧ちょきん

⑨ふね　⑩じんじゃ

⑪じゅもん　⑫だんじょ

喜楽研

QRコンテンツ（ワークシート） 第3時 QR

ワークシート ローマ字

ローマ字の決まり

名前（　　　　　　）

(1) のばす音を読んだり，書いたりしましょう。

①（　　　）②（　　　）③（　　　）

yûenti　ôtobai　sâkasu

④ かようび　⑤ ケーキ　⑥ おじいさん

(2) つまる音を読んだり，書いたりしましょう。

①（　　　）②（　　　）③（　　　）

sippo　matto　zikken

④ きって　⑤ はっぴょう　⑥ 学校

☆ すきな言葉を書きましょう。

①　②

書楽研

ワークシート ローマ字

ローマ字の決まり

名前（　　　　　　）

(3) はねる音を読んだり，書いたりしましょう。

①（　　　）②（　　　）③（　　　）

itiman'en　kin'iro　kan'iri-zyusu

④ ほんや　⑤ ふんいき　⑥ しんゆう

(4) 大文字を入れて書く字を，読んだり，書いたりしましょう。

①（　　　）②（　　　）

Aoki Hazime　Kyôto-hu

④ すずき　みちこ　⑤ おかやまけん

☆ すきな言葉を書きましょう。

①　②

書楽研

著者紹介（敬称略）

【著　者】

羽田 純一　元京都府公立小学校教諭

田中 稔也　神戸市立小寺小学校教諭

松森 靖行　高槻市立清水小学校教諭

*2024 年 3 月現在

【特別映像・特別寄稿】

菊池 省三　教育実践研究家

岡 篤　　　元神戸市公立小学校教諭

旧版『喜楽研の DVD つき授業シリーズ　新版　全授業の板書例と展開がわかる DVD からすぐ使える ～菊池 省三・岡 篤の授業実践の特別映像つき～　まるごと授業国語 3 年（上）』(2020 年刊)

【著　者】（五十音順）

入澤 佳菜

岡 篤

菊地 省三

鈴木 啓史

羽田 純一

南山 拓也

【撮影協力】

（菊地 省三　特別映像）　有限会社オフィスハル

（岡 篤　特別映像）　井本 彰

河野 修三

喜楽研の QR コードつき授業シリーズ

改訂新版

板書と授業展開がよくわかる

まるごと授業　国語　3 年（上）

2024 年 3 月 15 日　　第 1 刷発行

著　　　者：羽田 純一　田中 稔也　松森 靖行
寄稿文著者：菊池 省三　岡 篤
イ ラ ス ト：山口 亜耶
企画・編集：原田 善造（他 10 名）
編　　　集：わかる喜び学ぶ楽しさを創造する教育研究所　川瀬 佳世

発　行　者：岸本 なおこ
発　行　所：喜楽研（わかる喜び学ぶ楽しさを創造する教育研究所）
〒 604-0854 京都府京都市中京区二条通東洞院西入仁王門町 26-1
TEL　075-213-7701　FAX　075-213-7706
HP　https://www.kirakuken.co.jp
印　　　刷：創栄図書印刷株式会社

ISBN : 978-4-86277-461-3　　Printed in Japan